Simone Husemann
Sabrina Faulstich

BEKANNTE UNBEKANNTE

Katholische Sakralräume in Wiesbaden

SCHNELL + STEINER

Inhalt

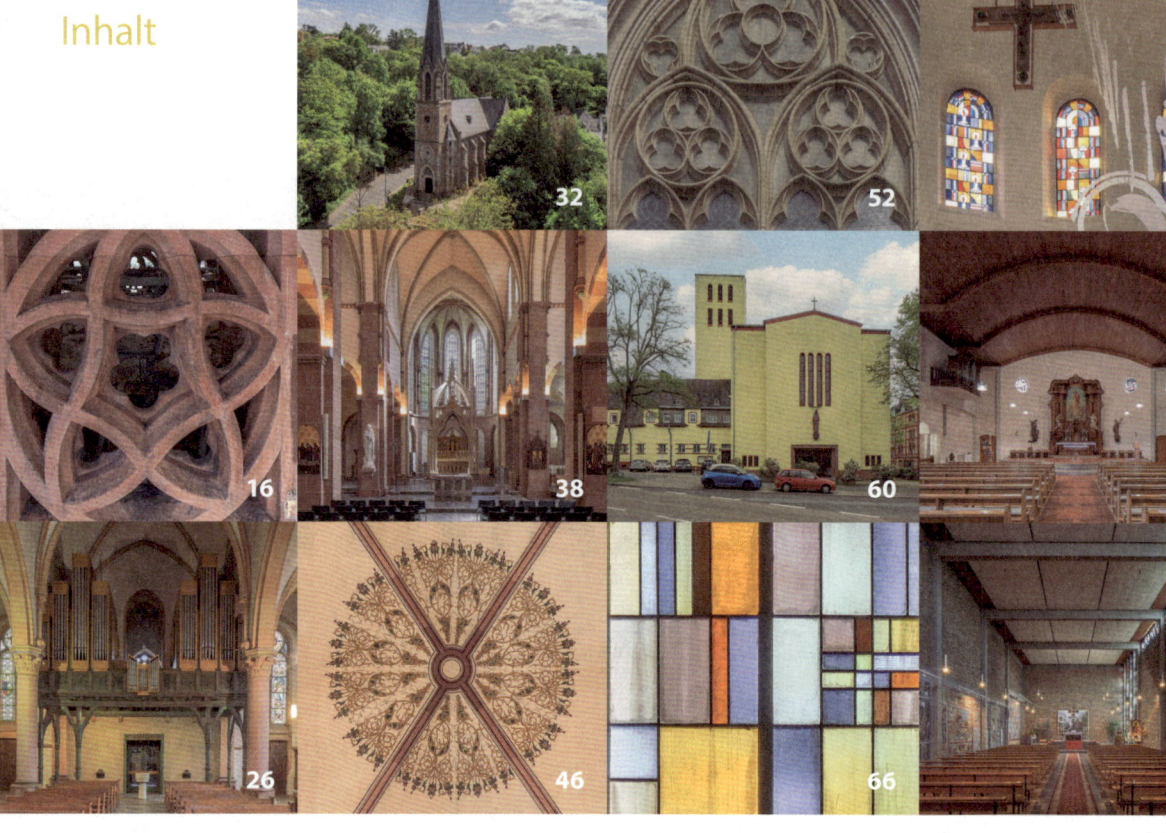

Grußwort 5	**St. Bonifatius** 16
Bekannte Unbekannte –	Hoffnungsträgerin und Neubeginn
Kirchen (neu) entdecken	
Bischof Dr. Georg Bätzing	**St. Marien** 26
	Juwel des Wiesbadener Historismus
Vorwort 7	
„Space is god" –	**Herz Jesu** 32
Des Alltags enthobene Orte	Mittelaltermystik trifft Volksfrömmigkeit
Dr. Simone Husemann	
	Maria Hilf 38
Einführung 11	Heimat der schönsten Madonna
Wo für alle Platz ist –	Wiesbadens
Theosphärische Überlegungen	
zum Kirchenraum	**Herz Jesu** 46
Dr. Gotthard Fuchs	Modernste Ingenieurleistung
	in neogotischem Gewand
	Dreifaltigkeit 52
	„Wahrhaftig, das ist ein herrlicher Ort,
	die Pforte des Himmels"
	St. Elisabeth 60
	Spirituelle Oase im Westend

St. Kilian	66	
„form follows faith"		
St. Birgid	72	
Das Runde im Eckigen		
St. Georg und Katharina	78	
Richtungswechsel		
Heilige Familie	86	
Ein Schöpfungszyklus für unsere Zeit		
St. Mauritius	92	
Gesamtkunstwerk in Beton		
St. Peter und Paul	98	
Leuchtturm am Rhein		
St. Michael	104	
Kampf von Licht und Finsternis		
Christkönig	110	
Haus aus lebendigen Steinen		

St. Andreas 116
Schützende Gottesburg

Mariä Heimsuchung 122
Auf Davids Stern gegründet

St. Hedwig 130
Die Formwandlerin

St. Klara 136
Kreuzweg in Beton

Maria Aufnahme in den Himmel 142
Gemeinschaft auf allen Ebenen

St. Josef 148
Ein Schweizer Bergwerk aus Beton

St. Elisabeth 154
Welche Farbe hat Gott?

Feldkapelle 160
Ein spiritueller Ort inmitten der Natur

Quellen 166

Impressum 168

Grußwort

Bekannte Unbekannte – Kirchen (neu) entdecken
Bischof Dr. Georg Bätzing

Dieses Buch schließt eine Lücke, denn es fehlte bislang ein umfassender Kirchenführer, der die katholischen Kirchen Wiesbadens für die Pfarreien, für Bürgerinnen und Bürger der Stadt und für ihre Gäste erschließt. Noch prägen Gotteshäuser mit ihren Architekturen das Erscheinungsbild der Städte und ihrer Viertel. Doch die Zeit des Kirchenbaus ist weitestgehend vorüber, die Räume sind häufig zu groß geworden. Und gerade mit Blick auf die aktuelle Diskussion über Möglichkeiten veränderter Nutzungsszenarien ist das Buch wertvoll, denn es dokumentiert auch den aktuellen Bestand der sakralarchitektonischen Substanz und ihrer Ausstattung.

Sakrale Räume gibt es, seitdem die Menschen sesshaft wurden. Die dem Kult vorbehaltenen Orte unterscheiden sich notwendigerweise von denen des Alltags, und sie gehorchen anderen Gesetzen, anderen Rhythmen. Es füllt sie die Gegenwart des Absoluten; sie können uns und unserem Leben Resonanzraum sein und Zugänge zu Transzendenzerfahrungen ermöglichen. Die Kirche braucht besondere Orte für die Feier ihrer Gottesdienste, zur Sammlung, für Gebet und Verkündigung, zur Beziehungspflege mit Gott. Doch auch und gerade in Zeiten fortschreitender Säkularisierung und angesichts zahlreicher gesellschaftlicher Herausforderungen sind diese Anders-Orte ein Angebot für jede und jeden Einzelnen, dort zu verweilen, zur Ruhe zu kommen, den Raum und die Kunst auf sich wirken zu lassen, Gedanken und Gebeten Raum zu geben.

Kirchräume sind „Zwischenräume" – Räume der Unterbrechung und des Aufbruchs. Sie sind uns im Erscheinungsbild vertraut und entziehen sich doch unserem Erfassen und Verstehen. In ihrer Unterschiedlichkeit sprechen die Räume und die Ausstattung an, irritieren oder lassen erstaunen. Welche Chancen liegen in Kirchen? Wie kann es gelingen, diese besonderen Räume für viele zu öffnen? Wo sind Schlüssel zur Lebenswelt der Menschen, zum Dialog und zur kulturellen Landschaft? Hier gilt es, gemeinsam die Zukunft zu gestalten.

Dieses Buch möchte Ihre Neugier und Ihre Aufmerksamkeit wecken, Ihre Blicke und Ihre Schritte in die verschiedenen sakralen Raumwelten Wiesbadens lenken. Es sind Kirchenräume der Jetzt-Zeit, aber auch Gotteshäuser von einst mit Geschichten vieler Menschen, die diese gebaut, erhalten und mit Leben gefüllt haben. Ein Dank gilt allen, die zum Gelingen dieses Buches in Wort und Bild beigetragen haben.

Ihnen, die Sie dieses Buch nun in den Händen halten, eine spannende Lektüre und die herzliche Einladung, die Kirchen in Wiesbaden zu besuchen und (neu) zu entdecken.

+ Dr. Georg Bätzing
Bischof von Limburg

Vorwort

„Space is god" – Des Alltags enthobene Orte
Dr. Simone Husemann

Das spektakuläre Statement „Der Raum ist heilig. Space is god" zielt mitnichten auf sakrale Räume, sondern auf die inmitten der Wüste Nevadas künstlich errichtete Konsumlandschaft von Las Vegas.[1] Doch die Formulierung lässt das Wissen um die immense Wirkmacht von umbautem Raum erahnen.
Dem Einfluss des Räumlichen kann sich der Mensch an keiner Stelle entziehen. Das Erleben von Raum ist unumgänglich, Räume sind Teil von jedermanns Leben. Architektur ist unverzichtbar und kann auch nicht, wie sonst zumeist jede andere Form von Kunst, einfach ignoriert werden. Keine andere Gattung ist so ausschließlich für den Menschen und seine Bedarfe gedacht wie die Architektur und ist zugleich in ihrem tatsächlichen Erleben von ihm abhängig. Sie lässt ihn eintreten …

In ihrer Urfunktion des Schutzgebens ist Architektur für den Menschen überlebenswichtig; in ihrem darüber hinausgehenden Angebot von Räumlichkeit jedweder Art ist sie jedoch gleichermaßen für die Eintretenden von nicht minder wesentlicher Bedeutung. Umbauter Raum will mit unserem Körper, aber auch mit dem Geist erlebt werden. Im Jahr 1923 gab Walter Gropius diesem Gedanken Ausdruck: „Wir empfinden den Raum mit unserem ganzen unteilbaren Ich, zugleich mit Seele, Verstand und Leib und also gestalten wir ihn mit allen leiblichen Organen."[2] Wir er-füllen die Einladung seiner Leere, sein Volumen mit leiblicher Anwesenheit, mit Bewegung und unserem Tun, und – wir er-fühlen ihn zugleich.

Besaßen die sakralen Bauten des 19. Jahrhunderts noch eine ihnen eigene, bildnerisch formende Kraft, versteht das 20. Jahrhundert sie zunehmend als bloße Gehäuse, die von einer lebendigen Gemeinde aktiv und zugleich klug gefüllt sein wollen. So beschreibt denn auch einer der bedeutendsten Architekten der Moderne, Rudolf Schwarz (1897–1961), die Baukunst als „Urhebung lebendiger Form"[3]. Dem Menschen sei aufgegeben, mit „Zeit und Raum" pfleglich umzugehen: „Der Geschichtsbehälter füllt sich mit Kram und Wust und auch mit Dingen, neben denen, sind sie einmal eingelassen, andere nicht aufkommen können."[4]
Die Qualität des Raumes – meint auch sein „Aufgeräumtsein", was erst Raum ermöglicht – wirkt sich aus auf die Qualität der in ihm stattfindenden Begegnungen.
Die Bedarfe der Menschen haben sich im Laufe der Zeit gewandelt. Bewusst folgt die Vorstellung der Wiesbadener Kirchen in diesem Buch deshalb einer chronologischen Ordnung. Von der Suche nach einem dieser besonderen Aufgabe angemessenen Baustil in der Zeit des Historismus – „In welchem Style sollen wir bauen?"[5] – über die auf den Wunsch einer kriegsversehrten Gesellschaft nach Heimstatt und Schutz antwortenden Formideen der Mitte des 20. Jahrhunderts bis hin zu den klaren Formen zeitgenössischen Bauens, reagieren die Architekturentwürfe auf die jeweiligen Bedürfnisse und das Wollen der Menschen in ihrer Zeit.

Unsere Stadträume und ihre Quartiere werden an vielen Stellen sichtbar geprägt von den mächtigen Baukörpern der Kirchen, von den Konturen ihrer Raumhüllen, von ihren markanten Türmen. Ist ihr Äußeres noch mit dem tagtäglichen Rhythmus städtischen wie ländlichen Lebens verwoben, sind es doch insbesondere die Dimensionen ihrer Innenräume, die – gerade weil sie zweckfrei und ungewöhnlich sind – ihre Besucher aus der Enge des Alltags herausführen. Sie übersteigen in ihren Raumvolumina nicht selten das menschliche Maß und öffnen mit ihren Architekturen und mit ihrer Kunst außergewöhnliche Zwischenräume.

Vorwort

„Die säkulare Gegenwart braucht nicht die Anpassung der Kirchen, sondern ihre Fremdheit, ihre Besonderheit und ihre Klarheit. Die eigene Kenntlichkeit ist die Kirche einer unkenntlichen Gesellschaft schuldig."[6]

Diese Distanz, gerade diese staunenswerte Andersartigkeit ist ihr großes Potenzial. Die Präsenz der Kirchen im öffentlichen Raum ist unerlässlich. Sakrale Räume folgen eigenen Gesetzmäßigkeiten; sie antworten nicht allein auf die Bedürfnisse der Liturgie, sondern auch auf die Sehnsucht des Menschen nach einem Ort, der ihn übersteigt. Kirchenräume sollten deshalb zugänglich sein; sie sind „(…) Bestandteil des öffentlichen Lebens, des öffentlichen Raumes. (…). Das Sakrale steht (…) in bewusstem Gegensatz zum Privaten." Denn: „Nicht Gott braucht den heiligen Raum, sondern der Mensch."[7]

Dies gilt wohl im Besonderen für Zeiten vielfältiger gesellschaftlicher Umbrüche und Herausforderungen. Bereits Wortschöpfungen aus den späten 1980er-Jahren wie „spatial turn" spiegeln das Bewusstwerden eines sich verändernden Erlebens von Räumen und den mit ihnen vermittelten Atmosphären vor dem Hintergrund neuer globaler gesellschaftlicher Entwicklungen wider.[8]
Mit fortschreitender technischer Perfektion können mittlerweile virtuelle Raumrealitäten kreiert werden, deren Inszenierungen kalkuliert auf jegliche Art von Distanzverlust zielen. In diesen fiktionalen Choreografien verschwimmen die Grenzen zwischen Bild- und Realraum. So überwölbt zum Beispiel im bereits 1999 eröffneten „Venetian Resort and Casino" am Las Vegas Strip die Illusion eines künstlichen, illuminierten Abendhimmels das synthetische Konstrukt einer Piazza San Marco und verwandelt so eine Hotelhalle in einen bespielbaren Bühnenraum, der vorgibt, sich im Herzen der Lagunenstadt zu befinden.[9] Live-Entertainment-Plattformen wollen uns darüber hinaus nicht nur in Monets Seerosenteich eintauchen, sondern auch am Abendmahlstisch Leonardo da Vincis Platz nehmen lassen. Doch dies gelingt nicht, kann nicht gelingen. Es sind bloße Surrogate, die kein wirkliches Erleben ermöglichen.

Wir benötigen andere, im wahrsten Sinne des Wortes gegenwärtige Räume. Innovative wie zugleich sensible Konzepte sind vonnöten, die aufgeschlossene Kirchenräume ermöglichen und auch Chancen neuer, vielleicht hybrider Nutzungsformen im Schulterschluss mit Kunst, Kultur und sozialem Engagement in den Blick nehmen.

Dieses Buch versammelt eine Auswahl dieser besonderen Räume Wiesbadens: Es sind dies die katholischen Kirchen der Landeshauptstadt sowie die nicht konfessionell gebundene Feldkapelle in der Sonnenberger Gemarkung. Es sind Räume, die die Zukunft tragen, wie immer wir sie füllen werden.

Ein solches Vorhaben kann nur durch die Mitarbeit und Hilfe Vieler gelingen. Gleichsam das Fundament für eine Beschäftigung mit dem Thema legt der nachfolgende Beitrag des Theologen Gotthard Fuchs mit dem Titel: „Wo für alle Platz ist – Theosphärische Überlegungen zum Kirchenraum". Dafür sei ihm an dieser Stelle ausdrücklich gedankt. Mein außerordentlicher Dank gilt Sabrina Faulstich, Mainz, für ihre gründliche Recherchearbeit, die damit erst die Grundlage für die Kirchenporträts gelegt hat.[10] Die fotografischen Aufnahmen von Twain Wegner, Mainz, treten als verlebendigende Ausblicke zu den Texten – herzlichen Dank! Das gesamte Layout lag in den bewährt guten Händen des Grafikers Andreas Gottselig, Frankfurt a. M. Dem Kommunikationsdesigner Till Julius Husemann, Konstanz, sind die Skizzen zu verdanken, die eine Raumverortung ermöglichen. Für alle Angaben zu den Orgeln möchte ich zudem dem Bezirkskantor Roman Bär, Wiesbaden, sehr herzlich danken.
Darüber hinaus gebührt unser großer Dank allen Mitarbeiterinnen und Mitarbeitern im Diözesanarchiv Limburg und im Stadtarchiv Wiesbaden. Überdies sei allen hilfreichen Geistern vor Ort, den Verantwortli-

Vorwort

chen in den Pfarrbüros, den Küsterinnen und Küstern, aber auch den vielen sich ebendort ehrenamtlich engagierenden Menschen, die uns nicht nur bereitwillig und geduldig die Türen ihrer Kirchen geöffnet, sondern auch mit wichtigen Informationen versorgt haben, ausdrücklich gedankt.

Ohne die großzügige Unterstützung der Crummenauer Stiftung hätte die Realisierung dieses außergewöhnlichen Projektes der Katholischen Erwachsenenbildung Wiesbaden-Untertaunus & Rheingau nicht in dieser Form gelingen können. Wir danken der Stiftung herzlich für ihre Förderung! Unser Dank gilt schlussendlich auch dem Verlag Schnell & Steiner, Regensburg, in dessen Haus die Idee, die Wiesbadener Kirchenwelt in Wort und Bild vorzustellen, eine derart schöne Gestalt annehmen konnte.

Anmerkungen

1 Untertitel des 3. Kap. „Der architektonische Raum" im Buch von Wolfgang Kemp, Architektur analysieren, Eine Einführung in acht Kapiteln, München 2009, S. 115. Vgl. Robert Venturi, Denise Scott Brown und Steven Izenour, Lernen von Las Vegas, Zur Ikonographie und Architektursymbolik der Geschäftsstadt, Braunschweig 1979, S. 174.
2 Idee und Aufbau des Staatlichen Bauhauses, in: Hartmut Probst und Christian Schädlich, Walter Gropius, Bd. 3, Ausgewählte Schriften, Berlin 1988, S. 84.
3 Vom Bau der Kirche, Heidelberg 1947 (Nachdr. der 1. Aufl., Würzburg 1938), S. 141.
4 Von der Bebauung der Erde, Heidelberg 1949, S. 9.
5 Heinrich Hübsch, In welchem Style sollen wir bauen?, Karlsruhe 1828.
6 So die Worte des Theologen Fulbert Steffensky, zit. aus: Kerstin Wittmann-Englert, Der Bau als Bild, Anthropologische Implikationen des nachkriegsmodernen Kirchenbaus, in: Hanns Kerner (Hrsg.), Lebensraum Kirchenraum, Das Heilige und das Profane, Leipzig 2008, S. 86.
7 Hans Rohrmann, Sakralität in der Säkularität, in: kritische berichte, 2013, S. 60–68, hier v. a. S. 61, 63, 65. Vgl. auch Thomas Sternberg, Unalltägliche Orte. Sind katholische Kirchen heilige Räume?, in: Kunst und Kirche, 2002, Jg. 65, Heft 3, S. 140–142.
8 Gertrud Lehnert (Hrsg.), Raum und Gefühl, Der Spatial Turn und die neue Emotionsforschung, Bielefeld 2011. Siehe auch: Katharina Karl und Stephan Winter (Hrsg.), Gott im Raum?!, Theologie und spatial turn: aktuelle Perspektiven, Münster 2021.
9 Laura Bieger, Ästhetik der Immersion: Wenn Räume wollen, Immersives Erleben als Raumerleben, in: Gertrud Lehnert (Hrsg.), Raum und Gefühl, Der Spatial Turn und die neue Emotionsforschung, Bielefeld 2011, S. 75–95.
10 Auch wenn wir bestrebt waren, alle Lebensdaten der genannten Architekten, Künstler und Künstlerinnen zu nennen, waren diese nicht in jedem Fall ermittelbar.

Wo für alle Platz ist –
Theosphärische Überlegungen zum Kirchenraum

Dr. Gotthard Fuchs

Raum ist keineswegs nur ein materiell topografisches Phänomen, sondern eine elementare Beziehungsgröße relationaler Art und markiert zudem einen metaphorisch-symbolischen Kontext. Wer über Kirchenräume nachdenkt, gerät deshalb notwendig in grund-legende Reflexionen auch über Beziehungsräume zwischen Wiege und Sarg, zwischen innen und außen, zwischen Individuum und Gemeinschaft.

Menschwerden heißt ja, aus einer neunmonatigen Raumerfahrung heraus das Licht der Welt zu erblicken und diese als unglaublichen Lebensraum in allen Dimensionen und Perspektiven zu entdecken. Und – Menschwerden heißt damit auch, sich einem mütterlichen Raum schon zu verdanken, einem Raum also, den andere uns eröffnen. Leben insgesamt heißt, Platz finden und Platz machen, einander Raum schaffen und also aufgeräumt zu sein.

Dieser geheimnisvolle Nicht-Raum, aus dem wir kommen und in den wir gehen und in dem wir sind, prägt das Hier und Jetzt. Vom Weltenhaus ist deshalb die Rede, vom Lebenshaus, vom Seelenhaus, vom Welt-Innenraum. Treffend heißt das Leben in Raum und Zeit ein Ge-Heim-nis, Wunder des Daseins und Einwohnens, in den Religionen Gott genannt: „In ihm leben wir, bewegen wir uns und sind wir" (Apg 17,28). Das kann und will in besonderen Räumen konkret Gestalt werden, in heiligen Orten und Bezügen, in Kirchen und Gotteshäusern – und immer in Gottes Gegenwart selbst.

Annäherungen

„Dieser Raum macht etwas mit mir [...]" – eine Redensart, die etwas von Macht und Überwältigung ahnen lässt. Räume können prägen und erziehen. Wer geriete nicht in den zentrierenden Bann von Vorhöfen großer Moscheen oder spürte nicht den bergenden Höhlencharakter romanischer Krypten? Unvergesslich sind Inszenierungen wie der Petersplatz in Rom, die Pariser Place de la Concorde oder, vielleicht eindrucksvoller noch, der Meidan-e Imam Platz in Isfahan.

Andersherum: Wer wüsste nicht von der „dicken" Luft oder der guten Atmosphäre in Sitzungen oder bei Familientreffen? Manche Räumlichkeiten sind derart beklemmend oder abstoßend, dass man freiwillig nicht bliebe; andere haben eine besondere Atmosphäre, sie prägen Milieus.

„Wir-bestimmte Räumlichkeit" hat man das genannt.

Zur Kulturgeschichte des Raumes

Immer geht es um ein Zusammenspiel von objektiven und subjektiven Faktoren (vermutlich hat auch jeder streng physikalische Raum-Begriff noch Anteil an der Kant'schen Entdeckung, dass Raum und Zeit subjektive Bedingungen sinnlicher Anschauung sind, also zu jeder Art von Erfahrung gehören).

In der Wirkung konkreter Räume korrespondiert und spielt hintergründig der makrokosmische Blick auf Welträume zusammen mit dem mikrologischen auf die „Architektur der Seele" (Simone Weil) und ihren

Einführung

„inneren Raum", wie man psychologisch formuliert; beide Pole wollen mit bedacht sein, wenn es um Kirchenräume geht.

Vielsagend jedenfalls reicht das deutschsprachige Wortfeld von Atem- bis Weltraum, von Beziehungsraum und Bleibe bis zu Wohnraum, den Lebens- und Spielraum nie vergessen.

Auch die Metaphorik des Örtlichen wäre mit zu bedenken, von Andersorten und Brennpunkten bis zu Zweckbauten. Im Mandala der Wirklichkeit jedenfalls spannt sich mit der Kreuzung von Senkrechten und Waagrechten jenes Geviert auf, das wir Welt(raum) und Seelenraum nennen. Und noch die Quadratur des Kreises erinnert an diese eigentümlichen Elementarfiguren, die makro- wie mikrokosmisch gelten: vier Elemente, vier Himmelsrichtungen, Vierkant rundum, wirkliche Sphären und Atmosphären. Warum denn sonst spielen im konkreten Kirchenbau Vierung und Kreis eine solche Rolle, warum die subtile Zuordnung der Längen- und Höhenmaße und das Zusammenspiel aller Details?

Laut Grimm'schem Wörterbuch hat Aufräumen sprachlich mit Säubern zu tun. Eine, wenn nicht die Urszene des Raum-Erlebens wäre demnach der mühsam freigeschaffte Lagerplatz im Dschungel der bedrohlich umgebenden Natur, die Lichtung im Gehölz samt Feuerstelle, Brennpunkt wortwörtlich (lateinisch: focus). Bis in die banalste Aufräumaktion hinein wäre unterschwellig dann dieser Überlebenswille am Werk, genug Platz zu finden, eine Bleibe, ein Obdach. Auch der Gestus, anderen genügend Platz einzuräumen, hätte mit diesem Solidarzusammenhang namens Über-Leben zu tun.

Für unseren Kontext fundamental ist, dass gerade alles Überwältigende Raum sucht und schafft; besonders das gewaltige Feuer will gebändigt sein, und auch Wildnis und Wetter. Religionsgeschichtlich gesprochen, sind es also die Götter oder das Heilige, die Beheimatung suchen und Gestalt(ung) brauchen. Man will ihnen Wohnraum gewähren; wenn sie bei uns Menschen zu Gast sind, weitet sich der Horizont, und die Welt bleibt heil, dann erhöht sich Wohnqualität und Lebensraum auch für uns selbst: Gottesdienst, Weltverantwortung und Menschendienst gehören zusammen. So entstehen die Tempelbauten, wortwörtlich herausgeschnitten aus dem Dschungel des Üblichen und Geläufigen.

Gottes Haus?

Aus dem Schatz biblischer Bild- und Sprachwelten, die das Themenfeld Weltenhaus – Gotteshaus vermessen, sei nur an die Diskussionen um den ersten und zweiten Tempel(bau) erinnert (1 Kön 5ff; 1 Chronik 21,18ff, Neh 8,9–12). Umstritten ist für das Nomadenvolk Israel nach der sogenannten Landnahme, ob überhaupt ein Tempel aus Holz und Stein gebaut werden darf und soll. Geht es doch um den Schöpfer der Welt, und der ist zwischen Himmel und Erde überall zu Hause – ganz im Unterschied zu seinen Geschöpfen. Schon die Bundeslade als „Container" von Gottes treuer Weggefährtenschaft war theologisch riskant, immerhin aber Ausdruck der Beweglichkeit Gottes und seiner Souveränität. Wieso aber ihn einzäunen und festsetzen in einem kleinen Bezirk, ihn einsperren gar in einem Gehäuse? „Wohnt denn Gott wirklich auf der Erde? Siehe, selbst der Himmel und die Himmel der Himmel fassen dich nicht (…)" (1 Kön 8,27). Diese höchste Sensibilität für die Göttlichkeit Gottes und seine alles übersteigende Transzendenz durchzieht die gesamte biblische Geschichte des Tempelkultes: Wie Gottes ständige Ankunft und Gegenwart so gestalten, dass ihm in seiner Schöpferfreiheit und -weite wirklich Raum gegeben und gelassen wird? Wie seine Gegenwart im Vorüber-Gang, ja im Entzug darstellen?
Das treibt die Propheten Israels um, zumal angesichts der Zerstörung des ersten und dann des zweiten

Tempels. Spirituell muss die dramatische Erfahrung verarbeitet werden, dass Gott aus seinem Tempel förmlich sogar auszieht und diesen sich selbst und seiner Zerstörung überlässt (bes. beim Propheten Hesekiel).

Diese tempelkritische Linie prägt auch Johannes den Täufer in der Wüste, der ausdrücklich nicht ins Heiligtum nach Jerusalem geht. Und ebenso seinen Schüler Jesus von Nazareth, dessen vernichtende Tempelkritik zu seiner Hinrichtung führt. Die frühen Christen betonen mit der absoluten Transzendenz Gottes seine wirkliche Gegenwart in diesem aufgeweckten Menschen aus Nazareth. In ihm selbst wohnt Gottes Wort, er ist der Wohnraum der Schechina, der Weisheit Gottes. Wenn in Wahrheit er, dieser Mensch, der Ort der Gegenwart Gottes ist, dann ergibt sich daraus zwingend die Frage: „Wisst ihr nicht, dass euer Leib ein Tempel des Heiligen Geistes ist?" (1 Kor 6,20). Das wirkliche Haus Gottes ist der lebende und liebende Mensch, die Gemeinschaft der Heiligen, das Volk Gottes. Der wahre Kirchenbau ist nicht der aus Steinen, sondern aus solchen Menschen. Gott, der bzw. die Lebendige, lässt sich nicht einbauen oder gar einsperren in Tabernakel oder Dogmen – und doch bleiben sie wichtig, und Kirchenbauten auch.

Mit dieser tempelkritischen Linie biblischer Glaubensgeschichte korrespondiert im Übrigen die Erfahrung des Gottesvolkes, sich nicht zur Ruhe setzen zu dürfen, sondern ein Exodus-Volk zu bleiben: heraus aus Ägypten durch die Wüsten, heraus aus Babylon zerstreut unter die Völker, heraus aus unterdrückenden und faulen Verhältnissen, unterwegs in das paradiesische Land, wo Milch und Honig wieder fließen.

Kirchenbauten sind Herbergen für unterwegs, auch Vorausgestalt jener bleibenden Stätte, die wir noch suchen. Nicht nur die Bibel ist ein „portatives Vaterland" (Heinrich Heine), auch die Kirchen stehen, selbst nicht ewig, für die ewige Heimat. Die Grundfigur biblischen und christlichen Glaubens ist „Vorübergang", Durchreise und Pilgerschaft, in der Nachfolge des Wanderpredigers aus Nazareth: nicht Stein, sondern Leben; nicht Buchstabe, sondern Geist. „Werdet Vorübergehende", mahnt deshalb das außerbiblische Thomas-Evangelium (Nr. 42).

„Zelt der Begegnung"

Diese Paradoxie von Ferne und Nähe Gottes in seinem „Vorübergang" kommt programmatisch in der Exodus-Geschichte von Mose am Sinai zum Ausdruck. Gott „sehen" und „haben", so der Wunsch des Mose (und aller Frommen), ist nicht nur nicht möglich, sondern tödlich. Zu gewaltig ist der Unterschied zwischen Schöpfer und Geschöpf, jenseits von Eden erst recht. Gottes Zuwendung und Treue aber offenbart und bewährt sich angesichts dieses Dilemmas, dass wir als Menschen Gott unmittelbar nicht gewachsen sind: „Siehe, da ist Raum bei mir, da stell dich hin an den Felsen; und wenn ich vorübergegangen bin, wirst du mein Nachher sehen" (Ex 33,21; Übers. Ch. Dohmen). Erstaunlich intim ist dieses Zwiegespräch: Bei Gott selbst ist Raum, eine Stelle, wo Mose sich bedeckt halten kann und beschützt ist, um der Wucht Gottes standzuhalten. „Bei mir ist Platz für dich" (wer dächte nicht an die Redensart: „Du hast einen Platz in meinem Herzen!"). Gott räumt dem Mose großzügig eine Stelle ein, damit es zur Begegnung kommen kann – gemäß dem Auffassungsvermögen des Menschen, so, dass es ihn nicht vollends „umhaut".

Du kannst „mein Nachher" sehen bzw. mich „von hinten" – der Urtext lässt die zeitliche und räumliche Metaphorik zu:

Gott macht nicht nur für sein menschliches Gegenüber Platz, er ist der Platz.
Sich selbst räumt er ein für den Menschen zu dessen Schutz und Segen, und alles zielt auf Begegnung von

Einführung

Angesicht zu Angesicht (vgl. Psalm 139ff). Sichtbarer Ausdruck dafür ist „das Zelt der Begegnung". So wird es dann von Jesus heißen, in ihm habe Gottes Wort „gezeltet" und Platz genommen (Joh 1,14). Deshalb sagt er bei seinem Hinübergang: „Im Hause meines Vaters sind viele Wohnungen" (Joh 14,2), da ist Platz für dich und jeden und alle:
Ge-Heim-nis des Glaubens.

Unfassbar gefasst: Der Raum

Bekanntlich ist das Geheimnis, das wir biblisch Gott nennen, derart unsagbar, dass es „nur" indirekt und umschreibend genannt werden kann. Er, der Lebendige, ist wirklich da, aber wie er da ist, zeigt sich erst auf dem Weg und vor allem in Krisenzeiten. Uns unbegreiflich nahe und doch gegen-über ist er, nicht zu fassen und über alle Namen; stets er-greifend und nie zu be-greifen (Ex 3,12). Die Diskretion um das Gottgeheimnis und seine Unfassbarkeit war so groß, dass wir bis heute nicht wissen, ob und wie das Tetragramm („die vier Buchstaben" – JHWH) ausgesprochen wurde. Auch die beliebteste Umschreibung mit den Konsonanten von Adonai (Kyrios, Dominus, Herr) sollte immer bewusst halten, dass das Tetragramm eine Leerstelle markiert, einen Andersort und Sonderraum. Im frühjüdischen Buch Esther, das von schwerer Judenverfolgung erzählt, heißt es dann diskret, Hilfe komme „von woanders her" (4,13), da ist ein anderer Raum: ha makom.

Gott selbst ist Raum, nichts als Freiraum und Einräumung, sich zusagend und vorbehaltend; er ist ja der Schöpfer in allem Geschaffenen, diesem stets unendlich zuvor und gegen-über. Gott ist gerade dadurch schöpferisch Raum, dass er sich zurücknimmt, Anderes sein lässt und ihm so Raum erst schafft. Diese raumschaffende Präsenz Gottes wurde naheliegender Weise meist nach dem Modell des Handwerkers bzw. Machers so gedacht, dass da aktiv zugepackt und etwas gestaltet wird. Aber Gottes schöpferisches Wirken lässt sich auch als kreatorische Selbst-Zurücknahme denken nach dem Modell von Liebe und Beziehung, nach dem Modell freigebender Entbindung: Gott nimmt sich förmlich zurück, damit das Andere sei. Er greift nicht ein, er ist da als der, der sich entzieht und das Andere bzw. die Anderen kommen lässt. Er wartet und wirbt, um so in die Freiheit zu führen. Er sucht nicht für sich Platz und macht sich nicht breit, nein: Er schafft Raum, indem er geht und Raum eröffnet. Er ist, was er schafft: freigebende, eröffnende Liebe, Platzmacher par excellence. Der Welt- und Lebensraum verdankt sich ganz der schöpferischen Zurückhaltung und Zurücknahme Gottes; dieser lässt alles sein, die Welt und den Menschen. Er ist der Raum schlechthin, er umfasst und ermöglicht alles, er lässt uns machen. Und das schließt ein: Er leidet mit uns, denn er lässt sich in Mitleidenschaft ziehen.

Ruhe- und Krafträume, Gasthaus und Zelt der Begegnung

Kirche ist demnach die Gemeinschaft derer, die sich vom Geist Jesu leiten lassen und deshalb von Gottes schöpferischer Ankunft und Gegenwart ergriffen sind. In den Kirchenbauten bildet sich das ab: Sie sind als Versammlungsräume Gottes Gasthaus, Kunststation und Kirchenasyl.

„Nachtherbergen für die Wegwunden", nannte Nelly Sachs die Psalmen, und das gilt ebenso für Kirchenräume, in denen sich Himmel und Erde berühren, Gott und Mensch begegnen. Etwas von der unfassbaren Weit-Räumigkeit göttlicher Güte und schöpferischer Selbstlosigkeit bildet sich in ihnen ab – als Bau in Stein und sonstigem Material, besonders aber im gelebten Leben und praktizierter Gottes- wie Feindesliebe. In kirchlichen Räumen weht entsprechend ein anderer Wind als sonst wo, da sollte es anders zugehen:

Einführung

eben dem Ge-Heim-nis Gottes entsprechend gastfreundlich und Heimat gewährend im Vorübergehen und beim Durchreisen, das das sterbliche Leben ist.

Kirchenräume sind verlässliche Zwischen-Räume, Ruheräume für unterwegs und niemals Endstation oder geschlossene Gesellschaft. Vielmehr Haus der offenen Tür mit Platz für alle.

Entsprechend ist inzwischen von „Raumdiakonie" die Rede – Anteil nehmend und gebend an der Weit-Räumigkeit des Schöpfers, der gemäß der Bergpredigt (Mt 5,43–48) „seine Sonne aufgehen lässt über Bösen und Guten".

St. Bonifatius
Hoffnungsträgerin und Neubeginn

Luisenstraße 33
65185 Wiesbaden

Philipp Hoffmann
1840–1849 / Türme: 1864–1866

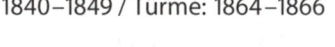

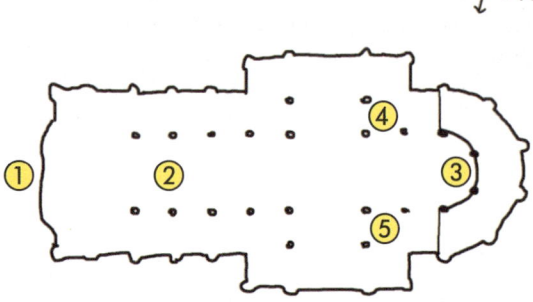

Am Abend des 11. Februars 1831 stürzte am Luisenplatz mit dem Vorgängerbau der heutigen Kirche „(…) unter donnerähnlichem, die ganze Stadt aufschreckendem Getöse (…)"[1], die Hoffnung der Katholikinnen und Katholiken Wiesbadens auf ein eigenes Gotteshaus in sich zusammen. Hofbaumeister Friedrich Ludwig Schrumpf (1765–1845) hatte vermutlich die Fundamentierung nur mangelhaft bedacht und zu hohe Mauern aus Bruchsteinen und untauglichem Mörtel in zu schneller Zeit aufrichten lassen. Dieser erste Kirchenbau war, der Idee einer klassizistischen Zentralanlage folgend, auf dem Grundriss eines stumpfen Kreuzes errichtet worden, hatte einen Säulenportikus als Eingangsfront samt flankierendem Turmpaar sowie im Innenraum ein von zwölf Säulen getragenes Kuppelrund.[2]

Herzog Wilhelm zu Nassau (1792–1839) erwarb 1835 das Terrain für sein Schlossprojekt. Sein Sohn Adolph von Nassau (1817–1905) jedoch überließ das Grundstück sechs Jahre später, 1841, erneut der mittlerweile auf 4.000 Gläubige angewachsenen katholischen Gemeinde – verbunden mit der Auflage, an eben dieser Stelle mit einem neuen Kirchenbau zu beginnen.[3]

Bereits im April 1800 war durch den ehemaligen Mainzer Domherrn Franz Philipp, Graf von Walder-

Blick vom Luisenplatz auf die Schauseite der Bonifatiuskirche

dorff (1739–1810), mit landesherrlicher Genehmigung und mit Zustimmung des Erzbischöflichen Mainzer Generalvikariats in Aschaffenburg wieder eine katholische Pfarrei in Wiesbaden gegründet worden.[4] Im November 1801 wurde auf dem Grundstück des Gasthauses „Zum schwarzen Rappen" in der Marktstraße, an der Stelle, an der sich heute das Café Maldaner befindet, ein „Katholisches Bethaus ohne Turm" seiner Bestimmung übergeben.[5] Zuvor, seit Einführung der Reformation, hatten die Katholiken der Stadt nach Frauenstein zum Gottesdienst gehen müssen.

Dem Kurbetrieb in Wiesbaden war nicht nur ein immenses Bevölkerungswachstum zu verdanken, mit ihm ging auch ein regelrechter Bauboom einher: Stadt- und Kreisbaumeister Philipp Hoffmann (1806–1889) und der spätere Oberbaurat Carl Boos (1806–1883) konkurrierten bei den Aufgaben für die Stadterweiterung. Mit der wachsenden Einwohnerzahl erhöhte sich der Anteil der Katholiken von 915 Personen anno 1821 auf 2.607 Seelen im Jahr 1847; damit einhergehend stieg zugleich der Wunsch nach einem würdigen Gotteshaus.[6] Nicht zuletzt verlangten auch die Kurgäste katholischen Glaubens nach einem solchen. So beauftragte Herzog Adolph von Nassau 1843 Stadtbaumeister Philipp Hoffmann mit dem Bau der ersten katholischen Kirche in Wiesbaden nach der Reformation.[7] Hoffmann hatte sich bereits mit Entwürfen für den „Rheingauer Dom" in seiner Geburtsstadt Geisenheim und beim Bau des Wiesbadener Stadtschlosses (1837–1841) einen Namen gemacht. Später wird er noch die russisch-orthodoxe Kirche auf dem Wiesbadener Neroberg (1847–1855) und die von den Nationalsozialisten zerstörte Alte Synagoge am Michelsberg (1863–1869) entwerfen.

St. Bonifatius als das älteste und größte katholische Kirchengebäude Wiesbadens konnte am 19. Juni 1849 feierlich durch Bischof Peter Joseph Blum (1808–1884) konsekriert werden.[8] Die von ihm gehaltene Festpredigt trug den Titel: „Ueber [sic] die hohe Bedeutsamkeit eines katholischen Gotteshauses".[9] Das Festprogramm begann bereits am Vorabend. Nach einem festlichen Konzert in der neuen Kirche und einem halbstündigen Geläute mit allen Glocken wurde der Neubau um neun Uhr des Nachts „(…) nach einem Signal von drei Kanonenschüssen (…) in mehrfarbigem Lichte (…)" illuminiert.[10]

Die Kirche fand ihre endgültige Fertigstellung jedoch erst am 5. Juni 1866, am Tag des Schutzheiligen Bonifatius, mit der Weihe der beiden 66 Meter hohen Türme mit ihren fein durchbrochenen Turmhelmen: „Schlanke himmelansteigende Thürme [sic], gleichsam als Wächter des Heiligthums [sic] den Eingang schirmend, bereiten das Gemüth [sic] unter Hinweisung auf das Hohe und Ueberirdische [sic] zum Eintritte vor, und verkünden weithin den Ort der geweihten Stätte."[11]

Insgesamt war der Bau mit Kosten von 136.828 Gulden verbunden. „Bei der Frage, in welchem Style die neue Kirche zu erbauen sei, sollte wegen der auch in maassgebenden [sic] Kreisen von dem römischen Klassicismus [sic] noch stark befangenen Anschauungsweise, Bedacht genommen werden, dass die Gestalt der Kirche von dieser auch in den neuen Theilen [sic] der Stadt und an deren öffentlichen Gebäuden herrschenden Bauweise nicht zu sehr abweiche. Diese Maassnahme [sic] war von der Befürchtung eingegeben, dass, wie man sagte, die

Das Innere der Kirche nach Norden mit Blick in das imposante Netzgewölbe

neue Kirche sonst ein Fremdling in Wiesbaden bleiben werde."[12]
Das Kernmauerwerk ist in Ocker verputzt und besteht aus Bruchstein vom Wiesbadener Sonnenberg.[13] Die nach Süden orientierte Hauptansicht ① ist mit rötlichem Mainsandstein aus Brüchen bei Böttingen und Aschaffenburg verkleidet. Die feingliedrige, elegante Vorhangfassade vereint Stilfor-

men des Historismus mit Zeitgenössischem: romanische und gotische Architekturelemente wie Rundbögen, Fialen, Krabben sowie filigrane Neuschöpfungen, die den Jugendstil bereits erahnen lassen.[14] Das Auge durchwandert die Formenfülle und entdeckt zuletzt die tönernen Krabben aus der Wiesbadener Firma Johann Jacob Höppli (1822–1876). Die Zweischaligkeit des Architekturprospekts

Das Innere der Kirche nach Süden mit Blick auf die Orgelempore

lässt Hoffmanns Eindrücke seiner Italienreise, wie zum Beispiel die der Loggia des Dogenpalastes in Venedig, nachklingen und steigert den malerischen Effekt der Schauseite.[15] Schmuckformen und Ornament stellten für Philipp Hoffmann alles andere als lediglich zierendes Beiwerk dar, sondern sind vielmehr als Ausdruck einer geistigen Durchdringung der Bauaufgabe als Ganzes zu verstehen.[16] Umlaufende Gesimsbänder betonen die Wirkung der Horizontale und binden damit die Schaufassade der Sakralarchitektur in das klassizistische Gepräge des Luisenplatzes ein.

Drei Stufenportale laden gleich einem Triumphbogen zum Eintreten in den Kirchenraum ein. Das mittlere Portal überhöht ein Wimperg mit einem Relief der Heiliggeisttaube. Die Figur Christi als Guter Hirte[17] bekrönt den Ziergiebel, in ihm ist der Mittelpunkt der gesamten Fassade angelegt.[18]

Innen spannen 22 schlanke Achteckpfeiler ein Netzgewölbe auf, das dem dreischiffigen Kirchenraum die Anmutung einer Halle verleiht, auch wenn die Seitenschiffe eine etwas niedrigere Höhe erreichen als das Mittelschiff ②. Architekt Hoffmann spricht

Tauf- und Sakramentskapelle, die entsprechend dahinter liegenden Räume werden als Beichtzimmer und als Sakristei genutzt. Die ursprüngliche Raumsituation wird vom Architekten wie folgt beschrieben: „Sodann ist die Einrichtung getroffen, dass in dem durch die Seitenaltäre und Arcadenmauern zwischen den Chorpfeilern abgeschlossenen Seitenschiffe des Chors sich zu beiden Seiten eines von aussen [sic] zugänglichen Vorplatzes die Sakristeien und Requisitenräume befinden, (…)."[20]

Ehemals besaß die Bonifatiuskirche einen prunkvollen Hochaltar mit reichem Figurenprogramm, geschaffen von dem Biebricher Bildhauer Carl Hoffmann (1816–1872). Die Kreuzigungsgruppe im Chor und die Figuren der hl. Teresa von Ávila und des hl. Franz von Assisi aus hellem Sandstein stammen noch von diesem ③.[21]

Zwei Seitenaltäre aus Kalkstein aus der Gegend von Schweinfurt samt Teilen ihres Bildschmucks befinden sich noch heute in der Kirche.[22] Erhalten hat sich im westlichen Querschiffarm der dem Kirchenpatron geweihte Altar. Das Altarbild aus der Mitte des 19. Jahrhunderts wurde von Alfred Rethel (1816–1859) gemalt, gestiftet hatte es die „Vereinigung katholischer Familien von Wiesbaden und Frankfurt" ④.

Der hl. Bonifatius (672/675–754) erhielt mit Ende der Befreiungskriege 1813–1815 und der damit einhergehenden Loslösung aus napoleonischer Vorherrschaft den Titel „Apostel der Deutschen". Der Heilige war nicht nur Gründer verschiedener Klöster und Bischof von Mainz gewesen, er hatte auch weite Teile Hessens, Thüringens, Bayerns und Frieslands missioniert, und so erklärt sich gerade die Wahl dieses Kirchenpatrons durch den Kirchenvorstand im protestantisch geprägten Nassau.[23]

Eine anmutige, sich zärtlich dem Kind zuwendende Muttergottes ziert als Gemälde den rechten Seitenaltar im gegenüberliegenden Querschiffarm ⑤. Der Frankfurter Nazarener und erste Professor des Städelschen Kunstinstituts Eduard von Steinle (1810–1886) malte sie Mitte des 19. Jahrhunderts. Geschenkt wurde das Bild von den „Wiesbadener Frauen und Jungfrauen" der Gemeinde. Beide Altäre, sowohl der Bonifatius- wie auch der Marienaltar, besaßen ursprünglich opulente, die Gemälde in

denn auch von einem „(…) ausgebildeten Systeme [sic] von stufenweise aufsteigenden Gewölben, welches in der über Kreuzung von Lang- und Querschiff sich nochmals erhebenden Kuppel den höher erregten Sinn, und den aufstrebenden christlichen Gedanken hier zum lautesten Ausdrucke, zu vollster bewusster Erscheinung gelangen lässt."[19]

Der Bau entwickelt sich über einem Grundriss in Gestalt eines lateinischen Kreuzes, wobei das breite, ebenfalls dreischiffige Querhaus kaum über die Flucht der Längsflanken hinaustritt. In der Tradition eines Chorumganges öffnen sich zum Querschiff

ihrer Mitte einfassende Aufbauten. Wir wissen, dass 1888 die darin noch leeren Nischen mit holzgeschnitzten Figuren der hl. Hildegard, der hl. Elisabeth von Thüringen, des hl. Antonius und des hl. Vinzentius besetzt wurden.[24]

Zu einem späteren Zeitpunkt wurde die Anzahl der Nebenaltäre wohl um bis zu drei weitere ergänzt.[25] Abgesehen von den heute noch existierenden Seitenaltären, hat sich mit der Pietà, die seit 1972 im Eingangsbereich der Kirche aufgestellt ist, ein Überrest des Altares der Schmerzhaften Muttergottes erhalten.

Eine Kopie des Gnadenbildes „Unserer Lieben Frau der immerwährenden Hilfe", eine eindrucksvolle holzgeschnitzte Gestalt des hl. Josef mit dem Kind, wohl aus den 20er-Jahren des letzten Jahrhunderts, gemalte Andachtsbilder der hl. Thérèse von Lisieux und des hl. Judas Thaddäus[26] vervollständigen die bildliche Ausstattung der Kirche. Der Kreuzweg ist eine Zutat neuerer Zeit, er wurde 1991 von Lore Friedrich-Gronau (1905–2002) in den Werkstätten der Benediktinerabtei Münsterschwarzach gestaltet.[27]

Die Chronik von St. Bonifatius vermerkt schon für das Jahr 1928 eine Erhöhung des Chorraumes unter dem Einfluss der liturgischen Bewegung.[28] Die Zerstörungen während des Zweiten Weltkrieges und die Umgestaltung nach den Vorgaben des Zweiten Vatikanischen Konzils 1965 durch den Wiesbadener Architekten Paul Johannbroer (1916–1985) veränderten den Innenraum nachhaltig.

Wie die heute fehlenden Nebenaltäre ging auch die ursprüngliche Verglasung der mit Maßwerk verfüllten Rundbogenfenster bei der Bombardierung Wiesbadens in der Nacht vom 2. auf den 3. Februar 1945 verloren.[29] Der damalige Farbklang in Rot, Blau und Weiß findet sich jedoch in den modernen Fenstergestaltungen des Glasbildners Johannes Beeck (1927–2010) wieder, ausführend war die Glaswerkstatt Derix in Taunusstein. Die abstrakten dynamischen Farbflächen der Fenster von 1965 thematisieren das Wirken des Hl. Geistes in der heutigen, in unserer Zeit.[30]

Auch von der ursprünglichen Farbfassung der aufgehenden Wand wie des Gewölbes sind keinerlei Spuren erhalten.[31] Im Zuge von notwendigen Restaurierungsarbeiten hatte man Mitte der 60er-Jahre des 20. Jahrhunderts die 1949 anlässlich der Hun-

Die Kreuzigungsgruppe des ehemaligen Hochaltares von Carl Hoffmann

dertjahrfeier erfolgte Bemalung der Pfeiler mit schachbrettartiger Felderaufteilung und symbolischen Darstellungen sowie die der Gewölberippen mit einer geometrisierenden Musterfolge entfernt.[32] Die nach dem Krieg über dem Mittelschiff eingezogene flache Kassettendecke wurde bis 1964 durch ein Kreuzrippengewölbe ersetzt. Nicht zuletzt baustatische Probleme hatten eine solche Rekonstruktion dringend erforderlich gemacht.[33]

Die noch auf Fotografien der Mitte des 20. Jahrhunderts zu sehende hölzerne schlichte Kanzel am südwestlichen Vierungspfeiler ersetzte die im Krieg zerstörte originäre, die sich gegenüber, auf der Epistelseite, befunden hatte. Ihren Kanzelkorb schmückten Reliefs der Apostel. Die Gestalt der Himmelskönigin Maria krönte den Schalldeckel. Die Kanzel war ein Werk des Bildhauers Theodor Mühl (1817–1901) und des Schreinermeisters Dochnahl.[34]

Die heutigen Prinzipalstücke, Ambo und Altar, wurden nach Entwürfen von Elmar Hillebrand (1925–2016) im Jahr 1978 aus Bronze gegossen.[35] Rechter Hand der Altarinsel öffnet sich der Chorumgang zum Allerheiligsten, zur Sakramentskapelle ⑤. Seit 1980 neu ausgestaltet und 1985 mit Fresken von Elmar Hillebrand versehen,[36] beherbergte sie einst für fünf Jahre, bis die russisch-orthodoxe Kapelle auf dem Neroberg fertiggestellt war, den Sarkophag der Großfürstin Elisabeth Michailowna Romanowa (1826–1845), der Ehefrau Herzog Adolphs. Der Sarg hatte sich ursprünglich in der Mauritiuskirche befunden, die 1850 abbrannte. Nach dem Brand wurde er vorübergehend hier aufgestellt, die Chorumgangskapelle für diesen Zweck verschlossen. Die Sakramentskapelle ist daher auch im kollektiven Gedächtnis Wiesbadens ein Ort der Toleranz und des Respekts gegenüber der Vielfalt der Konfessionen, ein Ort des Friedens und der Versöhnung.[37] Der Tabernakel steht erhöht auf einem Podest, das sowohl seine symbolische als auch seine räumliche Entsprechung in der Bodenvertiefung der gegenüberliegenden Taufkapelle besitzt ④. Wie in den Baptisterien der frühchristlichen Zeit steigt man hier hinab zu dem mit Wasser gefüllten, von Hillebrand gestalteten Taufbecken – so wie Jesus für die Taufe durch Johannes in den Jordan stieg.[38] Sowohl in der Tauf- als auch in der Sakramentskapelle befinden sich künstlerisch gestaltete Säulenkapitelle von einem Schüler Hillebrands, Walter Hutz (*1952), aus den Jahren 1981 bis 1990.[39]

Die Heiligenfiguren an den Pfeilern der Bonifatiuskirche stellen – vom Eingang aus betrachtet – rechter Hand die hll. Katharina von Siena, Vincenz von Paul, Maria Magdalena und Antonius von Padua vor, wohingegen sich die Gläubigen auf der linken Seite des Kirchenschiffs an die hll. Hildegard von Bingen, Bernhard von Clairvaux, Elisabeth und Johannes richten können.[40] Das sich heute am Ausgang befindliche, aber einst gegenüber der Kanzel platzierte Standbild des hl. Bischofs Adolphus, des Namenspatrons des Herzogs, stammt aus der Werkstatt der Brüder Sontheimer in Koblenz.[41]

1985 errichtete Hugo Mayer aus Heusweiler im Saarland die heutige dreimanualige Orgel mit mechanischer Traktur und 48 Registern.[42] Zehn Jahre später wurden drei elektronische Bassregister ergänzt. Die erste Orgel der Bonifatiuskirche war bereits 1848, ein Jahr vor Fertigstellung des Gotteshauses, bei Orgelbauer Voigt in Igstadt in Auftrag gegeben worden.[43] 1892 wurde sie durch ein Instrument aus der Limburger Werkstatt Horn ersetzt.[44] Die 1937 installierte Orgel der Firma Klais in Bonn wurde beim Luftangriff auf Wiesbaden 1945 schwer beschädigt. 1954 lieferte das Unternehmen Romanus Seifert aus Kevelaer ein neues Instrument als Ersatz.[45] Auch die Emporensituation selbst wurde in der Nachkriegszeit erneuert; zu erkennen ist dies unter anderem an zwei modernen Engelsgestalten, die als Tragekonsolen fungieren.[46]

Sechs Glocken bilden das Geläut von St. Bonifatius. Drei von ihnen wurden 1961 in der Glockengießerei Friedrich Wilhelm Schilling in Heidelberg gefertigt und ein Jahr später den hll. Josef, Bonifatius und Mauritius geweiht. Sie klingen auf die Töne h°, a und h. Die anderen drei stammen aus dem Kloster Bornhofen[47], wobei die jüngere, 1444 Maria Gloriosa geweihte dank dem Gießer Johannes Berchdahler in Ehrenbreitstein seit 1702 umgegossen auf den Ton d klingt. Die übrigen zwei sind ebenso Marienglocken und stammen von Johann Glats aus den Jahren 1430 und 1440; sie erklingen auf fis und g.

Die Schatzkammer von St. Bonifatius beherbergt liturgische Geräte, Messbücher und Paramente, wie zum Beispiel eine 1517 gedruckte Bibel, ein prächtiger Prozessionsbaldachin von 1899 mit Nadelmalerei bestickt und eine Turmmonstranz aus der Zeit um 1900.

Die Opulenz der Ausstattung wie der Architektur der Kirche St. Bonifatius nährt sich aus Elementen der Tradition wie der sich bereits ankündigenden Moderne. Nur auf den ersten Blick erscheint das Gotteshaus inmitten der Landeshauptstadt Wiesbaden als charakteristischer Bau des Historismus, sicher vergangene Stilideen zitierend. Der genauere Blick entdeckt im durchaus repräsentativen Wollen des prachtvollen Sakralbaus nicht wenige Tastversuche des Neuen. Insbesondere im Ornament, in der für den Architekten Hoffmann so wichtigen „(…) Behandlung und Bedeutsamkeit des ornamentalen Schmucks, in geistiger Durchbildung und im Einklang mit den Grund- und Hauptformen, (…)" finden sich wegweisende Schritte in die Moderne.[48] ∎

Anmerkungen

1. So die Worte des Architekten Philipp Hoffmann, in: Die kath. Kirche zu Wiesbaden, 1880, Sp. 56. Ebd. heißt es weiter: „Die Fundamente hatten auf dem 1,5 m über den umgebenden Strassen [sic] liegenden Bauplatze aus gewachsenem Lehme für 30 m hohe Mauern nicht einmal die Tiefe bis zu dem Strassen-Niveau [sic] erhalten, und das aufsichtslos errichtete Mauerwerk aus untauglichem Mörtel und Bruchsteinen entbehrte jeden Haltes und Zusammenhangs. Gegen alle schon während des Baus, und selbst von der Regierung durch Sachverständige veranlasste Abmahnungen von obigem Verfahren blieb der Baumeister unzugänglich, und verharrte in arger Verblendung bis zu Ende dabei." Es habe dem Baumeister schlicht an Erfahrung gefehlt; ebd. Sp. 57: „So z. B. war der Erbauer der verunglückten katholischen Kirche ursprünglich Uhrmacher, aber ein Mann von Anlagen, welcher bei gehöriger Ausbildung ein tüchtiger Architect geworden wäre."
2. Struck, 1981, S. 193.
3. Die Steine der Vorgängerkirche fanden ihre Wiederverwendung u. a. beim Bau des neuen Stadtschlosses; Art. des WK vom 28.11.1995; StadtA WI, ZAS / Kirchen und Gemeindehäuser der Innenstadt, St. Bonifatius.
4. Schon 1787 hatte der aus der Lombardei stammende Kaufmann Franz Jakob Cetto die überwiegend protestantische Stadtregierung um Erlaubnis zur Gemeindegründung gebeten. Zwar erhielt er einen Verweis, doch gab Fürst Karl Wilhelm von Nassau-Usingen zu bedenken: „Sind wir denn nicht alle Christen?". Ihm sei „(…) alles, was principia der Intoleranz zeigt, zuwider (…)" und bewilligte den Antrag; siehe: 100 Jahre Sankt Bonifatius Wiesbaden, 1949, S. 2.
5. Meuer, 1924, S. 2.
6. Mattiaci, 1949, S. 85, 88.
7. Zuvor waren auch die Architekten Richard Görz (1811–1880), Lassen und Ignaz Opfermann (1799–1866) neben Hoffmann zur Abgabe von Entwürfen aufgefordert worden. Der hessische Provinzialbaumeister Opfermann aus Mainz erhielt offiziell den Zuschlag, doch das Staatsministerium legte ein Veto ein, und Herzog Adolph beauftragte Philipp Hoffmann von sich aus am 24.05.1843 mit dem Bau; vgl. 100 Jahre Sankt Bonifatius Wiesbaden, 1949, S. 5; Ausst. Kat. Philipp Hoffmann, 1982, S. 75.
8. Hoffmann nennt in: Die kath. Kirche zu Wiesbaden, 1880, Sp. 59 versehentlich den 18.06.1849 als Weihedatum.
9. Predigt gehalten bei Gelegenheit der Einweihung der neuen katholischen Kirche zu Wiesbaden am 19. Juni 1849 von Peter Joseph, Bischof von Limburg, Mainz, 1849.
10. Fest-Programm zur Feier der Einweihung der neuen katholischen Kirche zum heiligen Bonifacius in Wiesbaden den 18., 19. und 20. Juni 1849; HLB Gh 8335.
11. So Hoffmann, in: Die kath. Kirche zu Wiesbaden, 1880, Sp. 72. Umfangreiche Kollekten wurden getätigt, um die Fertigstellung der Kirche realisieren zu können; vgl.: Text der Chorgesänge in den vom dem Cölner Männer-Gesang-Verein zum Besten des Ausbaues der Thürme der katholischen Kirche zu Wiesbaden veranstalteten Concerten, o. O., 1862; 100 Jahre Sankt Bonifatius Wiesbaden, 1949, S. 10.
12. Hoffmann, in: Die kath. Kirche zu Wiesbaden, 1880, Sp. 62.
13. Die ab 2023 durchgeführten Restaurierungsarbeiten ergaben, dass die Fassaden bei Fertigstellung der Kirche 1849 zunächst unverputzt und bruchsteinmauerwerksichtig blieben. Erst zum 50-jährigen Weihefest 1899 erhielten auch die kahlen Bruchsteinwände der Flanken zwischen den Pfeilern ihren Kalkverputz; siehe auch: Meuer, 1924, S. 15. Putz und Rotanstrich sind vermutlich in einem Arbeitsprozess entstanden.
14. Vgl. Jacobs, 2014, S. 187.
15. Dazu: Jacobs, 2014, S. 211–212.
16. Jesberg, in: Philipp Hoffmann (1806–1889), 2007, S. 81–83.
17. Hierbei handelt es sich um eine Replik. Das Original befindet sich, stark beschädigt durch äußere Einflüsse, an der nordöstlichen Flanke der Kirche. Viele der durch die Witterung angegriffenen keramischen Bauornamente waren bereits 1973 durch das Material Mineros ersetzt worden; vgl. Hembus, 1977, S. 24; WK, 06.06.1979; StadtA WI, ZAS / Kirchen und Gemeindehäuser der Innenstadt, St. Bonifatius. Gerade diese Elemente müssen nun jedoch wieder erneuert werden, da sie sich als sehr viel anfälliger gezeigt haben als die noch original erhaltenen tönernen Elemente, so nach mündlicher Auskunft des restaurierenden Architekten Hermann Alt am 23.05.2023, Oestrich-Winkel.
18. 1893 wurde anstelle einer durchbrochenen Rosette im Hauptgiebel eine große Uhr eingesetzt: „Sie ist Eigentum der Stadt, die Kirchengemeinde gab einen Zuschuss von 1000 Mark."; siehe: Meuer, 1924, S. 14.
19. Hoffmann, in: Die kath. Kirche zu Wiesbaden, 1880, Sp. 63.
20. Hoffmann, in: Die kath. Kirche zu Wiesbaden, 1880, Sp. 61.
21. Die Figur der hl. Theresa stiftete die Schwester des Herzogs, Prinzessin Therese von Oldenburg. Die Gestalt des Hl. Franziskus erinnert an den anderen Wohltäter der Kirche, Graf Franz von Walderdorff. Sechs kleinere Statuen des Altaraufbaus, die Apostelfürsten und die Evangelisten, wurden von dem Bildhauer Reinhard Berthold Vogel (1821–1876) aus Kirberg geschaffen und sind heute ebenso verloren wie die „(…) vier kleinsten ganz oben, Moses, David, Abraham und Melchisedech darstellend, hat Professor Hopfgarten gearbeitet, ebenso den Kopf im Giebel: „Gott Vater". Die Ornamente sind von Bildhauer Wenck." So die Angaben bei Meuer, 1924, S. 6 (dort versehentl. als Karl Vogel benannt); siehe auch: Czysz, 1992, S. 14.
22. Hoffmann, in: Die kath. Kirche zu Wiesbaden, 1880, Sp. 61: „(…) und zwei Nebenaltäre haben vor den Seitenschiffen des Chores ihre Stelle erhalten."
23. Urspr. hatte man für die Kirche das Patrozinium der Apostelfürsten vorgesehen. In einem Bericht vom 04.09.1820 teilt der damalige Wiesbadener Pfr. Augustin Weil mit, er habe der landesherrlichen Anordnung gemäß die Apostel Petrus und Paulus zu Schutzpatronen der Kirche erwählt. Ausführlicher fährt ders. fort: „Diese Wahl biblischer Heiliger wurde zwar nicht mißbilligt [sic], doch bemerkten mir nachher einige Männer, deren Urteil ich immer hochgeschätzt habe, ob es nicht rathsamer [sic] gewesen wäre, den heiligen Bonifacius [sic], an welchen als Apostel der Deutschen sich so viele vaterländische Rückerinnerungen anschlossen, gewählt zu haben. – Ich fand diese Bemerkungen so wohl gegründet, und für mein deutsches Herz so anziehend, daß ich mich aufs neue entschloß [sic], nicht ohne Beifall der Apostel Petrus und Paulus den hl. Bonifacius als Hauptpatronen der hiesigen Kirche zu wählen; (…)."
24. Meuer, 1924, S. 13–14. 100 Jahre Sankt Bonifatius Wiesbaden, 1949, S. 15 nennt 1891 als das Jahr der Aufstellung. 1894 erhielt der Muttergottesaltar einen vergoldeten, mit blauen Steinen verzierten Tabernakel, siehe ebd., S. 16. Bis 1934 wird hier das Allerheiligste aufbewahrt; dann wurde der Tabernakel des Hochaltares nach einem Entwurf von Clemens Schmidt (1890–1979) umgestaltet und als Aufbewahrungsort des Allerheiligsten bestimmt; ebd., S. 26.
25. Meuer, 1924, S. 13: „Der als Hochaltar benutzte Herz-Jesu-Altar, ein Geschenk des Stadtpfarrers Weyland, ward nun [1886, nach dem Wiedereinzug der Gemeinde in Inbesitznahme der Kirche durch die Altkatholiken] als dritter Nebenaltar aufgestellt, wurde jedoch später durch den jetzigen stilvolleren ersetzt." Und ebd. S. 14 heißt es: „Am Christabend desselben Jahres [1890] erfolgte die Aufstellung des schönen, ganz in Holz geschnitzten Altares der schmerzhaften Muttergottes." Laut der Festschrift 100 Jahre Sankt Bonifatius Wiesbaden, 1949, S. 15 befand sich dieser im linken Querschiff. Entsprechend wurde 1905 im rechten Querhaus ein neuer Herz-Jesu-Altar

aufgestellt; ebd., S. 16. Ein Inv. Verz. der Kirche vom 01.02.1944, erwähnt ebenfalls einen Nebenaltar mit geschnitztem Aufbau und einer Herz Jesu-Figur, ferner einen Altar mit geschnitztem Aufbau und einer Figur der Schmerzhaften Muttergottes; zuletzt wird noch ein schmuckloser Altar ohne Aufbau genannt; DAL, WI 25 / 2. Ferner nennt ebenjenes Inventar Gemälde der Auferstehung (Rubens-Schule), der Geburt und der Kreuzigung Christi, ein Votivbild des hl. Antonius von Padua sowie Statuen der Muttergottes, des hl. Josef und einen Kreuzweg aus dem Jahr 1937. Was den Verbleib des Gemäldes der Geburt des Christkindes angeht, so heißt es in: 100 Jahre Sankt Bonifatius Wiesbaden, 1949, S. 32 über den Luftangriff auf die Stadt am 02.02.1945: „(…), das an der Querwand hängende Bild, ein Niederländer, die Geburt Christi darstellend, ein Geschenk des Herzogs Adolph von Nassau, wurde zerfetzt."

26 Ein Schreiben von Pfr. Hilfrich vom 13.04.1930 an das bischöfliche Ordinariat berichtet, dass er beim Maler Matthäus Schiestl (1869–1939) ein solches bestellt habe, um das sich bereits seit etwa 1924 in der Kirche befindliche, weniger wertvolle Gemälde zur Verehrung des hl. Judas Thaddäus zu ersetzen; DAL, WI 25 / 2. Vgl. Inv. Verz. der Kirche vom 01.02.1944; DAL, WI 25 / 2.

27 Der originäre Kreuzweg von 1871 bestand aus Keramik und wurde in Köln-Kalk gefertigt; Meuer, 1924, S. 13. Vgl. 100 Jahre Sankt Bonifatius Wiesbaden, 1949, S. 28: Der unter der 1937 umgebauten Orgelempore entstandene Raum war für den Kreuzweg bestimmt.

28 100 Jahre Sankt Bonifatius Wiesbaden, 1949, S. 22.

29 Meuer, 1924, S. 13 spricht von „fünf gemalten Chorfenster[n]", die 1886 von der Gemeinde gestiftet wurden. Ebd. S. 14: 1893 erfolgte das Einsetzen von je zwei weiteren gemalten Fenstern in beiden Querhäusern, 1899 von acht Fenstern im Hauptschiff „(…), womit leider eine allzu starke Verdunklung [sic] im Innern eingetreten ist." Einen Eindruck der ehemaligen Fenster geben zwei Abb. in: Mattiaci, 1949, S. 69–70. Zu den Zerstörungen durch den Luftangriff siehe u.a.: 100 Jahre Sankt Bonifatius Wiesbaden, 1949, S. 32.

30 Leyk, 2012, Nr. 86, S. 36, 113, 141, 468–469.

31 Noch bei Hoffmann, in: Die kath. Kirche zu Wiesbaden, 1880, Sp. 62 ist lediglich von einem „(…) Anstrich von Wänden, Gewölben und Steinwerk (…) einfach in einem graugleichblichem Tone (…)" die Rede. 1890 war die Kirche durch den Maler Friedrich Franz Maria Stummel (1850–1919) aus Kevelaer in einer dunklen Farbtönung gefasst worden; siehe: Meuer, 1924, S. 14; 100 Jahre Sankt Bonifatius Wiesbaden, 1949, S. 15: „Die Ausmalung des Chores im Jahre 1899 paßte [sic] sich durchaus diesem erwähnten Zeitgeschmack an." 1937 sollte die Erneuerung des Kirchenraumes vorangetrieben werden, die dafür notwendige Umgestaltung der Orgelempore erfolgte durch den Frankfurter Architekten Martin Weber; ebd., S. 28.

32 Die Gewölbe wie die aufgehende Wand trugen 1949 offensichtlich eine gelbliche Fassung.

33 DAL, WI 6 1957–64 u. 1965–67.

34 Meuer, 1924, S. 7.

35 Die Bildtafeln des Altares zeigen Szenen der Heilsgeschichte: In der Sockelzone, das naturgebundene Leben des unerlösten Menschen, auf der Vorderseite Kreuzestod und Auferstehung, auf der linken Seite Glaube und Nächstenliebe in Bilderzählungen des ungläubigen Thomas und des guten Samariters, auf der Rückseite den Sündenfall und schließlich rechts den schlafenden Elias und die Emmausjünger. Am Ambo bildet Hillebrand die Berufung Abrahams, die Sendung der Jünger und das Martyrium des hl. Stephanus ab.

36 Die Malereien zeigen eine Gnadenstuhl-Darstellung über einem Vorhangmotiv mit Weintrauben und Ähre; vgl. DAL, Wiesbaden St. Bonifatius, 30 Nr. 1, 1974–1990. Auch die farbige Fassung einzelner Architekturelemente in Rot-, Blau- und Grüntönen, z. B. an den Pfeilerkapitellen, geschah in diesem Kontext.

37 Am 28.07.1850 wurde zudem der erste ev. Gottesdienst in der Bonifatiuskirche gehalten. Bereits ein Jahr nach Verabschiedung des Altkatholikengesetzes am 04.07.1875 jedoch, das den Altkatholiken den Mitbesitz wie die Mitnutzung der kath. Gotteshäuser einräumte, war die Gemeinde gezwungen, die Schlüssel – unter Androhung von polizeilicher Gewalt – für ihr Gotteshaus herauszugeben. Anschaulich erzählt die Chronik des Altarvereins von den unterschiedlichen Notlösungen, die in der Folge für das Abhalten der Gottesdienste gefunden wurden: Die kath. Gemeinde feiert erst unter freiem Himmel, bezieht dann einen Betsaal im Hof des Hauses Friedrichstr. 30, dann einen Saalbau auf dem Gelände der heutigen Synagoge und errichtet schließlich eine Notkirche im Garten des früheren Marienhauses des Hospitals zum Hl. Geist in der Friedrichstr. 22 (1878); Abb. in: 100 Jahre Sankt Bonifatius Wiesbaden, 1949, S. 8, weiter S. 12–14. Die Notkirche wurde erst 1900 abgerissen, um dem Neubau des Pfarrhauses Platz zu machen. Später unterstützte man den Bau der altkath. Kirche an der Schwalbacher Str. finanziell. Bis diese im Jahr 1900 vollendet werden konnte, wurde St. Bonifatius ab 1886 als Simultankirche genutzt; vgl. Wolf, 1955, S. 101–103.

38 Ein Fresko von Hillebrand hinter dem Taufbecken greift die biblische Szene der Taufe Christi zusätzlich auf.

39 Auch die beiden mit Bronzegittern verschlossenen Nischen für zwei Rokoko-Reliquiare in der Taufkapelle stammen von diesem Künstlerduo (1985); vgl. DAL, Wiesbaden-Bonifatius, 31 Nr. 2, 1981–1990.

40 Das Inv. Verz. von 1944 erwähnt keine Figuren an den Pfeilern. Die von Meuer, 1924, S. 14 beschriebenen Skulpturen der hl. Jungfrau und des hl. Josef an den vordersten Pfeilern des Hauptschiffs sind nicht mehr existent. Ferner bemerkt der Autor: „Der Wunsch des verstorbenen Prälaten Keller war z. B. die Schmückung weiterer Pfeiler des Inneren mit den Statuen von Heiligen."

41 Meuer, 1924, S. 6.

42 Unter Einbeziehen des älteren Pfeifenmaterials, auch 32 Register der alten Orgel fanden Wiederverwendung; vgl. DAL, Wiesbaden-Bonifatius, 32 Nr. 1, 1968–1986.

43 Meuer, 1924, S. 7; 100 Jahre Sankt Bonifatius Wiesbaden, 1949, S. 10.

44 Czech, 1992, S. 21. Meuer, 1924, S. 14 und 100 Jahre Sankt Bonifatius Wiesbaden, 1949, S. 28 nennen interessanterweise den Namen Keller für den Orgelbauer aus Limburg. 100 Jahre Sankt Bonifatius Wiesbaden, 1949, S. 15 erwähnt zudem die Adventszeit des Jahres 1895 als Zeitpunkt der Anschaffung einer (weiteren?) neuen Orgel.

45 Zu der Geschichte der Orgeln von St. Bonifatius: Dessauer, 1985, S. 8–13.

46 Möglich wäre auch, dass sie vom Umbau der Orgelempore in der Zwischenkriegszeit stammen; vgl. Art. des WK vom 06.06.1979; StadtA WI, ZAS / Kirchen und Gemeindehäuser der Innenstadt, St. Bonifatius.

47 Herzog Wilhelm schenkte schon 1820 der kath. Gemeinde Wiesbaden das Geläut aus dem aufgehobenen Kloster. Eine weitere große Glocke wurde eigens dazu gegossen; vgl. Hoffmann, in: Die kath. Kirche zu Wiesbaden, 1880, Sp. 60. Bis zur Vollendung der Türme 1866 hingen sie in provisorischen Glockenstühlen. 1942 wurden die Glocken eingezogen, die große Josefsglocke musste gesprengt werden. Nur eine Glocke aus dem Bornhofer Geläute durfte im Turm verbleiben, die „Gloriosa Maria" genannte Größte von ihnen; siehe: 100 Jahre Sankt Bonifatius Wiesbaden, 1949, S. 10, 31.

48 Hoffmann, in: Die kath. Kirche zu Wiesbaden, 1880, Sp. 72.

St. Marien
Juwel des Wiesbadener Historismus

Breslauer Straße 1
65203 Wiesbaden-Biebrich

Hugo Schneider
1874–1876

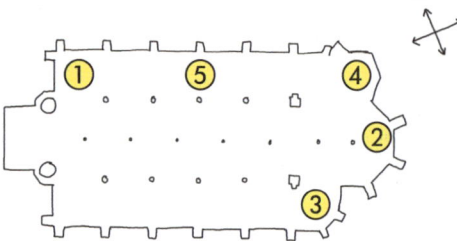

Wiesbadens größter Stadtbezirk, Biebrich, wurde bereits 874 als königliche „villa Biburg" urkundlich erwähnt[1]; 1891 erhielt der Ort Stadtrechte. Im Herzen des Stadtteils steht die St. Marienkirche auf einem Grundstück, das als „Adelheidshof auf dem kleinen Berge" von Kaiser Otto III. anno 991 dem Benediktinerkloster Selz im Elsass geschenkt wurde. 1292 fiel dieses Stück Land an das Kloster Klarenthal; im Laufe der Jahrhunderte wurde die Gemarkung staatlicher Besitz. Herzog Adolph von Nassau schenkte 1865 das Grundstück der katholischen Gemeinde Biebrich für den Neubau einer Kirche. Erst zu Beginn des 19. Jahrhunderts hatten sich nach der Reformation wieder Katholiken in Biebrich angesiedelt; die Feier der katholischen Messe in der Kapelle des Biebricher Schlosses hatte Herzog Wilhelm von Nassau schon 1823 erlaubt.

Durch die Industrialisierung kamen viele katholische Arbeiter nach Biebrich, sodass die Schlosskapelle schnell zu klein wurde. Bis jedoch genügend Geld für den Bau gesammelt war, dauerte es noch bis 1873. Erst dann konnte mit der Umsetzung des Entwurfs von Architekt Hugo Schneider (1841–1925) aus Aachen begonnen werden.[2] Kollekten, eine Schenkung des Bonifatiusvereins und eine großzügige Stiftung des Uhrenfabrikanten Hubertus Kreitz (1811–1896) und seiner jüngsten Tochter Eugenia (1854–1925), welche nicht nur den Kirchturm (1890), sondern auch zahlreiche Ausstattungsstücke im In-

Der Turm samt Eingangsportal der Kirche vom Marienplatz aus gesehen

neren der Kirche umfasste, ermöglichten die Fertigstellung des Kirchenbaus.

Als 1874 der Grundstein gesetzt wurde, legte man in diesen die Urkunde, die als Titel der Kirche „Mariä Himmelfahrt" nennt, vier Sorten Getreide, die in der Biebricher Gemarkung wuchsen, eine Flasche 1848er Steinberger aus dem Herzoglichen Cabinetkeller, eine weitere Flasche 1870er Hochheimer Kirchstück sowie Münzen, unter anderem des Herzogtums Nassau.[3] 1876, inmitten der Auseinandersetzungen des Kulturkampfes, weihte Bischof Peter Joseph Blum (1808–1884) das neue Gotteshaus im Beisein des Mainzer Bischofs Freiherr Wilhelm Emmanuel von Ketteler (1811–1877).

Die Kirche St. Marien ist nach Osten orientiert. Ihre Westfassade öffnet sich den Besuchenden von einem kleinen Platz aus, dessen Mitte ein Brunnen mit Marienbildsäule (1984) ziert. Der Bau ist als dreischiffige Basilika ohne Querhaus mit schmalen Seitenschiffen im Stil der Neugotik gestaltet.

Für seine Errichtung wurden rund 600.000 Ziegelsteine verwendet. Geliefert hatte diese der Backsteinfabrikant Johann Balzhäuser aus Gimbsheim. Nach der Erfindung von mechanischen Aufbereitungshilfen und Formpressen für den Ton in der Mitte des 19. Jahrhunderts war der Backstein zum Massenprodukt und damit zu einem erschwinglichen Baumaterial geworden. Akzentuiert wird das gelbe Ziegelmauerwerk durch rote Sandsteinfassungen. Das Tympanon über dem Hauptportal wurde erst 1978 eingesetzt und zeigt die Anbetung des Kindes durch die drei Weisen aus dem Morgenland. Die Kirche fasst 800 Sitzplätze in einem 30 Meter langen Innenraum mit einer Gewölbehöhe von circa 20 Metern. Rundpfeiler mit vegetabilen Kapitellen tragen das Kreuzrippengewölbe des Kirchenschiffes. Im Zweiten Weltkrieg wurden vor allem viele der historischen Fenster zerstört. Nach Kriegsende waren umfassende Renovierungen notwendig. 1973 entfernte man zudem den neogotischen „Zierrat", was bedeutete, die Bemalung wurde abgewaschen,[4] der Altaraufbau niedergelegt und an den Standorten der Nebenaltäre wurden eine Sakramentskapelle, in der südlichen Chorapside, sowie eine Taufkapelle, im nördlichen Gegenüber, eingerichtet.

Letztlich mussten fast alle Fenster neu verglast werden. Die Glaserei A. Salizé setzte 1953 zwölf schlichte Fenster im Kirchenschiff ein und integrierte die zwei intakten, historistischen Fenster mit figürlichen Darstellungen in die westliche Wand. Das neogotische Fenster nördlich des Eingangsportals war 1910 von Adolf und Elisabeth Berger gestiftet worden ①.[5] Das Ehepaar hat sich in der unteren Zone des Fensters in historisierenden Porträts seiner Namenspatrone abbilden lassen: links der hl. Bischof Adolfus, rechts die hl. Elisabeth. Das Fenster war womöglich Teil einer größeren Reihe, die die 14 Kreuzwegstationen vorstellte, denn das beschriebene zeigt die 13. und 14. Station mit Kreuzabnahme und Grablege. Beide Szenen überfängt ein Medaillon mit dem Bild des Lamm Gottes samt Siegesfahne.

Das zweite neugotische Fenster, südlich des Eingangs, wurde von Johann Steyer und seiner Tochter Katharina Dönges im Jahr 1916 gestiftet. In der rechten Fensterbahn ist die Flucht nach Ägypten, in der linken der zwölfjährige Jesus im Tempel dargestellt. Das Rund darüber trägt die Bundeslade, darauf zwei betende Engel und vier hebräische Buchstaben, das Tetragramm „JHWH".

Ursprünglich hatte die Familie Kreitz die drei mittleren Chorfenster gestiftet. Diese haben jedoch den Zweiten Weltkrieg nicht überdauert. Das zentrale Chorfenster wurde 1954 von Josef Henseler (1925–1977)[6] aus Köln-Longerich neu gestaltet und zeigt die Marienkrönung ②. Im oberen Register wohnen vier Engel dem Geschehen bei; als Pendants bezeugen Heilige im unteren Bereich das Geschehen. Über allem wacht im Vierpass des Couronnements das von einem Dreieck als Symbol der Trinität umschlossene Auge Gottes. 1982 wurden die seitlichen Chorfenster vom Bensberger Glasmaler Hermann Gottfried (1929–2015) gemeinsam mit der Firma Derix in Taunusstein erneuert. Das linke Fenster zeigt die Verkündigung. Typologisch werden diesem neutestamentlichen Ereignis der Heilsgeschichte die beiden obersten Bildfelder mit Szenen aus dem Alten Testament zugeordnet: die Vertreibung aus dem Paradies und die Darstellung Saras, der Frau Abrahams, die den verheißenen Sohn Isaak zur Welt bringen wird. Im unteren Register sind die Propheten Elias und Moses mit den Gesetzestafeln zu sehen. Das Menschwerdungsfenster weiter rechts im Chor führt die Erzählung des Verkündigungsfensters fort: In den beiden oberen Medaillons werden die Heimsuchung, der Besuch Mariens bei ihrer Cousine Elisabeth und die Flucht nach Ägypten dargestellt. Im Zentrum steht die Geburt Jesu. Auch hier sind unterhalb der Hauptszene zwei Prophetenfiguren zu sehen: Simeon und Hanna. Sie erkennen bei der Darstellung Jesu im Tempel in dem Kind den verheißenen Messias.

In der Sakramentskapelle rechts von der Apsis ③ befinden sich zwei weitere Fenster aus dem Jahr 1977 von Josef Henseler, deren Darstellungen um das Geheimnis der Eucharistie kreisen. Sie zeigen in den Dreipässen stilisierte Ähren und Trauben – Hinweise auf Brot und Wein und somit auf Leib und Blut Jesu Christi. Im Mittelfeld ist die Darstellung des letzten Abendmahls zentrales Thema; darunter ist die Gestalt Mose zu sehen, der die Israeliten durch die Wüste führt sowie das vom Himmel fallende Manna. Das zweite Fenster verbindet den Moment des Jüngsten Gerichts und der Auferstehung mit der Verehrung des apokalyptischen Lammes. Über dem

Das Innere der Kirche mit Blick nach Osten

Lamm mit Siegesfahne ergießen sich die vier Paradiesströme aus dem Brunnen des ewigen Lebens.

Vis-à-vis der Sakramentskapelle befindet sich die Taufkapelle ④, ebenso mit Fenstern nach Entwürfen von Josef Henseler. Ihre Motive zeigen die Sakramente der Taufe und der Firmung: Rechts erblickt man im unteren Sektor sechs Menschen, die unter einem roten Kreuz knien und diesem ihre Hände entgegenstrecken. Die hervorgehobenen fünf „Schmucksteine" des Kreuzes versinnbildlichen die Wundmale Jesu. Darüber befindet sich die Darstellung der Taufe Jesu im Jordan durch Johannes. Das linke Fenster präsentiert über der Gestalt einer Mutter mit einem Kind auf dem Schoß die bischöflichen Insignien als Verweis auf das Sakrament der Firmung und das Pfingstwunder.

Das jüngste Fenster der Kirche ist die 1983 erneuerte Rosette im Westen.

Nach Abschluss der Bauarbeiten ermöglichte schon bald der Gewinn aus Konzertveranstaltungen des Kirchenchores den Ankauf von Kirchenbänken und die Errichtung der neogotischen Orgeltribüne mit feingliedriger Maßwerkschnitzerei. Eugenia Kreitz ließ zudem 1886 die Beichtstühle von der Schreinerei Johannes H. Keller arbeiten und schenkte sechs Jahre später der Kirche noch zwei aus Lindenholz geschnitzte Figuren: eine Gottesmutter mit dem Jesuskind und einen hl. Josef, beide sind heute links und rechts vom Chor aufgestellt.

Ein Teil der 1879 von einem Unbekannten gestifteten eichenen Kommunionbank, gefertigt von Bildhauer Sonn aus Wiesbaden, dient heute in umgearbeiteter Form als Sockel für das historische Vesperbild. Eine reliefierte Tafel mit der Figur des segnenden Christus, die ursprünglich Teil der neogotischen Kanzel am nördlichen Pfeiler des Hauptchores war, wurde in den Ambo integriert.[7] Die beiden ehemaligen Seitenaltäre formen zusammen die Altarmensa im Chor.

Ebendort befinden sich nicht nur die Sedilien der originalen Ausstattung, sondern des Weiteren vier Heiligenfiguren, die ursprünglich zum Hochaltar gehörten: Auch sie stammen aus der zweiten Hälfte des 19. Jahrhunderts und stellen vermutlich die Namenspatrone der Stifterfamilie Kreitz dar: von links nach rechts sind dies die hll. Elisabeth von Thüringen, Hubertus, Kilian und Eugenia ②.[8] Ebenfalls vom einstigen Hochaltar stammt der Dekor mit

Blick durch das Kirchenschiff nach Westen auf das Orgelprospekt

Ähren, Weinlaub und Trauben für den Tabernakel in der Sakramentskapelle. Ihn trägt ein aus drei hölzernen Stützen gebildeter Thron. Die Elemente dieser Pfeiler wurden aus dem Material der Emporenbrüstung gewonnen, als man diese um circa 4,50 Meter verkürzte.

In der Taufkapelle steht neben dem Taufbecken, das 1891 vom ersten Rosenkranzverein Biebrich-Mosbach gespendet wurde, seit 1996 eine Kopie der sogenannten Luxemburger Madonna als Himmelskönigin ④. Sie wurde der Kirche vom luxemburgischen Freundeskreis Rhein-Main geschenkt.[9]

Im nördlichen Seitenschiff finden sich darüber hinaus Heiligenfiguren des Antonius von Padua[10] und Franz von Assisi, im südlichen Schiff die Skulpturen des Konrad von Parzham und der Thérèse von Lisieux.[11] Ebendort hängt zudem eine Abbildung der sogenannten Stalingrad-Madonna, eine Kohlezeichnung des Arztes Kurt Reuber (1906–1944).[12] Der geschnitzte Kreuzweg mit 14 Stationen eines unbekannten Frankfurter Künstlers von 1887 war ehemals farbig gefasst und gerahmt ⑤. Zwei Stationen enthalten bemerkenswerterweise neben dem üblichen Figurenrepertoire Personen aus der Kirchen- und Zeitgeschichte: So integriert die sechste Station das Antlitz des Mystikers Thomas von Kempen (1380–1471) in das Geschehen. Dessen Schrift „De imitatione Christi" (1418) fordert zur unmittelbaren Nachfolge Jesu auf. Station sieben stellt einer Bischofsgestalt mit den Gesichtszügen von Bischof Peter Joseph Blum einen Schergen mit nacktem Oberkörper und der Physiognomie Wilhelms I. (1779–1888) gegenüber, ein wahrer Spiegel des Kulturkampfes.[13] Blum war 1877 vom staatlichen Gerichtshof für kirchliche Angelegenheiten abgesetzt worden und nach Böhmen ins Exil geflohen. Noch fünf Jahre zuvor, 1872, hatte Kaiser Wilhelm I. der Gemeinde 40 Zentner Bronze von französischen Geschützen geschenkt. Die daraus 1876 gegossenen Glocken wurden der Gottesmutter Maria und dem Apostel Andreas geweiht.[14] Sie wurden im Zweiten Weltkrieg wieder zu Kanonen umgeschmolzen. Seit 1958 befinden sich vier neue Glocken im Turm, hergestellt von F. W. Schilling, Heidelberg.[15]

Die erste Orgel der Kirche St. Marien von 1884 kam aus der Werkstatt von Orgelbaumeister Heinrich Voigt in Igstadt. Seit 1981 klingt das heutige Instrument in der Kirche, erbaut von Gerd Mayer aus Heusweiler (Saarland) mit 33 Registern im geteilten Gehäuse. Die Chororgel mit vier Registern wurde 1985 eingebaut; beide Orgeln sind gemeinsam, aber auch getrennt spielbar. Später wurde ein weiteres Manualwerk hinten in der Turmkammer ergänzt.

Der Bau von St. Marien ist ein Juwel des Wiesbadener Historismus: In keiner anderen katholischen Kirche der Stadt ist noch ein Teil der Originalverglasung erhalten. Die neogotischen Formen setzten in Zeiten des Kulturkampfes ein deutliches Statement für die katholische Kirche ihrer Zeit. Die späteren Renovierungen spiegeln einen sowohl wertschätzenden als auch klugen Umgang mit der originären Sakralarchitektur und seinem kunstvollen Inventar, das für die Gläubigen von heute gleich einem Speicher vergangener Zeit und Kultus hier erhalten geblieben ist. ■

Anmerkungen

[1] Monsees, 2000, S. XXI.
[2] Zuvor waren Entwürfe der Architekten Richard Görz (1811–1880), Vincenz Statz (1819–1898) und Rinklake aus Kostengründen abgelehnt worden; siehe: 100 Jahre St. Marien Biebrich, 1976, S. 20–23.
[3] 100 Jahre St. Marien Biebrich, 1976, S. 29. Bei den jüngsten Restaurierungen 2022 fand man eine Zeitkapsel in der Kugel des Turmkreuzes. Darin lagen eine Urkunde des Jahres 1890, die Hubertus Kreitz als Stifter des Kirchturmes nennt, getrocknete Blumen, die derselbe 1865 vom Ölberg in Jerusalem mitbrachte, ein Schreiben der Firma Rudolf Schmidt, die den Turm 1934 ausbesserte, sowie eine Ausgabe der „Biebricher Tagespost" vom 23.11.1934. Die Dokumente befinden sich heute im DAL, in das Behältnis im Turmkreuz wurden Kopien hinterlegt. Wir danken für diese Auskunft Stefan Zeyen, Bezirksarchitekt Limburg.
[4] Fragmente der originären Bemalung sind im Chor freigelegt worden.
[5] Die Signatur verweist auf die Werkstatt „Glasmalerei Albert Zentner" in Wiesbaden. Es ist wahrscheinlich, dass auch das zweite originale Fenster südlich des Eingangs von dems. gefertigt wurde; dazu: Ivo Rauch, Gutachterliche Stellungnahme, Wiesbaden-Biebrich – Kath. Kirche St. Marien / Verglasung von Chor und Schiff, Wiesbaden 2022, S. 7 (unveröffentlicht).
[6] Wir danken Dr. Annette Jansen-Winkeln, Europäische Akademie für Glasmalerei – Stiftung / Forschungsstelle Glasmalerei des 20. Jh. e.V., Mönchengladbach, für diese Auskunft.
[7] Ebenso wie die Orgelempore war die Kanzel einst farbig gefasst. Die Fassungen wurden 1953 entfernt; vgl. WK vom 15.08.1953.
[8] In: 100 Jahre St. Marien Biebrich, 1976, S. 34 heißt es: „Hubertus, Katharina, Eugenia und Creszentia."
[9] Die Verbindungen nach Luxemburg bestehen mindestens seit der Zeit, als die Erzherzogin von Luxemburg das „Marienglöckchen" für das Marienhaus im Jahr 1900 stiftete; vgl. Art. im WT, 07.06.2008, ZAS / Kirchen und Gemeindehäuser der Stadtteile / Biebrich / Herz Jesu / StadtA WI.
[10] Nach einem Kircheninventar ist die Figur aus Terrakotta; vgl. Inv. Verz. vom 19.06.1944; DAL, WI 15, 20 / 2 St. Marien.
[11] Alle müssen vor 1944 entstanden sein; vgl. Kircheninventar vom 19.06.1944. DAL, WI 15, 20 / 2 St. Marien.
[12] Reuber war ev. Pfr. und Lazarettarzt bei der Schlacht von Stalingrad und schuf dort 1942 die erwähnte Zeichnung. Seit 1983 befindet sich das Original in der Kaiser-Wilhelm-Gedächtniskirche in Berlin zum Gedenken an die Opfer der Schlacht und Mahnung an den Frieden.
[13] Der Kreuzweg in der St. Marienkirche, 2001; Faber, 2002, S. 43.
[14] Vgl. 100 Jahre St. Marien Biebrich, 1976, S. 28, 32–33.
[15] Die größte Glocke trägt den Namen „Ave Maria", ihr folgt die Glocke „Heiliger Josef, Hilfe unserer Familien", die dritte ziert die Inschrift „Heiliger Michael geleite unsere Gefallenen und Verstorbenen" und die letzte „Heiliger Nikolaus Beschützer unserer Lieben, die unterwegs sind, zu Wasser und zu Lande"; vgl. WT vom 27.02. und 10.03.1958.

Herz Jesu

Mittelaltermystik trifft Volksfrömmigkeit

Schuppstraße 21
65191 Wiesbaden-Sonnenberg

Jakob Fachinger
1888–1890

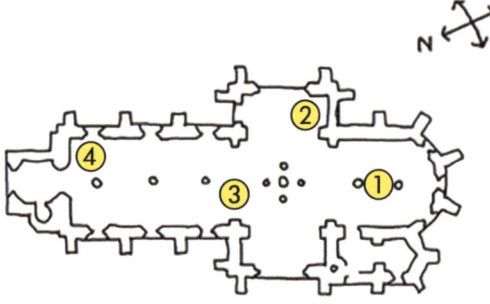

Noch heute prägt die Burg der Herren von Nassau das Bild des Wiesbadener Sonnenbergs. Die Wehranlage wurde Anfang des 13. Jahrhunderts unter den Grafen Ruprecht und Heinrich gebaut. Hier trifft man auch auf erste Spuren eines katholischen Gotteshauses: 1384 wurde die Burgkapelle der hl. Katharina geweiht.[1] Von 1429 an nutzte man auf dem Sonnenberg die „Leutkirche", die Liebfrauenkapelle, die 1535 neu errichtet und mit der Reformation 1552 evangelisch wurde. Erst im 19. Jahrhundert, als die Wohngebiete in den beliebten Halbhöhenlagen erschlossen wurden, zogen auch vermehrt Katholiken an diesen Ort. Und so entstand 1837 eine katholische Gemeindekapelle, die jedoch schon wenige Jahrzehnte später, zudem in den Zeiten des Kulturkampfes, als repräsentativer Bau nicht mehr genügte. Die Forderungen nach einem größeren Gotteshaus wurden immer lauter.
Ursprünglich sollte der Architekt und spätere Diözesanbaumeister Max Meckel (1847–1910) die Entwürfe für die Kirche Herz Jesu anfertigen, doch durch einen Pfarrerswechsel und einen Grundstücksstreit kam es zur Planänderung. Man beauftragte den Limburger Architekten Jakob Fachinger (1851–1935), der allerdings im Kirchenbau bislang nur wenig Erfahrung vorweisen konnte. Das Bistum war

Die Sonnenberger Herz Jesu-Kirche aus der Vogelperspektive

unzufrieden mit seinen Plänen – es mahnte zur Sparsamkeit und sprach sich gegen den von ihm vorgesehenen Stilmix aus romanischen und gotischen Formen aus, weshalb sich Fachinger beim Bau von Herz Jesu schlussendlich auf vornehmlich frühgotisches Formenvokabular konzentrierte.[2]

Am 15. August 1888 konnte der Grundstein für das neue Gotteshaus gelegt werden, und schon zwei Jahre später am Fest Mariä Geburt, am 8. September, fand die feierliche Weihe durch den Limburger Bischof Karl Klein „(…) unter Teilnahme der ganzen Gemeinde ohne Unterschied der Confession (…)" statt.[3]

Das Äußere der Sonnenberger Herz Jesu-Kirche wird bestimmt von ihrem solitären Nordturm, das an die Epoche der Frühgotik erinnernde Strebepfeilerwerk und die spitzbogig schließenden Maßwerkfenster. Letztere bestehen aus Lanzettfensterpaaren mit Nonnenköpfchen und bekrönenden stehenden Vierpässen im Chor beziehungsweise liegenden Dreipässen im Couronnement der Fenster im Obergaden des Schiffes. Die beiden Fenster der Querschiffarme weisen über drei gestaffelten Lanzetten jeweils zwei liegende Vierpässe und einen stehenden Sechspass auf. Anders als bei einem mittelalterlichen Bauvorhaben blieb die Raumhülle des Gotteshauses steinsichtig.

Das Eingangsportal im Turmsockel wird von einem in das Jahr 1903 datierten Tympanon aus Kupferblech überhöht. Die darauf gemalte und von einem Künstler namens „A. Potthast" signierte Darstellung zeigt Jesus als guten Hirten mit drei Lämmern. Um die feingliedrige architektonische Binnenrahmung winden sich dornenbesetzte Rosenranken, stilistisch eine Ankündigung des Jugendstils. Die Turmuhren stammen von 1906. Die Installation derselben war notwendig, weil die „evangelische [Kirchenuhr] schlichtweg unzuverlässig" gewesen sei.[4]

In der Turmstube hängen heute drei Glocken. Als 1942 zwei Glocken eingeschmolzen wurden, blieb allein die kleinste, die auf den Ton b klingt, verschont. Zwei neue Bronzeglocken aus der Gießerei Rincker wurden 1963 eingeweiht.[5]

Den einschiffigen Baukörper von Herz Jesu, der nur ein wenig ausladendes Querhaus aufweist, betritt

Blick durch das Kirchenschiff nach Südwesten

man noch heute durch die originale Kirchentür mit ihren eisernen Beschlägen in vegetabilen Formen. Das rund 32 Meter lange und nur acht Meter breite Kirchenschiff besteht aus drei kreuzrippengewölbten Jochen. Die weite Vierung wird von einem Netzgewölbe überspannt.

Der Sakralraum erfuhr im Laufe der Zeit Veränderungen. Auch in Herz Jesu hinterließ der Krieg seine Spuren. Eine Bombe richtete noch im letzten Kriegsjahr große Schäden an. Rund neun Jahre später war das Gotteshaus wiederhergestellt. Erst im Jahr 2006 rekonstruierte man die ursprüngliche neugotische Ausmalung. Unter der weißen Farbschicht der Chorgewölbe, die nach dem Zweiten Weltkrieg aufgetragen worden war, fanden sich Reste eines Sternenhimmels, die freigelegt werden konnten. Ebenso entdeckten die Restauratoren Ornamente wie Blumenranken, die sich zu Herzen winden, sowie Konturen von gemalten Wandbehängen im Altarraum. Waren derartige Tapisserien in mittelalterlichen Kirchen tatsächlich durchaus gebräuchlich, und dies nicht allein in einem schmückenden-erzählenden

Sinne, sondern auch aus praktischen klimatischen wie akustischen Gründen, sind sie hier in Herz Jesu in ihrer nur skizzierten Darstellung symbolisch als Verweis auf den Vorhang im Tempel Salomos zu verstehen ①. Nach der Hl. Schrift schied dieser den Ort der eigentlichen Gegenwart Gottes, das Allerheiligste mit der Bundeslade, vom allgemeinen Tempelbereich.

Einfache Ornamentmuster wie zum Beispiel Akanthusblätter wurden in Herz Jesu mithilfe eines Rollstempels aufgebracht.

Das zentrale Fenster im Chor mit Glasbildern zum Thema Eucharistie

Unmittelbar nach dem Zweiten Weltkrieg erwies sich insbesondere die Beschaffung neuen Glases für die zerstörten Fenster als schwierig, weshalb zunächst vier Fenster zugemauert wurden. Ursprünglich zeigten die drei Chorfenster von 1888 „(…) das Manna in der Wüste, die Einsetzung des Allerheiligsten und die Brotvermehrung."[6] Die modernen Fenster von 1954 im Chorhaupt wurden in der Glasmalerwerkstatt Selbach und Henseler, Köln gefertigt. Das Apsisfenster veranschaulicht das Geheimnis der Eucharistie, während die Seitenfenster abstrakte Formgebilde füllen. Die Bildfolge des zentralen Chorfensters erzählt im Detail, von unten nach oben gelesen, das Mannawunder und das Opfer des Melchisedek, links darüber die Hochzeit zu Kana und rechts die Bundeslade mit davor herabgestürzten Götzenbildern[7]; es folgen das Abendmahl und die wundersame Brotvermehrung, schließlich der ungläubige Thomas und die Kreuzigung.

Blick durch das Kirchenschiff zur Orgelempore nach Nordosten

Sonnenberg war stets ein stark frequentiertes Ziel der Wiesbadener Kurgäste, die so manche Spende hinterließen. So schenkte im Frühjahr 1910 Kommerzienrat Franz Müller-Hoberg aus Mönchengladbach der Kirche einen „Altar von der immerwährenden Hilfe B.M.V.", der im Schiff seitlich des Eingangs aufgestellt wurde.[8] Der frühere mehrteilige und wandelbare Hochaltar bestand aus fünf, jeweils von spitzen krabbengesäumten Giebeln überhöhten Nischen, in die Heiligenfiguren eingestellt waren. Die Flügel trugen auf ihren Innenseiten Reliefs.[9] Er wurde im Zuge der Umgestaltung der Kirche in den 1970er-Jahren entfernt, Teile davon sind in den Seitenaltären erhalten.

1962 stiftete ein Gemeindemitglied einen neuen Seitenaltar „Jesus und Johannes". Er wurde im östlichen Querhausarm aufgestellt. Die von Hugo Uhl (1918–1999) aus Lindenholz geschnitzte Gruppe der Johannesminne war ursprünglich für diesen Altar vorgesehen.[10] Heute befindet sich hier ein hölzernes Altarfragment mit Tabernakel und den Büsten der zwölf Apostel ②. Diese beiden Elemente gehörten ursprünglich zum Hochaltar. Seit 2008 steht auf dem historischen Tabernakel mit Maßwerkschnitzereien eine Herz Jesu-Figur aus dem frühen 20. Jahrhundert. Eine kleinere, vielleicht originäre Herz-Jesu-Statue befindet sich ebenfalls im Besitz der Gemeinde.[11] Die Herz-Jesu-Verehrung greift zurück auf das Johannesevangelium (Joh 19,34) und bildete sich in der Zeit der mittelalterlichen Mystik aus. Doch erst 1856, als sie schon tief in der Volksfrömmigkeit verankert war, wurde das Herz-Jesu-Fest offiziell für die gesamte Kirche durch Papst Pius IX. eingeführt. Das Patrozinium der Kirche entspricht damit dem Geist der Zeit.

Gegenüber, im westlichen Querhaus, steht ein Marienaltar mit einer Marienfigur mit Jesuskind aus dem 20. Jahrhundert.

Nach den Vorgaben des Zweiten Vatikanischen Konzils wurde ab 1977 der Altarraum umgestaltet: Der Tabernakel ist eine Arbeit von 1982 aus den Kunstwerkstätten der Abtei Maria Laach, entworfen vom Bildhauer Hans Gerhard Biermann (1933–2023).[12] Er zeigt auf seiner Vorderseite eine Darstellung Jesu mit den Emmausjüngern. Wie eine durchbrochene Haube aus Weinranken umspannt die bronzene Hülle das Allerheiligste. Der Ambo trägt in seiner Mitte einen großen Bergkristall in einem ausgesägten und an den Rändern vergoldeten Strahlenkranz, die Sonne, das Licht und damit Christus symbolisierend. Seit 1981 ersetzt ein Zelebrationsaltar aus Sandstein den Hochaltar. Er wurde aus den Überresten des vormaligen Hochaltarsockels gestaltet.[13] Nach der letzten Renovierung der Kirche 2006 wurden in ihn Reliquien der Märtyrer Valerius und Aurelia eingesetzt. Neben dem Altar steht ein Vortragekreuz mit einem holzgeschnitzten Kruzifix, das in das 18. Jahrhundert datiert wird. Die Standvorrichtung kommt ebenfalls aus den Kunstwerkstätten der Abtei Maria Laach.

Im Chorpolygon sind auf einer Höhe mit den Sohlbänken der Fenster vier Heiligenfiguren platziert; zu sehen sind von links nach rechts: der hl. Antonius von Padua (1914), der Apostel Philippus mit Kreuz und Buch, es folgen der hl. Nikolaus von Myra im bischöflichen Ornat und der hl. Thomas von Aquin im Dominikanerhabit, einen Kelch tragend.

An der westlichen Langschiffwand, in Nähe der Vierung, befindet sich die Kanzel, eine Arbeit des 20. Jahrhunderts ③. Die Bildfelder der Kanzelwangen tragen in Zweitverwendung Reliefs der vier Evangelisten. Ihre Attribute zieren die jeweiligen Konsolen. Der Aufgang zum Kanzelkorb wurde in den 1970er-Jahren entfernt, um mehr Platz für Bänke zu gewinnen.

Rechts vom Eingang ist eine Skulptur der hl. Thérèse von Lisieux im Karmeliterinnenhabit mit Kreuz und brennendem Herz sowie einer Rosenapplikation auf dem Gewand angebracht ④. Die östliche Hochschiffwand trägt zudem eine Statue des hl. Josef als Zimmermann. Sie gehörte vermutlich zum ehemaligen Josefsaltar auf der Epistelseite. Beide Skulpturen, die der hl. Thérèse und des hl. Josef, stammen möglicherweise aus derselben Zeit wie die Christus-Johannes-Gruppe. Ebenso befindet sich im Eingangsbereich ein kleines Vesperbild aus dem 19. Jahrhundert.

Malermeister und Stuckateur Karl Barbeler restaurierte den 14-teiligen Kreuzweg, der 1892 in der Kirche eingeweiht worden war.[14]

Die ursprüngliche Orgel fertigte die Firma K. Horn aus Limburg 1899 mit pneumatischer Traktur. In das historische Gehäuse baute 1991 das Unternehmen Mayer aus Heusweiler (Saarland) ein neues Instrument mit 20 Registern ein, von denen drei aus der alten Orgel wiederverwendet wurden.[15]

Die Herz Jesu-Kirche greift bewusst auf das Stilvokabular wie auf die Glaubenselemente der christlichen Mystik des Mittelalters zurück. Vor dem Hintergrund des gerade beigelegten Kulturkampfes, des Konfliktes zwischen dem Staat und der katholischen Kirche seit der Reichsgründung, erklärt sich der geschichtszugewandte, ja geradezu nostalgische Charakter dieses Gotteshauses, das selbstbewusst auf dem Wiesbadener Sonnenberg, gegenüber den Ruinen der alten Burg thront. ■

Anmerkungen

1. Zur Geschichte siehe: 100 Jahre kath. Pfarrkirche Herz-Jesu Wiesbaden-Sonnenberg, 1990, bes. S. 13–28.
2. 100 Jahre kath. Pfarrkirche Herz-Jesu Wiesbaden-Sonnenberg, 1990, bes. S. 22–23.
3. 100 Jahre kath. Pfarrkirche Herz-Jesu Wiesbaden-Sonnenberg, 1990, S. 26–27.
4. 100 Jahre kath. Pfarrkirche Herz-Jesu Wiesbaden-Sonnenberg, 1990, S. 35; Wolf, 1997, S. 88.
5. Sie tragen die Inschriften „Königin des Friedens bitte für uns" und „Heiliger Antonius bitte für uns", sie klingen auf as und f; vgl. den Art. im WK vom 28.03.1963.
6. Vgl. Bericht des Kirchenvorstandes an das Bischöfliche Ordinariat Limburg vom 16.03.1953; DAL, Wiesbaden-Sonnenberg / WI 24, 30, 1945–58.
7. Das Motiv der herabstürzenden Götzenbilder gehört urspr. zur Ikonographie der Flucht nach Ägypten, wie sie in zwei apokryphen Evangelien, dem Ps.-Matthäus-Ev. 1, 17–24 und dem Ev. Infantiae Salvatoris Arabicum, Kap. 10–25, geschildert wird. Das Ev. Thomae Latinum, Kap. 1, und die Historia Josephi, Kap. 8, berichten ebenfalls kurz davon (siehe: Konstantin von Tischendorf, Acta apostolorum apocrypha, Ps. 1f., Lipsiae, 1891, Neudr. Darmstadt, 1959). Das Bild der Bundeslade kann typologisch auf die Gottesmutter bezogen werden. So wie die Bundeslade die wunderbare Gegenwart Gottes barg, so trug Mariens Leib den kommenden Gottessohn. Für diesen Hinweis danken wir Dr. Kornelia Siedlaczek, Frankfurt a. M.
8. 100 Jahre kath. Pfarrkirche Herz-Jesu Wiesbaden-Sonnenberg, 1990, S. 36. Lt. Aktennotiz einer Ortsbesprechung vom 16.09.1975 wurde der der hölzerne Aufbau des Altares bereits vor dem Zweiten Weltkrieg entfernt; vgl. DAL, Wiesbaden Sonnenberg 31 Nr. 1 1968–1988.
9. Abb. in: 100 Jahre kath. Pfarrkirche Herz-Jesu Wiesbaden-Sonnenberg, 1990, S. 12.
10. Vgl. Abb. in: Herz-Jesu-Pfarrkirche Wiesbaden-Sonnenberg, 1963, Beilage.
11. DAL, Wiesbaden-Sonnenberg, WI 24 / 20 und Wiesbaden-Sonnenberg, WI 24 / 30, 1945–58. Im Bericht des Kirchenvorstandes an das Bischöfliche Ordinariat Limburg vom 16.03.1953 heißt es: „eine kleine Herz-Jesufigur ist bereits vorhanden". Vielleicht bekrönte diese Figur einst den Hochaltar der Kirche; vgl. Abb.: 100 Jahre kath. Pfarrkirche Herz-Jesu Wiesbaden-Sonnenberg, 1990, S. 12 oben.
12. Im Diözesanarchiv befinden sich auch Entwürfe für Kreuz und Ambo aus den Werkstätten der Abtei von Maria Laach. Diese fanden jedoch keine Akzeptanz; vgl. DAL, WI-Sonnenberg, 31 Nr. 1, 1968–88.
13. Vgl. Schreiben des Bauingenieurs Kloft an Pfr. Vad vom 29.05.1981; DAL, Wiesbaden Sonnenberg 31 Nr. 1 1968–1988.
14. 100 Jahre kath. Pfarrkirche Herz-Jesu Wiesbaden-Sonnenberg, 1990, S. 28.
15. Vgl. Hollinghaus / Lenz, 2003, S. 132.

Maria Hilf

Heimat der schönsten Madonna Wiesbadens

Kellerstraße 37
65183 Wiesbaden

Maximilian Emanuel Franz Meckel
1893–1895

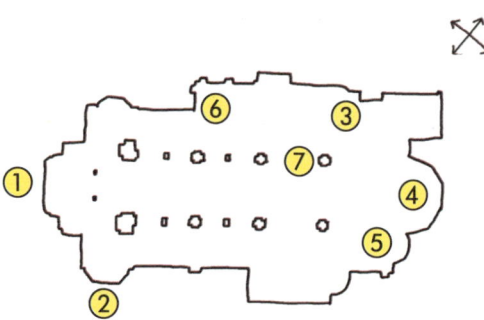

Nach St. Bonifatius entstand mit Maria Hilf der zweite katholische Kirchenbau der Innenstadt. Ihr erhöhter Standort im Norden von Wiesbaden markiert ein Viertel, das sich in den 1860er-Jahren aus akuter Wohnungsnot entwickelte. Man könnte seine Entstehung als erstes soziales Wohnungsbauprojekt im Herzogtum Nassau beschreiben. Bereits ein Schreiben von 1864 bezeichnet das entstehende Viertel als Siedlung „Maria Hilf". Ob es die karitative Initiative „Hilfe am Nächsten" war, die dem Quartier im 19. Jahrhundert seinen Namen gab, oder der Name viel älteren Ursprungs ist, lässt sich heute nicht mehr eindeutig klären. Hinweise für die letztere Annahme gibt es allerdings: Auf einem Kupferstich im zweiten Teil des „Thesaurus politicus" von Daniel Meisner (1585–1625) ist eine Kapelle auf dem Gebiet des Alten Friedhofs zu sehen, die vermutlich bereits den Titel „Maria Hilfe der Christen" trug.

Im Jahr 1891 wurde der Architekt und Diözesanbaumeister Maximilian Emanuel Franz Meckel (1847–1910) auf Wunsch von Bischof Karl Klein (1819–1898) mit den Entwürfen zum Bau der Kirche Maria Hilf beauftragt. Meckel hatte kurz zuvor den Wettbewerb zur Neugestaltung der Fassade des Frankfurter Römers gewonnen. Er plante nun für das Gottes-

Die Kirche Maria Hilf aus der Vogelperspektive von Süden

haus einen Raum mit 587 Sitz- und 1.080 Stehplätzen. Der Kirchbau konnte in den Jahren 1893 bis 1895 fertig gestellt werden und wurde am 5. Oktober 1895 durch den Limburger Bischof Johann Christian Roos (1826–1896) feierlich geweiht.[1]
Drei Jahre später, 1898, entstand auf demselben Grundstück das Pfarrhaus in neogotischem Dekor und mit einer Marien- sowie Christusfigur an der West- beziehungsweise Südfassade.

In der Bombennacht vom 2. Februar 1945 blieb auch die Kirche Maria Hilf nicht verschont. Der Bau erlitt starke Beschädigungen, so wurden etwa zwei Drittel des Daches, ein Drittel des Gewölbes, fast alle Türen, Fenster und auch die Orgel zerstört. Die Restaurierungsarbeiten waren 1955 beendet, 1973/74 fanden weitere umfangreiche Renovierungsmaßnahmen im Inneren statt. 2005 schließlich erfolgte eine erneute Umgestaltung des Sakralraumes anlässlich des Einzugs der Jugendkirche KANA.

Der nahezu geostete Kirchenbau ist eine dreischiffige Pfeilerbasilika mit ausladendem Querhaus, Staffelchor und vorgelagerter Eingangshalle. Die Kirche besteht aus Sonnenberger Bruchsteinen, die Versatzstücke sind aus Brohltaler Tuff und rotem Sandstein geschlagen.[2] Die Mauerflächen wurden mit Weißkalkmörtel verputzt; die Architekturgliederungen aus Sandstein sind daraus ausgespart. Die Kantenbetonung besteht aus Basalt. Über allem liegt ein schiefergedecktes Dach.

Die Gestalt der Raumhülle sowie einzelne Architekturelemente charakterisieren den Bau als neoromanisch. In der Zeit des Historismus suchte man nach geeigneten Bauformen für den zeitgenössischen Sakralbau. Die Frage „In welchem Style sollen wir bauen?" trieb nicht nur Heinrich Hübsch, den Großherzoglichen Baudirektor in Karlsruhe, um.[3] Das Mittelalter, insbesondere die Gotik, wurde zunächst als der angemessene Stil für ein sakrales Bauwerk erkannt. Die Romanik galt als unfertig und wurde erst später in der sakralen Baukunst der Jahrhun-

Innensicht des Kirchenschiffes nach Nord-Osten zum Chor

dertwende aufgegriffen. Bemerkenswert ist, dass Meckel selbst als „Gotiker" galt, hier jedoch den romanischen Stil als den maßgebenden wählte. Vermutlich wollte er sich damit nicht zuletzt von den zuvor in Wiesbaden fertiggestellten Bauten, der Bonifatius- wie auch der protestantischen Marktkirche, stilistisch absetzen.

Meckel hatte schon 1878 die Klosterkirche Arnstein an der Lahn skizziert, aber es finden sich im Entwurf der Kirche Maria Hilf auch Anlehnungen an den Limburger Dom. Wie dort ragen auch die beiden Türme der „Hilf", wie sie im Volksmund genannt wird, im Westen hoch empor. Rundbögen gliedern das erste und zweite Geschoss. Das dritte Obergeschoss wird von rundbogigen Drillingsfenstern bestimmt. Am Südturm sind diese von leicht spitz zulaufenden Rahmen eingefasst. Im obersten Geschoss überfängt je ein Rundbogen ein Zwillingsfensterpaar mit Zwergsäule, darüber liegen die Rhombendächer.[4]

Alle Portale sind über Freitreppen zu erreichen. Das Hauptportal der Doppelturmfront schmückt reiche Bauornamentik aus Tuffstein ①. An den Seiten stehen auf attischen Basen schwarze Marmorsäulen mit Blattkapitellen. Gekehlte Kanten mit Akanthusblättern – auf der rechten Seite sogar unten mit einem vogelartigen Fabelwesen darin – komplettieren das Gesamtbild. In der Archivolte über der Eingangstür mit prächtigen Eisenbeschlägen sind drei kunstvolle Rundstäbe zu sehen, welche von innen nach außen einen gedrehten Perlfries, Schaftringe und Blattwerk mit gekreuzten Bändern zeigen. Über dem Giebelsturz ist ein Kleeblattfenster von einem Diamantfries eingefasst und trägt Blumenornamente an den Ecken. Über dem Hauptportal erstreckt sich ein Doppelgiebel, der im vorderen Teil zwei verblendete Rundbogenfenster trägt, welche ursprünglich verglast waren. Darüber öffnen sich zwei jeweils rundbogig überfangene Dreifenstergruppen mit Zwillingssäulchen und darüber stehendem Vierpass. Die Giebelspitze besitzt ein Rundfenster mit eingeschnittenem Vierpass und als Bekrönung einen Knauf. Ein Kreuz überhöht den übergreifenden, zweiten Giebel.

Der südliche Seiteneingang ist besonders kunstvoll ②. Johann Castell aus Schwanheim am Main (heute Frankfurt-Schwanheim) schuf das Tympanon in Anlehnung an das Südportal der romanischen Kirche Maria Himmelfahrt in Andernach.[5] Reich verziert ist der Fries des Portals mit vegetabilen und figuralen Ornamenten. Auf der linken Seite sind Vögel zu sehen, die sich an Trauben laben, ebenso ein Hund, der einen Vogel gierig verschlingt. Vielleicht sind diese Darstellungen als Allegorien der Todsünde der Völlerei zu verstehen, mit Blick auf das Leben in der Stadt, in deren Richtung sich das Portal öffnet. Im Gegensatz dazu stehen Mensch und Tier auf der rechten Seite des Gewändes im Einklang. Im halbrunden Tympanon halten zwei kniende Engel in einer Gloriole das Lamm Gottes, welches Kreuzstab und Kreuzfahne zugleich als Ausdruck des leidvollen Opfers wie des siegreichen Triumphes Christi trägt.

Über der Vierung markiert ein Dachreiter exakt die Stelle, an der sich im Innenraum heute der Altar befindet. Um das Langhaus spannt sich ein Kleeblattbogenfries, die Seitenschiffe ziert ein Rundbogenfries. An der Südseite befand sich ehemals ein Portal, das zugemauert wurde. Die Lineatur des Grundrisses umfängt im Nordwesten eine angebaute Kapelle und die Sakristei; zugleich lockern mehrere Apsiden den Baukörper auf. Das fünfseitige Chorpolygon besitzt hohe spitzbogige Lanzettfenster.

Die Innenraumgestaltung erfolgte von 1896/97 an: Den Haupteingang innen flankieren zwei Granitsäulen auf attischen Basen mit Eckblatt, -zehen,

-sporn und Knospenkapitellen. Dieses Säulenduo wiederholt sich nach Osten hin mit zwei weiteren Zwillingspaaren. Sie tragen über drei mit Rundstäben besetzen Rundbögen die Orgelempore. Die ursprüngliche Orgel der Firma Klais aus Bonn aus dem Jahr 1897 wurde im Zweiten Weltkrieg stark beschädigt.[6] In den Jahren 1977/78 folgte der Bau des heutigen Instrumentes durch Willi Peter aus Köln-Mülheim mit 28 Registern, zwei Manualen / Pedal und regulierbaren Tremulanten.

Die lichte Wirkung der dreischiffigen Pfeilerbasilika entfaltet sich im Inneren durch die Fenster und die hohen, hell gefassten, mit rotem Buntsandstein abgesetzten Wände. Der Innenraum kennt sowohl romanisierende Rundbögen als auch gotisierende Tendenzen in Gestalt der im Chor verwendeten Form der Spitzbögen. Der Grundriss der Kirche folgt dem gebundenen System: Jedem vierteiligen Kreuzrippengewölbe im Mittelschiff, das durch zusätzliche Grate weiter unterteilt ist, entsprechen je zwei kreuzgratgewölbte Joche in den Seitenschiffen. Die diagonalen Gewölberippen ruhen auf Runddiensten mit Blattkapitellen und Schaftringen. Oberhalb der Arkaden verläuft ein durchgehender Röllchenfries aus hellem und rotem Sandstein.
Einige bauliche Details verdienen einen genaueren Blick. Die Tür zur Sakristei etwa wird besonders herausgehoben: Ein Rundbogenportal mit eingestellten Säulen, bekrönt von Blattkapitellen, trägt in der Archivolte einen Röllchenfries, der Türbogen wiederum einen Diamantfries ③. Die Eingangstür mit Eisenbeschlägen zeigt als Handgriff einen Fisch. Der kunstvolle schmiedeeiserne Zug der Introitus-Glocke mit Inschrift „Mar ihs jos" für „Maria, Jesus, Josef" gehört zum Ursprungsinventar.

Der hohe Chor wird durch weniger tiefe Nebenchöre begleitet, sodass ein Staffelchor entsteht. Die Hauptapsis ist durch einen Chorbogen vom Chorjoch getrennt. In der Apsis steht noch der originäre, jedoch nicht mehr genutzte Hochaltar nach einem Entwurf von Baumeister Meckel ④. Der Schlussstein des Gewölbes mit einer Abbildung des Antlitz Christi befindet sich exakt über dem einstigen Tabernakel. Der Hochaltar selbst wird zusätzlich von einem Ziborium, einem steinernen Baldachin, überwölbt. Das Ziborium in frühgotischen Bauformen wurde 1895–1897 vom Bildhauer Josef Leonhard aus Eltville (1833–1901) aus hellem Sandstein gefertigt. Seinen Giebel zieren eine Weinlaubgirlande und das Christusmonogramm. Das Kreuzgewölbe im Inneren des Baldachins läuft in einem Schlussstein in Form eines Vierpasses zusammen. Der Aufsatz des Hochaltares mit dem ehemaligen Tabernakel aus vergoldetem Metall wurde im St. Bernward Institut zu Mainz gefertigt. Seine Aufstellung und Weihe erfolgten erst im Jahr 1908. Die Predella weist links und rechts des Tabernakels eine Folge von jeweils sieben Blendspitzbögen mit feinen Säulchen und Blattkapitellen auf. Darüber stehen in sechs ebenfalls spitzbogigen Nischen versilberte Statuetten. Die Reihe beginnt links mit der Gestalt der hl. Dorothea mit einer Schale voller Rosen, es folgen der hl. Kaiser Heinrich mit einem Modell des Bamberger Doms und, einst in unmittelbarer Nähe zum Sakrament, die Gottesmutter. Rechter Hand erblickt man die Figur des Lieblingsjüngers Jesu, Johannes, neben ihm die hl. Mathilde mit einem Kirchenmodell und außen den hl. Laurentius mit dem Rost, der auf seinen Märtyrertod verweist. Die innen platzierten Gestalten von Maria und Johannes verbinden sich mit dem Kreuz am Tabernakel zu einer Kreuzigungsgruppe. Die Tür des Hostienschreins trägt Medaillons mit den vier Evangelistensymbolen.

Von dem Jahr 1895 an erfolgte die Aufstellung der vier Seitenaltäre, von denen einer der Muttergottes geweiht war. Ein zweiter Seitenaltar wurde 1900 von Schreinermeister Joseph Ochs dem hl. Josef gestiftet. Der dritte Nebenaltar galt den hll. Philippus und Jakobus und stammte ebenso wie der vierte zum Herzen Jesu aus dem Jahr 1900. Die einst zu diesen Seitenaltären gehörenden Heiligenfiguren und weitere Bildelemente sind heute in der Kirche verteilt aufgestellt. Geschaffen wurden die meisten von dem Frankfurter Bildhauer Caspar Weis (1849–1930), wie etwa die Figur des hl. Jakobus an der westlichen Innenwand, mit Pilgerstab und Jakobsmuschel an Schulter und Hut ausgestattet. Dort steht zudem eine Figur des hl. Philippus mit Stab und Buch. Eine Schnitzarbeit, die den hl. Josef darstellt, ist ein Überrest des einstigen Josefaltares. Zwei Relieftafeln aus demselben Kontext fanden ebenfalls Aufstellung in der Kirche. Sie zeigen die Fußwaschung und das letzte Abendmahl.

Ehemaliger Hochaltar mit Ziborium nach dem Entwurf von Max Meckel

In der nördlichen Seitenkapelle befindet sich zudem die Predella eines ehemaligen Altares. Beidseitig des Gehäuses für die Hostienaufbewahrung finden sich farbig gefasste Reliefs der Verkündigung, links, und der Geburt Jesu, rechts. Auf der Predella stehen Figuren Johannes des Täufers und der hl. Mystikerin Gertrud.

Die Kommunionbank mit Kredenz trennte ursprünglich den Chorraum vom Hauptschiff. Sie hat ebenso wie das Taufbecken von 1895, das ursprünglich im Eingangsbereich stand, heute ihren Platz im Chor gefunden.

Die Liturgiereformen des Zweiten Vatikanischen Konzils (1962–65) machten eine Neugestaltung des Altarraumes erforderlich, sie erfolgte ab 1968. Josef (Jupp) Jost (1920–1993) aus Hattersheim gestaltete 1973 Altar, Altarkreuz, Ambo und Kerzenleuchter aus Aluminiumguss. Während das Kreuz in geometrischen Formen gestaltet ist, schmücken Altar und Ambo pflanzliche Motive. Die Kirchenbänke wurden nach Nowgorod verschenkt und durch bewegliche Stühle ersetzt.

Im Jahr 2005 gestaltete der Bildhauer Hans Rams (*1952) aus Waldbreitbach die Sakramentskapelle neu ⑤. Durch Glasscheiben vom Kirchenraum abgetrennt, wurde mit ihr ein Ort für die Aufstellung des Tabernakels und die Feier von Werktagsgottesdiensten geschaffen. Eine in Blei gefasste, rote Glasplatte als Fortsetzung des Ewigen Lichts macht den Besucher schon von außen auf die Präsenz des Allerheiligsten im Inneren aufmerksam. In der Kapelle markieren die Aufstellung von Altar und Ambo als Tisch des Mahles und als Tisch des Wortes zwei Pole im sakralen Raum. Der Altar aus massiven Pappelholzblöcken zeigt grobe Spuren der Bearbeitung und Risse als symbolische Zeichen für den gewaltsamen Tod Jesu. Die aus einem Stück gefertigte Altarmensa wird von vier Balken getragen, die in ihrer Zahl auf die Evangelisten verweisen. Auch der Ambo besteht aus vier Pappelholzquadern.
Von der Decke hängt ein massives Bronzekreuz, das in seiner Mitte durchbrochen gearbeitet ist. Zusammen mit dem Ewigen Licht steht dahinter der Tabernakel auf einer alten Steinmensa. Seine Tür ziert eine Bronzeverkleidung in Kreisform, die Unendlichkeit Gottes symbolisierend – ohne Anfang und Ende.

Vom nördlichen Seitenschiff gelangt man in die frühere Lourdeskapelle ⑥. Im zweijochigen, spätgotisch anmutenden Netzgewölbe sitzen zwei Schlusssteine, der eine trägt eine Rose, der zweite die Jahreszahl „AD 1894". 1973 wurde sie zur Taufkapelle umgewidmet. Der ehemalige Kanzelkorb aus grauem Sandstein steht seitdem an dieser Stelle, findet jedoch keine Verwendung mehr. Die Kanzel des Bildhauers Johann Castell aus Frankfurt-Schwanheim hing ursprünglich am südöstlichen Vierungspfeiler.[7] Sie zeigt Christus als Weltenherrscher in einem spitzbogigen Kranz aus Rosen und in den ähnlich geformten Mandorlen der übrigen Kanzelwangen die vier Evangelisten.

Zwischen 1922 und 1924 wurde die gesamte Kirche durch den Kölner Kunst- und Kirchenmaler Johannes Osten (1867–1952) mit Motiven aus dem Leben der Muttergottes ausgemalt; wegen der Kriegsschäden ist von dieser Fassung nichts mehr erhalten. Die ursprünglichen Chorfenster stammten von Alexander Linnemann aus Frankfurt a. M. (1839–1902).[8] Die Fenster in der ehemaligen Lourdeskapelle hatte die Firma Katz und Zentner aus Wiesbaden hergestellt, jene Glasmalereiwerkstatt, die auch die Buntglasfenster der nahen Ringkirche fertigte. Im Zweiten Weltkrieg wurden die Originalfenster zerstört, die Erneuerung 1977/78 erfolgte durch die Firma Derix, Taunusstein. Die abstrakt gehaltenen Fenster der Seitenkapelle gestaltete Josef (Jupp) Jost in den Farben Gelb, Grau, Rot und Blau.

Die Kreuzwegbilder wurden 1896 aufgestellt. Der Meister der auf Kupferplatten gemalten Szenen ist unbekannt und folgt in volkstümlicher Manier nicht der biblischen Erzählung.[9] Ein Gemälde des hl. Judas Thaddäus, dessen Verehrung sich insbesondere am Ende des 19. Jahrhunderts entwickelte, schuf der aus Schlesien stammende Künstler Alfred Gottwald (1893–1971) im Jahr 1930. Es hängt im zweiten Joch des südlichen Seitenschiffes über einem sandsteinernen Altarfragment mit einbeschriebenem marianischen „M", das von Maßwerk umgeben ist. Dieses Fragment stammt vermutlich aus der ehemaligen Lourdeskapelle.

Am nordöstlichen Vierungspfeiler hat die wohl schönste Madonna Wiesbadens ihren Platz gefunden: Peter Feile schuf die fast zwei Meter hohe Statue 1918 aus italienischem Marmor ⑦. Wolken und Engelsköpfchen tragen die Madonna, die auf Schlange und Mondsichel tritt und damit in der Tradition des in der Apokalypse beschriebenen Bildes der „himmlischen Frau" steht.

Im nördlichen Querschiffarm befindet sich eine Kopie des Gnadenbildes „Unserer lieben Frau von der immerwährenden Hilfe" von 1895–97. Die originale Ikone zeigt Maria und das Kind mit Heiligenscheinen, hier wurden dem Bild zusätzlich prachtvolle Kronen appliziert. Die Erzengel Michael und Gabriel tragen die Marterwerkzeuge Jesu. Als das Jesuskind diese erblickt, verliert es vor Schreck über die Zukunft, die ihm bestimmt ist, seine Sandale.

An der Nordwand haben die Gemälde des ehemaligen Allerseelenaltares von 1934 ihren Platz gefunden. Das Triptychon wurde von Alfred Gottwald geschaffen. Die zentrale Bildtafel mit der Kreuzigung Jesu wird flankiert von Darstellungen der Pietà und des Auferstandenen auf den Innenflächen der Seitenflügel.

An einem Wandpfeiler vor der ehemaligen Lourdeskapelle steht die farbig gefasste Figur des hl. Paulus – sie ist vermutlich eine Schöpfung des 17. Jahrhunderts. Daneben brachte man eine Statue des hl. Konrad von Parzham an. Sie wurde 1937 von Pius Vierheilig aus Eltville (1875–1954) aus Lindenholz geschnitzt. An der Nordwand des Querschiffes kämpft ein hl. Georg gegen den Drachen. Der Schutzpatron des Bistums Limburg wurde von Caspar Weis geschaffen.

In der Eingangshalle befindet sich in einer in die nördliche Wand eingelassenen kleinen Konche mit einer Rose als Schlussstein ein aus Holz geschnitztes Vesperbild, das ebenfalls von Caspar Weis um das Jahr 1900 gefertigt wurde.[10] An den Seitenportalen sind zwei originale Opferstöcke aus kunstvollem Schmiedeeisen aus der Entstehungszeit von 1895/97 platziert.

Vom Pfeiler bis zum kleinsten Ornament formt die Architektur der Kirche Maria Hilf ein Gesamtkunstwerk, das vom Geist des Historismus geprägt ist. Die Detailverliebtheit in Architektur, Bauskulptur und Ausstattung ist überwältigend und fügt sich zu einem kunstvollen Schrein der Marienverehrung der Jahrhundertwende zusammen. ∎

Anmerkungen

[1] Gizelt, 1985, S. 2.
[2] Wiesbadener General-Anzeiger, 1895; StadtA WI, ZAS / Kirchen und Gemeindehäuser der Innenstadt / Maria Hilf / 234, 610.
[3] Heinrich Hübsch, In welchem Style sollen wir bauen?, Karlsruhe 1828.
[4] Urspr. klangen sechs Glocken in den Türmen, sie wurden im Zweiten Weltkrieg eingeschmolzen. 1953 erwarb man eine Glocke der Gießerei Feldmann und Marschel und lieh zudem eine weitere Glocke aus Glogau. Die Glockengießerei Schilling lieferte 1963 drei weitere Glocken, den Hll. Maria, Michael und Josef geweiht.
[5] Wiesbadener General-Anzeiger, 1895; StadtA WI, ZAS / Kirchen und Gemeindehäuser der Innenstadt / Maria Hilf / 234, 610.
[6] WT, 17.10.1970; StadtAWI, ZAS / Kirchen und Gemeindehäuser der Innenstadt / Maria Hilf; nach Hollingshaus / Lenz, 2003, S. 56 stammt sie von 1899.
[7] Ein Zeitungsartikel aus dem Jahr 1895 nennt Jakob Dernbach als Schöpfer der Kanzel, ebenso stammen die Steinmensen der Altäre von seiner Hand; vgl. Generalanzeiger Wiesbaden 1895 / 234, 610; StadtA WI, ZAS / Kirchen und Gemeindehäuser der Innenstadt / Maria Hilf.
[8] Die drei Chorfenster mit Darstellungen der 15 Geheimnisse der drei Rosenkränze wurden erst nach der Einweihung fertiggestellt; vgl. Wiesbadener General-Anzeiger, 1895; StadtA WI, ZAS / Kirchen und Gemeindehäuser der Innenstadt / Maria Hilf / 234, 610.
[9] 1974 wurden sie auf Holztafeln aufgezogen.
[10] Urspr. stand hier das Taufbecken; vgl. Wiesbadener General-Anzeiger, 1895; StadtA WI, ZAS / Kirchen und Gemeindehäuser der Innenstadt / Maria Hilf / 234, 610.

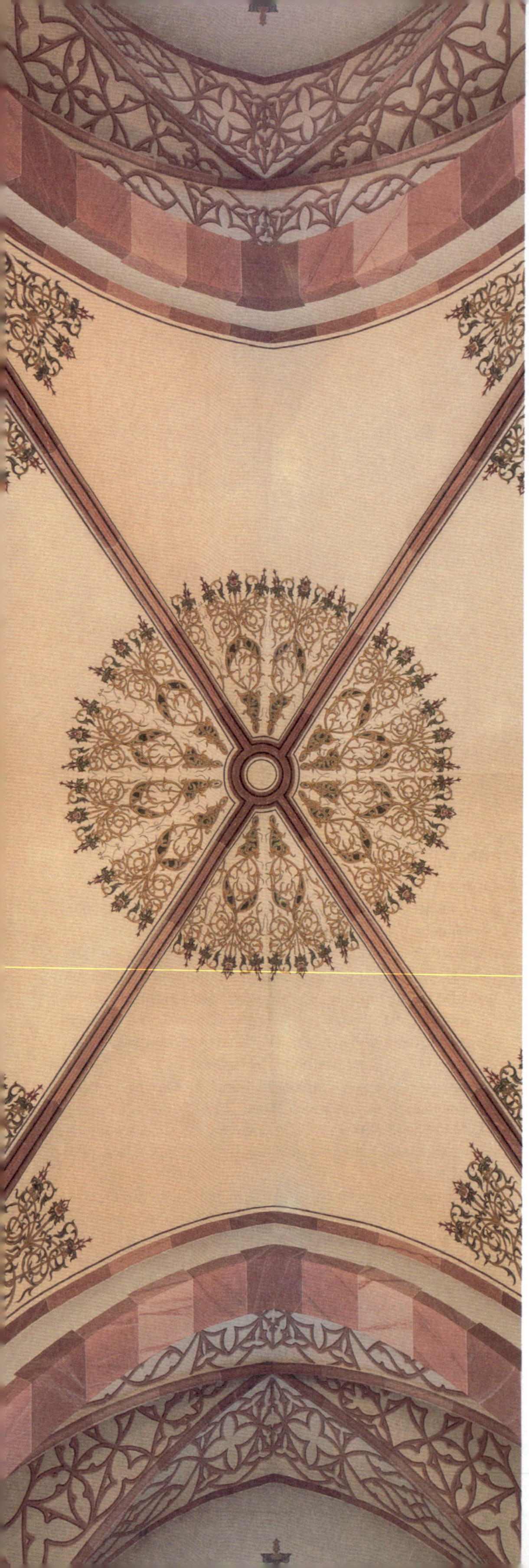

Herz Jesu

Modernste Ingenieurleistung in neogotischem Gewand

Kreitzstraße 1
65203 Wiesbaden-Biebrich

Paul Meißner
1897–1898

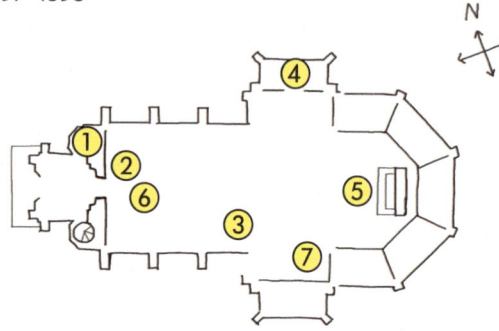

Um die Jahrhundertwende war auch in Biebrich-Mosbach – volkstümlich die „Gibb" genannt – mit fortschreitender Industrialisierung ein stetiges Anwachsen der Bevölkerung zu verzeichnen. Ein weiteres katholisches Gotteshaus zu der Kirche St. Marien im Ortskern wurde benötigt. Eugenia Hubertina Kreitz (1854–1925)[1], Tochter des Uhrenfabrikanten und Hofjuweliers Hubertus Kreitz (1811–1896) aus St. Petersburg, hatte sich schon als Stifterin verschiedener Ausstattungsstücke für St. Marien hervorgetan und investierte nun die Hälfte ihres väterlichen Erbes auch in den Bau der Kirche Herz Jesu. Dies stieß zunächst bei der Gemeinde vor Ort auf Ablehnung, man fühlte sich übergangen und befürchtete Nachteile für St. Marien. Erst als sich Domkapitular Matthias Höhler (1847–1923) in den Streit moderierend einbrachte, stimmte die Gemeinde zu.[2]

1897 konnte der Grundstein gelegt werden und bereits ein Jahr später, am 22. September 1898, konsekrierte Bischof Dominikus Willi (1844–1913) die neue Kirche. Die Wahl des Patroziniums erfolgte auf Wunsch der Mäzenin. Das im Jahr 1856 durch Papst Pius IX. eingeführte Herz-Jesu-Fest entsprach ganz dem von einer starken Volksfrömmigkeit geprägten Zeitgeist.

Blick auf die Herz Jesu-Kirche aus der Vogelperspektive

Herz Jesu ist ein nahezu nach Osten ausgerichteter Bau, der in der Tradition mittelalterlicher Backsteingotik vollständig aus roten und ockerfarbenen Ziegeln errichtet wurde. Ziegeleien und Ringöfen fanden sich damals unter anderem in der nahen Waldstraße.

Der Grundriss weist mit einem jeweils einschiffigen Längs- und Querschiff die Form eines lateinischen Kreuzes auf und erreicht eine Gesamtlänge von 45 Metern. Den Schnittpunkt beider Achsen, die Vierung, überhöhte ehedem ein Dachreiter mit Glockengehäuse. Die Außenwände der Kirche werden durch Strebepfeiler rhythmisiert. Das Chorhaupt umfängt als Kranz eine niedrigere Raumfolge, die Platz für die Sakristei und die Aufbewahrung der Paramente bietet, ursprünglich aber auch an der südlichen Flanke eine Taufkapelle vorsah.[3]

Im Westen erhebt sich ein einzelner Turm mit oktogonalem Obergeschoss und Helmdach über einem quadratischen Baukörper. Bei seiner Renovierung 2004 fand man in der Kugel der Kirchturmspitze Gegenstände aus der Erbauungszeit der Kirche. Sie waren zum Fest der Einweihung dort als Zeitkapsel deponiert worden. Aus der Turmstube klingen seit 1957 vier Glocken aus einer Heidelberger Gießerei. Sie sind dem Heiligsten Herzen Jesu, der Muttergottes, dem hl. Josef und der hl. Eugenia geweiht.[4]

Im Turmsockel öffnet sich das „(…) kunstvolle Portal, ein Meisterwerk des Herrn Valentin Hesch [1845–1909] (…)"[5] aus rotem Sandstein mit neugotischem Zierrat, so der Wortlaut der Biebricher Tagespost vom 21. September 1898. Den Wimperg bekrönt eine Herz-Jesu-Statue aus Terrakotta.[6]

Im Vorraum der Kirche befindet sich linker Hand eine kleine Herz-Jesu-Kapelle mit entsprechender Figur ①, die früher, so zeigen es alte Fotografien, auf dem nördlichen Seitenaltar stand.[7] Dieser Ort der privaten Andacht entspricht mit seinem kreisförmigen Grundriss dem gegenüberliegenden Treppenaufgang samt gusseiserner Wendeltreppe, welche zur Empore und weiter zur Glockenstube führt. Von der Orgelempore aus ist ein zweiter kleiner runder Kapellenraum zugänglich, just genau über der darunter liegenden Herz-Jesu-Kapelle. Mit einem Sternenhimmel haben sich hier Reste der ursprünglichen Bemalung erhalten.

Das Kirchenschiff wird von einem Kreuzrippengewölbe überspannt, das im Schiff 13,70 Meter und in der Vierung eine Höhe von 15,30 Metern erreicht. Es liegt auf Konsolen auf. Die Gewölbespannweite von zwölf Metern galt zu ihrer Entstehungszeit als die größte aller einschiffigen Kirchen in Deutschland. Möglich wurde dies durch die Verwendung schlanker Stahlprofile, die das Gewölbe an seinen Rändern verstärken.

Ursprünglich war der Innenraum reich ausgemalt. Auf der westlichen Wand, rechts der Eingangstür, haben sich noch vereinzelte Reste der originären Fassung mit grünen vegetabilen Ornamenten in stehenden roten Vierpässen samt bodentiefen gemalten Teppichfransen erhalten ②.[8] Doch als man die Bombenschäden aus den Jahren 1944/45 rund zehn Jahre später beseitigte, hatte man auf die Rekonstruktion der Wandmalereien verzichtet. Erst in der Zeit von 1984 bis 1991 versuchte man, die neugotischen Elemente wieder herzustellen.[9] Eine teilweise Rekonstruktion der malerischen Fassung erfolgte nach Befund durch die Kirchenmaler der Würzburger Firma Anton Fuchs mittels Schablonenmalerei.

Einst standen in der Kirche vier Nebenaltäre. Sie waren dem Heiligsten Herzen Jesu, dem hl. Josef, dem hl. Antonius von Padua und der Gottesmutter geweiht. Von ihnen haben sich nur Fragmente, wie zum Beispiel im südlichen Querschiffarm ein hölzerner Altarunterbau, aber auch einzelne Figuren wie die des hl. Josef oder des hl. Antonius von Padua erhalten.[10]

Die historische Kanzel mit geschnitzten und neu gefassten Bildfeldern der vier Evangelisten wurde auf die Evangelienseite, nach links vorn versetzt. Ihr ursprünglicher Platz war am südwestlichen Vierungspfeiler ③.[11] Einst trug der Kanzeldeckel zudem eine Figur des hl. Kilian.[12] Altäre, Bänke, Kanzel und Türen der Entstehungszeit waren Musterwerke des St. Joseph-Institutes für kirchliche Kunst von Theodor Schülter in Köln.[13]

Noch heute befindet sich ein Beichtstuhl in der Stirnwand des südlichen Querhausarmes.[14] Die Abschlusswand des nördlichen Querschiffes gegenüber öffnet sich zu einer Kapelle, die etwas vertieft liegt und auch von außen zugänglich ist ④. Der ori-

Kirchenschiff nach Osten mit rekonstruierter Ausmalung

ginale Taufstein aus schwarzem Lahnmarmor mit moderner Bronzehaube ist heute vor dem Zugang zur Kapelle vom Kircheninnenraum aufgestellt. Ursprünglich trug seine Abdeckung eine heute verlorene Statuette des hl. Johannes des Täufers.[15]

Die Ende des 19. Jahrhunderts von der heute noch existierenden Werkstatt Binsfeld und Jansen in Trier produzierten Fenster der Kirche waren bildreich gestaltet und in einem roten Grundton gehalten. Die Darstellungen der Fenster im Chor thematisierten

die Geheimnisse des Freudenreichen Rosenkranzes: Verkündigung, Heimsuchung, Geburt, Darbringung und Wiederauffindung des zwölfjährigen Jesus im Tempel. Die Wohltäterin des Ortes, „Fräulein Eugenia Kreitz", hatte nicht nur 1890 den „Lebendigen Rosenkranz-Verein" gegründet, sondern sich gar selbst mit ihrem Konterfei im Glas der Geburt Jesu in der Gestalt Mariens verewigen lassen.

Die Fenster der Querhausarme zeigen im Süden die Anbetung des Allerheiligsten, gegenüber, auf der Nordseite, das Bild der Hl. Familie. Einzig das Herz-Jesu-Fenster in der heutigen Seitenkapelle hat sich aus diesem Zyklus in seiner originalen Verglasung erhalten. Es stellt die jugendliche Gestalt Jesu vor, die mit einer Hand auf das Brustmedaillon mit dem Christusmonogramm weist.

Die heutigen Motivfenster im Altarraum wurden 1955 eingesetzt ⑤. Das Linke trägt inmitten eines ornamentalen Flächenmusters das Bild eines Pelikans, der seine Jungen mit seinem eigenen Blut nährt, ein Hinweis auf Opfertod und Auferstehung Jesu Christi. Das rechte Fenster ist mit Darstellungen von fünf Fischen und Broten gefüllt als Anspielung auf die wundersame Brotvermehrung, aber auch auf das Geheimnis der Eucharistie sowie auf die Person Jesu selbst.

Vor allem der Hochchor war durch die Kriegsschäden der Jahre 1944/45 stark in Mitleidenschaft gezogen worden. Ursprünglich war das Niveau des Chorraumes um mehrere Stufen erhöht. Im Zuge der Umbauten von 1968 und 1990 verringerte man die Zahl der Stufen auf vier und versah den gesamten Altarraum mit Platten aus Jura-Kalkstein. Die Kommunionbank wurde entfernt, der Altartisch in den vorderen Teil des Chores versetzt.

Hubert Elsässer (1934–2009) gestaltete das heutige Altarensemble unter Einbeziehung der holzgeschnitzten, vollplastischen Kreuzigungsgruppe aus dem Jahr 1898. Für das Altarretabel aus rotem Sandstein, das den 1958 aus schwarzem Marmor errichteten Altar der Nachkriegszeit ersetzt, ließ sich der Bildhauer vom ersten Psalm inspirieren: Der „Beatus vir", der seine Heimat in Gott findet, ist wie ein Baum ans Wasser gepflanzt. Elsässer gestaltete für diese Idee stilisiertes Wurzelwerk und Ströme von Wasser, die sich aus dem Lamm Gottes am Tabernakel ergießen. Der blattvergoldete Hostienschrein ist seitlich von Elementen einer Stadt umgeben, die das Neue Jerusalem versinnbildlichen. Bei der Weihe des heutigen Altares im Jahr 1991 wurden in ihn Reliquien der hll. Agathon und Victorian eingelassen. Aus Altarsockel und Ambo wachsen Weintrauben und Ähren, am Ambo ist zudem die Hand des Sämanns zu sehen, die symbolisch das Wort Gottes sät (Mk 4,1–20).

Der Kreuzweg einer namentlich nicht bekannten Werkstatt aus Frankfurt a. M. besteht aus eingefärbtem Gips. Bei der jüngsten Restaurierung des Kirchenraumes wurde auch dieser entsprechend seiner ursprünglichen Farbigkeit neu gefasst und in Holzrahmen auf den Seitenwänden des Mittelschiffes präsentiert.

Zwölf reliefierte Bildfelder mit Darstellungen der Apostel und der Muttergottes schmückten einst die Brüstung der Empore ⑥. Seit 1991 ersetzt ein von Anton Fuchs in die Abfolge der Kassettenfelder platzierter gemalter Apostelreigen die verlorenen Originale. Anstelle des Marienbildes befindet sich nun im Zentrum ein Bild des thronenden Welten-

Das originale Herz-Jesu-Fenster in der nördlichen Seitenkapelle

herrschers mit Sphaira und Segensgestus. Unter seiner Gestalt wird der Vers „Data est mihi omnis potestas in caelo et in terra" aus dem Matthäusevangelium zitiert – „Gegeben ist mir alle Macht, im Himmel und auf Erden" (Mt 28,18).

Die Orgel aus der Werkstatt Wagenbach in Limburg stammt aus dem Jahr 1969. Sie ersetzte ein 1902 gebraucht erworbenes Instrument von Orgelbaumeister Gerhard, Boppard,[16] und hat 26 Register. Am elektrischen Spieltisch wurde 2022 eine digitale Setzeranlage zum Speichern der Registrierungen ergänzt.

1983 ging der Auftrag für eine weitere Herz-Jesu-Figur an die Künstlerin Katharina Pekar. Die Keramikarbeit befindet sich heute über dem rechten Seitenaltar und gibt die Gestalt Jesu Christi zwar in Kreuzeshaltung, jedoch nicht an das Holz geschlagen, vielmehr Wurzeln bildend wieder ⑦.[17] Vervollständigt wurde die Figur ursprünglich durch einen bestickten Wandbehang aus indischer und chinesischer Seide, die die Gestalt Jesu Christi als Lebensbaum interpretierte und zugleich als Lebensquell hervorhob.

Der Kiedricher Bildhauer Anton Krams (1899–1982) schlug im Jahr 1960 die „Madonna mit Traube" aus Lindenholz, die heute an der Ostwand des nördlichen Querhausarmes steht. Der thronenden Maria stand eine Frau aus Biebrich Modell. Auf ihrem Schoß sitzt das Jesuskind, das auf die von der Mutter gehaltenen Weintrauben deutet. Die Geste ist als Hinweis auf die Eucharistie zu verstehen. Beauftragt wurde diese Madonna von der Frauengemeinschaft von Herz Jesu.

Die fast lebensgroße Pietà stammt aus der Zeit von circa 1898–1900 und wurde der Kirche wahrscheinlich ebenfalls von Eugenia Kreitz geschenkt. 1955 fand sie ihren Platz in einer kleinen offenen Außenkapelle an der Nordflanke der Kirche, die zum Gedenkort für die Gefallenen und Opfer beider Weltkriege erklärt wurde.
Zudem hatte Eugenia Kreitz zum Marianischen Jubiläum am 8. Dezember 1904 von dem Kiedricher Handwerksmeister Johann Wesendonk eine Lourdesgrotte auf dem Kirchplatz aufstellen lassen.[18] Darüber hinaus fertigte sie auch einige Altartextilien persönlich an, nähte und bestickte eine weiße Borromäus-Kasel mit dem Bild der Unbefleckten Empfängnis. Diese diffizile Arbeit habe ihre Augen so geschädigt, dass sie – so erzählt es die Überlieferung – fortan eine Lesebrille tragen musste.[19]

Mit Investition eines großen Teils des väterlichen Erbes in den Bau und die Ausstattung der Kirche Herz Jesu verwirklichte so eine einzelne Stifte0rin ihren frommen Wunsch nach einem Ort für die mystische Versenkung und die Verehrung des Heiligsten Herzens Jesu. Die Architektur, das Inventar und die Historie des Gotteshauses spiegeln sowohl romantische Verklärung als auch volkstümliche Frömmigkeit.
Zugleich unternimmt dieser Kirchenbau einen gehörigen, wenn auch nicht auf den ersten Blick erkennbaren Schritt in die technische Moderne: Erst die Verwendung von Stahlprofilen, auch wenn sie unter einer historistischen Verkleidung verborgen bleiben, ermöglichen ein Kirchenschiff mit einer solchen bislang unerreichten und derart eindrucksvollen Spannweite des Gewölbes. ■

Anmerkungen

1 Allein der Gedenkstein im Vorraum der Kirche nennt als 1853 als ihr Geburtsjahr.
2 Faber, in: 100 Jahre Herz-Jesu Kirche, 1998, S. 34–37; weiter auf S. 38: „Die Stiftung umfasste das Kirchengebäude nebst Pfarrhaus und Küsterhaus, die Dotation von 100.000 Mark zur Besoldung des Geistlichen und die Dotation von 50.000 Mark zur Unterhaltung der Gebäude und Bestreitung der Kultuskosten."
3 Vgl. Grundriss der projektierten Kirche, Mai 1896; StadtA WI, WI 2 / Nr. 1166.
4 Vgl. Art. des WT vom 02.08.1957; StadtA WI, ZAS / Kirchen und Gemeindehäuser der Stadtteile / Biebrich / Herz Jesu. Die urspgl. 1898 installierten fünf Glocken waren den hll. Maria, Josef, Hubertus, Eugenia und Gabriel geweiht. Letztgenannte befand sich einst im heute nicht mehr vorhandenen Dachreiter; vgl. Festschrift, 1991, S. 29; StadtA WI, WI / 3, Nr. 5559.
5 Zit. nach Faber, in: 100 Jahre Herz-Jesu Kirche, 1998, S. 46.
6 Vgl. WT vom 20.09.2006; StadtA WI, ZAS / Kirchen und Gemeindehäuser der Stadtteile / Biebrich / Herz Jesu. Ebd. hat sich ein Aufriss von 1897 erhalten, welcher an ebenjener Stelle ein Kreuz zeigt; StadtA WI, WI / 2, Nr. 1166.
7 Ein Grundriss im Diözesanarchiv von 1955 nennt diesen Ort als Taufkapelle; vgl. DAL, Wiesbaden-Biebrich, Herz Jesu, 1945–56, WI 11 / 30. Eine urspgl. Nutzung der Kapelle als Taufort erscheint angesichts ihrer kleinen Ausmaße jedoch nicht wahrscheinlich; siehe: Faber, in: 100 Jahre Herz-Jesu Kirche, 1998, S. 46.
8 Anzunehmen ist eine Kalksecco-Malerei, ausgeführt durch Wesendonk aus Kiedrich. Die Rippen waren in Sandsteinrot mit grünen und blauen Kehlen gefasst, die Gurtbögen in Ocker, die Fensterlaibungen in Rot und Grau, die Kämpfer in Rot mit „Blumenmuster" und die Wände in gebrochenem Weiß mit tw. figürl. Darstellungen. Vgl. Untersuchung der Raumfassung vom 23.10.1990; DAL, Wiesbaden-Biebrich / Herz Jesu / 31 N. 1, 1968–1990. Auf histor. Aufnahmen sind Szenen aus der bibl. Heilsgeschichte erkennbar sowie Engeldarstellungen im Chor; vgl. StadtA WI, ZAS / Kirchen und Gemeindehäuser der Stadtteile / Biebrich / Herz Jesu. Mittels alter Fotografien nachzuweisen sind auch Bildnisse der Stifterin Eugenia Kreitz, ein Modell der Kirche vorzeigend, und zwar im nördlichen Querschiffarm auf Höhe des Seitenaltares und auf der Westwand der Orgelempore. Ebd., seitlich der Orgel, fanden sich Szenen des Jüngsten Gerichts. Reste einer blautonigen Bemalung mit steigenden Löwen finden sich zudem an der Südwand der Kapelle.
9 Die Gesamtplanung der Renovierung lag beim Planungsbüro Kurt Schmitt, Wiesbaden-Frauenstein.
10 Reste des Herz-Jesu-Altares befinden sich heute in der Kapelle des Kindergartens.
11 Faber, in: 100 Jahre Herz-Jesu Kirche, 1998, S. 70.
12 Faber, in: 100 Jahre Herz-Jesu Kirche, 1998, S. 48.
13 Vgl. Festschrift, 1991, S. 27. StadtA WI, WI / 3, Nr. 5559. Das Hochaltar-Retabel bestand aus in Eichenholz geschnitztem und tw. vergold. Maßwerk; vgl. Brief des Diözesankonservators vom 04.11.1954; DAL, Wiesbaden-Biebrich, Herz Jesu, 1945–56, WI 11 / 30. Siehe auch: Joanna Lubos-Kozieł, Der Markt für kath. künstlerische Massenproduktion in der zweiten Hälfte des 19. Jahrhunderts und am Anfang des 20. Jahrhunderts, in: Opuscula historiae artium, 2019, Bd. 68, S. 22–39.
14 Einst wurden beide an die Querschiffarme angefügten Annexräume auch als Beichtorte genutzt; die Beichtstühle befanden sich urspgl. jedoch an der jeweiligen Westwand; vgl. Grundriss der projektierten Kirche, Mai 1896; StadtA WI, WI 2 / Nr. 1166.
15 Faber, in: 100 Jahre Herz-Jesu Kirche, 1998, S. 46.
16 DAL, Wiesbaden-Biebrich, Herz-Jesu, 32 Nr. 1, 1969; Festschrift, 1991, S. 46; StadtA WI, WI / 3, Nr. 5559.
17 Der urspg. Standort befand sich genau gegenüber im nördl. Querschiff. An dieser Stelle war einst der Platz der Trauben-Madonna.
18 Glöckler, in: 100 Jahre Herz-Jesu Kirche, 1998, S. 91.
19 Vgl. Festschrift, 1991, S. 27; StadtA WI, WI / 3, Nr. 5559.

Dreifaltigkeit

„Wahrhaftig, das ist ein herrlicher Ort, die Pforte des Himmels"[1]

Frauenlobstraße 5
65187 Wiesbaden

Ludwig Becker
1910–1912

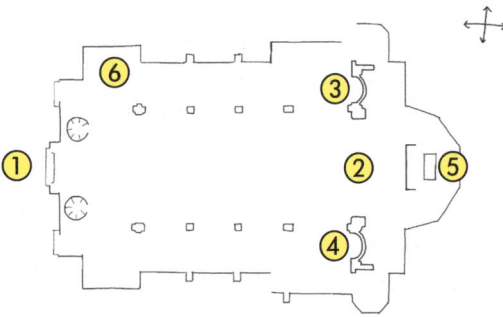

Steigende Einwohnerzahlen – 1905 wurde die Marke von 100.000 Einwohnern in Wiesbaden überschritten – machten den Bau einer weiteren katholischen Kirche in der Stadt notwendig. Obschon das Grundstück bereits 1901 erworben werden konnte, verzögerten finanzielle Engpässe den eigentlichen Baubeginn. Prälat Adam Keller (1839–1911) gründete 1904 einen Kirchenbauverein. Dieser bestand acht Jahre und erzielte 46.000 Goldmark. Erst fünf Jahre später erhielt der Architekt und spätere Mainzer Dombaumeister Ludwig Becker (1855–1940) den Zuschlag für diesen Bauauftrag. Zwar hatte das Ordinariat in Limburg dem Bauvorhaben noch nicht zugestimmt, doch durch großzügige private Zuwendungen war man in Wiesbaden mittlerweile unabhängig.[2] Baubeginn war am 25. April 1910, die Grundsteinlegung erfolgte am 2. Oktober desselben Jahres. Nun findet sich auch erstmals der Name „Trinitatiskirche" in den Bauunterlagen. Nach nur zweieinhalbjähriger Bauzeit konnte am 29. September 1912, am Fest des Erzengels Michael, die Weihe der Dreifaltigkeitskirche durch den Bischof von Fulda, Damian Schmitt (1858–1939), gefeiert werden; Diözesanbischof Dominikus Willi (1844–1913) war erkrankt.

Ludwig Becker hatte wie sein Vater zuvor als Steinmetz an der Kölner Dombauhütte gearbeitet, unter

Die Turmvielfalt der Dreifaltigkeits-Kirche von Südwesten

anderem bei den Restaurierungen des Straßburger Münsters und der Kathedrale von Metz mitgewirkt und sich schließlich 1884 als selbständiger Architekt in Mainz niedergelassen. Charakteristisch für seine Architekturentwürfe sind die optimale Nutzung des zur Verfügung stehenden Grundstückes mit Blick auf die städtebauliche Situation und sein Wunsch, seinen Bauten Monumentalität zu verleihen. Sein besonderes Interesse galt den Übergängen zwischen zwei Stilen. Er bevorzugte den Facettenreichtum der Spät- und Übergangsstile, um die bildhafte Wirkung seiner Bauten zu steigern. Nach dem „Prinzip der Variation", wie Becker es nannte, griff er die historische Formensprache auf, komponierte sie neu und nutzte diese „Stilmischung", um über die genaue Kopie seiner Vorbilder hinauszugelangen.

Diese Ideen finden in prägnanter Weise ihren steinernen Ausdruck im Erscheinungsbild der Dreifaltigkeitskirche. Zusammen mit den angrenzenden Gebäuden des Pfarr- und Küsterhauses (1912/13) bildet sie ein das Dichterviertel markant überragendes und optisch prägendes Ensemble. In Anlehnung an die frühe Gotik – diesen Stil wünschte sich der Kirchenvorstand – bestimmen kubische Baukörper das äußere Erscheinungsbild des Gotteshauses, dessen turmreiche Silhouette sich je nach Wahl des Standortes zu unterschiedlichen malerischen Ansichten verschiebt. Während die Chorflankentürme eine Höhe von 65 Metern erreichen, messen die ebenfalls von steilen Pyramidenhelmen gekrönten Westtürme eine Höhe von 38 Metern.[3] Beckers ursprüngliche Planung sah übrigens an dieser Stelle einen solitären Westturm vor. Hinter dem nun an dieser Stelle realisierten, vielfältig gegliederten Turmpaar liegt ein Baukörper als Querriegel, der als Vorhalle dient. An das basilikale Langhaus schließt sich ein östliches Querhaus an, das – wie die Eingangshalle auch – kaum über die Flucht der Seitenschiffmauern hinausragt. Den starken Abfall des Geländes nach Osten hat Becker durch die Anlage einer Krypta ausgeglichen.

Schlichtes Strebepfeilerwerk ohne Fialen stützt außen die aufgehende Wand und damit das Kreuzrippengewölbe innen. Der Bau ist in Ziegelmauerwerk mit Architekturgliedern aus hellem Sandstein ausgeführt und weiß verputzt. Einzelne Quader wurden steinsichtig belassen und beleben dadurch das äußere Erscheinungsbild.

Ein großes vierbahniges Maßwerkfenster setzt einen deutlichen Akzent auf die Mittelachse der Westfassade. Das von einem Dreiecksgiebel überhöhte Hauptportal tritt gegenüber den beiden, an den Rand des Baukörpers verschobenen Seitenportalen durch eine reiche ornamentale wie figurale Gestaltung hervor ①. Reliefierte Darstellungen der Synagoge und der Ecclesia, als Stellvertreterinnen des Alten und des Neuen Bundes, flankieren den Eingang.[4] Von schlanken Säulen getragene, reich verzierte Bogenläufe öffnen das Portal in die Tiefe. Eine Darstellung der Dreifaltigkeit überhöht im Tympanon eine Versammlung heiliger Gestalten, die in Wiesbaden und der Diözese besondere Verehrung erfahren: In einer Achse mit der Trinität ist die Muttergottes angeordnet. Zu ihrer rechten Seite sieht man den hl. Bonifatius, die hl. Katharina, den Anführer der Thebäischen Legion und Patron der ersten Wiesbadener Kirche, St. Mauritius, und die hl. Elisabeth von Thüringen mit einem Rosenkorb. Zur Linken Mariens schließen sich der hl. Hrabanus Maurus, St. Georg als Diözesanpatron, die hl. Hildegard und der hl. Ferrutius an. Das Relief wurde von dem Münchner Bildhauer August Weckbecker (1888–1939) 1911 ausgeführt.

Nach dem Eintreten präsentiert sich das Gotteshaus mit einer großzügigen lichten Weite. Drei mächtige Archivolten markieren die Schwelle zwischen Vorhalle und Kirchenschiff. Die Bogenläufe sind innen mit einem Schmuckband aus Dreipässen versehen. So ist auch hier wie an vielen anderen Stellen der Kirche die symbolische Zahl Drei als Verweis auf die Trinität präsent.

Breite Pfeilerarkaden trennen die drei querrechteckigen, von Kreuzrippengewölben überspannten Mittelschiffjoche von den ebenso gewölbten Seitenschiffen. Den Obergaden formt eine Folge niedriger dreibahniger Fenster. Die Rippen des Chorgewölbes sind, wie auch andere ausgewählte Architekturelemente, farbig akzentuiert. Bemerkenswert ist der Variantenreichtum kleinster architektonischer Schmuckformen. An vielen Stellen schleicht sich skulpturales Leben in die Architektur. In Blattgirlanden tummeln sich wunderliche Ge-

Innenansicht der Kirche nach Osten zum Hochchor

schöpfe; Schlusssteine, wie zum Beispiel der des Chores mit der Darstellung des Agnus Dei, sind figürlich gestaltet.

Die 2003 abgeschlossenen Renovierungsarbeiten bezogen auch die Neugestaltung des Altarraumes mit ein ②. Die durch die Münchner Firma Elsässer geschaffene Altarinsel greift in die Vierung hinein.

Die Altarfront ziert ein Messingrelief mit zwei Fischen und fünf Broten als Verweis auf die wundersame Brotvermehrung. Ursprünglich war der hohe Chor durch zwölf Stufen und zwei marmorne Schranken räumlich vom Gemeinderaum getrennt. Zum Zeitpunkt der Kirchweihe im September 1912 fehlte noch ein Großteil der Innenausstattung, so die Altaraufbauten, die Orgel, die Heiligenstatuen, die Ausmalung und die farbigen Fenster. Erst unter Pfarrer August Hüfner wurde die künstlerische Ausgestaltung des Kircheninneren vorangetrieben. Die Pfarrchronik nennt für das Jahr 1913 als Neuanschaffung neben einer zweiten Monstranz den „Muttergottesaltar, gestiftet zu Ehren U.L. Frau vom h. Herzen Jesu" und den Antoniusaltar. Im selben Jahr wird der Taufstein aufgestellt.

Noch heute steht der Marienaltar an dem ihm originär zugedachten Aufstellungsort, vor der nördlichen Turmkapelle ③. Er wurde 1965 durch eine Marienfigur von der Hand Hans-Jakob Steinleins (1903–?) ergänzt. Die ursprüngliche Madonnenfigur wurde an die Gemeinde St. Johannes Nepomuk in Taunusstein gegeben. Bei den übrigen Heiligenfiguren von der Hand des Vaters, Hans Steinlein (1872–1958), handelt es sich links um Wilhelm von Aquitanien, den Propheten Jesaja sowie um Josef. Die Reihe der weiblichen Heiligen vis-à-vis beginnt mit einer Gruppe der Anna Selbdritt, es folgen die hll. Elisabeth und Klara von Assisi. Ein Reigen meisterhaft geschnitzter Engelsbüsten rahmt das Altarwerk wie eine Spitzenbordüre. Der größte Engel in der Giebelspitze hält ein Schriftband in Händen mit den Worten: „SALVE REGINA".

Am gegenüberliegenden Ort, vor der südlichen Chorturmkapelle ④, stand ursprünglich ein Herz-Jesu-Altar. Der Architekt Becker selbst war für den Entwurf verantwortlich, die Ausführung lag ebenfalls in den Händen des Bildschnitzers Hans Steinlein aus Eltville. Von diesem Altar, der am 7. Mai 1920 geweiht wurde, stammen die Sitzfiguren des hl. Thomas von Aquin und des hl. Bonaventura, die ihren heutigen Standort in der Sakristei gefunden haben. Ursprünglich flankierten diese aus Lindenholz geschnitzten Skulpturen die Baldachinbekrönung des Altartabernakels.

Am Ort des heute verlorenen Herz-Jesu-Altares steht jetzt der ebenfalls von Steinlein gefertigte Altaraufsatz des 1921 geweihten Notburga-Altares. Die Mitteltafel zeigt die hl. Notburga als Patronin der Dienstmägde, der Arbeitsruhe und des Feierabends eingerahmt von der hl. Zita, links, und der Märtyrerin Blandina von Lyon, rechts. Leben und Wirken der hl. Notburga ist wiederum Thema der Flügelinnenseiten. Dieser Altar stand ursprünglich im nördlichen Seitenschiff unter einem heute verlorenen Fenster mit Szenen aus der Vita der Heiligen. Gestiftet hatte ihn der „Verein für katholische Hausgehilfinnen".

Von dem 1919 ursprünglich als Provisorium gedachten, schlussendlich aber bis 1965 in Gebrauch stehenden Hochaltar stammen die vier von August Martin und Franz Schöppler gemalten Bildtafeln, die noch heute im Chor präsentiert werden ⑤.[5] Der Altaraufsatz wies ehemals in seiner Mitte eine Darstellung der Dreifaltigkeit auf. Die darunter angeordnete Tabernakeltür hat sich erhalten und trägt ein Bild des Weihnachtsgeschehens. Die beiden unmittelbar anschließenden Bildtafeln zeigen ganzfigurige Darstellungen der hll. Bonifatius, Hildegard und Georg rechts sowie linker Hand der hl. Mauritius, Elisabeth und Heinrich II. Die Altarflügel tragen Brustbilder der zwölf Apostel.

Seit Juni 2012 rahmen die Bildtafeln wieder eine Darstellung der Dreifaltigkeit: An zentraler Stelle des Chorpolygons wurde ein zeitgenössisches Kunstwerk installiert. Es ist eine Arbeit des in Wiesbaden geborenen und heute in Mainz lebenden

Der Marienaltar in der nördlichen Turmkapelle von Hans Steinlein und Sohn

Holzbildhauers Andreas Koridass (*1965). Aus drei Stämmen von Ulme, Fichte und Eiche hat er je eine massive 2,60 Meter hohe Bohle ausgeschnitten und bearbeitet. Dunkel gestrichen und von der Rückseite illuminiert, scheinen sie vor der Wand zu schweben.

Aus der Werkstatt der Bildhauerfamilie Steinlein aus Eltville stammen die Figuren der vier Evangelisten und der vier lateinischen Kirchenväter, die über das Kirchenschiff wachen. Umringten diese zweieinhalb Meter großen Lindenholzskulpturen einst den Chor, stehen sie seit Mitte der 1960er-Jahre an ihren heutigen Standorten, auf hoch sitzenden Konsolen im Mittelschiff. An der nördlichen Hochschiffwand sind der hl. Augustinus, die Evangelisten Markus und Matthäus sowie der hl. Ambrosius zu sehen. An der gegenüberliegenden Epistelseite stehen, ebenfalls von West nach Ost betrachtet, die hll. Hieronymus, Johannes, Lukas und Papst Gregor der Große.

Ein monumentales, Ausmaße von 5,50 auf 3,50 Meter erreichendes, geschnitztes Triumphkreuz aus dem Jahr 1925 schwebt über der Altarinsel. Die Silhouette des Kreuzes wird durch vegetabile Ansätze zur Arbor vitae, zum Lebensbaum. Ein Gedanke, wie er auch dem im Chor aufgestellten, 1912 aus Lindenholz gearbeiteten Vortragekreuz zugrunde liegt.

In dem ehemals als Taufkapelle genutzten nördlichen Turmjoch der Eingangshalle stand der Antoniusaltar, von dem heute noch die geschnitzte Figur des Heiligen herrührt ⑥. Die zugehörigen Altarflügel mit ganzfigurigen Darstellungen der hl. Barbara und der hl. Elisabeth sind noch im Besitz der Kirche. Der mit seiner achteckigen Form an den Lebensbrunnen erinnernde Taufstein hat seinen heutigen Platz am südwestlichen Rand der Vierung gefunden. Ein moderner Bronzedeckel mit einem Blütenknauf, den acht Quarzsteine – davon vier Rosenquarze – zieren, verschließt das steinerne Becken. Noch heute ist die ursprüngliche Bestimmung der Antoniuskapelle als Ort der Taufe an dem hängenden Schlussstein des Gewölbes mit einem Bild der Heiliggeisttaube und an der Gestaltung des Fensters mit Symbolen des Taufsakramentes ablesbar. Der Fensterentwurf stammt vom Marburger Glaskünstler Erhardt Klonk (1898–1984) aus der Mitte der 1950er-Jahre.

Diesem Ort gegenüber steht ein 1914 geweihtes Vesperbild des Bildhauers Anton Mormann (1851–1940) aus Wiedenbrück, der auch den Kreuzweg der Kirche geschaffen hat. Maria präsentiert dem Betrachter ihren für die Erlösung der Menschheit geopferten Sohn. Das Leiden Christi wird mit dem Opfer Mariens zusammengesehen. Dem steinernen Postament der Figurengruppe sind die Worte aus dem Stabat Mater „Lass mich, Mutter, mit dir weinen" einbeschrieben. Das ursprüngliche Fenster der Kapelle mit einer Darstellung der schmerzhaften Muttergottes unter dem Kreuz hatte der bereits erwähnte Maler August Martin aus Wiesbaden entworfen. Das jetzt an dieser Stelle zu sehende Glasbild des über den Tod triumphierenden Auferstandenen ist ebenfalls ein Werk Klonks aus dem Jahr 1956.

Die Stationen des Kreuzwegs sind in die Wände der Seitenschiffe und des Querschiffes eingelassen. Hochrechteckige Nischen dienen als Bildbühnen für die einzelnen Szenen der Passion Jesu Christi. Die in Hochrelief gearbeiteten, ungefassten Skulpturen agieren vor einem blau glasierten Fond. Der Kreuzweg nimmt seinen Anfang am östlichen Ende der südlichen Seitenschiffwand. Das erste Bild mit der Szene des Gebets Jesu am Ölberg gehört nicht zum offiziellen Kanon der Kreuzwegstationen. Das zwölfte Stationsbild mit der Darstellung der Kreuzigung besetzt mit deutlich größeren Ausmaßen die nördliche Querschiffwand ③.

Erst 1925 erfolgte die Ausmalung der Kirche. Das Chorgewölbe trug einst eine Darstellung des Gnadenstuhles, flankiert von der Muttergottes, Johannes dem Täufer und zahlreichen Engeln ⑤. Die Chorwände zeigten auf der linken Seite die Gregorsmesse, rechter Hand die Vertreibung der Sarazenen durch die hl. Klara. Die mittleren drei Wandfelder waren mit dunklen, an Seidenbrokat erinnernden Wandmalereien geschmückt. Die Fassungen des Vierungsgewölbes feierten die Schöpfung. „Sechs Engel halten jeder eine violette Scheibe, auf welcher ein Tagewerk sichtbar ist. Die Krönung des Ganzen ist ein Bild des Dreifaltigen Gottes, der am siebenten Tage ruht. Um das Ganze steht als Umschrift: ‚Und Gott sprach: Lasset uns den Menschen machen als unser Bild nach unserer Aehnlichkeit

[sic] … Und Gott sah alles, was er gemacht[,] und siehe, es war sehr gut.' (1. Mos. 26.31.)."[6]

Die Gewölbefelder des Mittelschiffes bedeckten Mandorlen mit Engeln. Jedes Seitenschiffjoch wurde zudem von einem Himmel aus 112 kleinen, in Gips gegossenen und vergoldeten Blättern vor nachtblauem Grund überfangen. Von der Orgelrückwand grüßten musizierende Himmelswesen. Die Arbeiten dauerten bis in die 1930er-Jahre an. 1937 beklagte Pfarrer Hüfner, dass immer noch Bilder, und zwar die der Mittelschiffwände, fehlen. Vorgesehen waren hier Schilderungen der Konzile von Nicäa (325) und Ephesos (431). Allein zwei Bildfragmente haben sich erhalten: An der Brüstung der Orgelempore findet sich eine außergewöhnliche Verkündigungsszene aus dem Jahr 1927, ausgeführt von einem Künstler mit dem Namen Schilling, Karlsruhe. In den Schoß der als Himmelskönigin gekrönten Maria hat sich ein Einhorn geflüchtet. Nach einer antiken Quelle, dem sogenannten Physiologus, war nur eine Jungfrau in der Lage, das zugleich starke wie scheue Fabeltier zu fangen. Die mittelalterliche Auslegung bezieht dieses Gedankengut auf die Menschwerdung des göttlichen Logos. 2003 konnte zudem ein den Gewölbeschlussstein im Chor schmückender Engelsreigen wieder freigelegt werden.

Die Schäden, die der Zweite Weltkrieg dem Gotteshaus zufügte, waren erheblich.[7] Durch das Dach eindringendes Regenwasser hatte die Wandmalereien beschädigt. Auch hatte kein Kirchenfenster dem Druck der Luftminendetonation in der benachbarten Gutenbergschule in der Nacht des 2. Februar 1945 standhalten können. Die in den Jahren 1950 bis 1952 geschaffenen Chorfenster des Künstlers Erhardt Klonk ⑤ orientieren sich an den Themen der ursprünglichen Verglasung: Von links nach rechts sieht man die Verkündigung an Maria, die Geburt, die Taufe Jesu, den Lehr- und Taufauftrag Christi an die Apostel und das Pfingstwunder. Auch das südliche Querhausfenster ④ wurde 1958 in Teilen von Klonk gestaltet. Das ursprüngliche Fenster von 1917 trug eine Darstellung der Krönung Mariens. In den Pässen darüber war eine Verkündigungsszene eingesetzt. Im unteren Register befand sich ein Bild des Marientodes, begleitet von Darstellungen des Auferstandenen und der die Kommunion aus den Händen des Lieblingsjüngers Jesu, Johannes, empfangenden Muttergottes. Der Entwurf Klonks zeigt in den drei stehenden Vierpässen die Symbole der Trinität: die zur Erde weisende Hand des Vaters, die Weltkugel mit dem Kreuz des Sohnes und das brennende Feuer des Hl. Geistes. Die beiden Sechspässe darunter tragen marianische Symbole: Neben einer weißen Lilie, um die sich eine Schlange ringelt, erscheint eine Krone auf den miteinander verwobenen Buchstaben AM für Ave Maria. Ein Band mit Bildern der Lauretanischen Litanei „Du goldenes Haus" – „Du Arche des Bundes" – „Du Pforte des Himmels" – „Du Morgenstern" formt den Sockel. Aus welchem Grund die weiteren Entwürfe Klonks für die Vollendung des Marienfensters nicht zur Ausführung kamen, ist ungewiss. Seit 2003 nimmt die Mitte dieses Fensters ein von der Wiesbadener Künstlerin Angelika Groth (*1950) in Zusammenarbeit mit den Würzburger Glaswerkstätten Rothkegel geschaffenes Marienbild ein. Von Mariens Haupt scheint ein Lichtschein auszugehen, der nicht nur die Gestalt Josefs, sondern auch die umstehenden Menschen schützend umfängt.

Entsprechend der Liturgiereform nach dem Zweiten Vatikanischen Konzil wurde der Innenraum des Gotteshauses ab 1964 umgestaltet. Den Veränderungen fielen nicht nur der Hochaltar, die Kommunionbänke und die Kanzel, sondern auch die noch vorhandenen Überreste der originalen Ausmalung der Kirche zum Opfer. Bereits 1960 hatte man über den Zustand der Deckenmalereien geklagt. Allerlei Putzstücke – wie etwa goldene Gipsblätter – seien „mit ziemlich viel Getöse" an einem Sonntagvormittag Anfang Februar 1964 zu Beginn des Hochamtes herabgefallen; darunter habe sich gar ein vollständiger goldener Engelsflügel befunden, wie Pfarrer Baumann an das Ordinariat in Limburg berichtete.[8] Eine Rekonstruktion aber lohne sich nicht, vielmehr käme bei einem schlichten neuen Verputz die Schönheit der Architektur und der Fenster besser zur Geltung.[9] Die Renovierung erfolgte unter der Leitung des Architekten Paul Johannbroer (1916–1985) und des Restaurators und Bildhauers Hans-Jakob Steinlein.

Die am 12. Dezember 1976 geweihte, 24 Register umfassende Orgel von Hugo Mayer aus Heusweiler

(Saar) ersetzte die aus dem Jahr 1916 stammende pneumatische Orgel. Der Spieltisch verfügt anstelle der sonst üblichen schaltbaren Manualkoppel über ein zusätzliches Koppelmanual sowie über eine Setzeranlage.

Die Krypta wurde 1919 als Liebfrauenkapelle ausgestaltet. Ihr Rippengewölbe entwächst einem einzigen achteckigen Mittelpfeiler. Der zentrale Raum wird von zwei quadratischen Nebenräumen, entsprechend der Turmgrundrisse, flankiert. An der Nordwand ist der Grundstein der Kirche zu sehen: „+ LAPIS · PRIMARIUS / POSITUS · EST · / ANNO · DOMINI · MCMX · / OCT·II". Die zweibahnigen Maßwerkfenster weisen in ihren Dreipässen verschiedene Motive wie die Taube oder das Lamm Gottes auf. Besonders interessant ist das im Mittelalter geläufige Bild der drei Hasen, das sich im letzten Fenster des südlichen Annexraumes entdecken lässt. Die Hasen sind im Kreis einander so zugeordnet, dass ihre drei Ohren in der Bildmitte ein gleichseitiges Dreieck formen, das wiederum als Verweis auf die Trinität gelesen werden kann. Lediglich die zentralen Achsfenster mussten nach dem Krieg neu verglast werden. Die Gestirne füllen die bekrönenden Dreipässe. Während das rechte Fenster eucharistische Symbole wie Ähren, Trauben und Fische präsentiert, zeigt das linke Fenster Himmel und Erde. Bei der Restaurierung 1957 erhielt die Liebfrauenkapelle einen neuen Altar aus Mainsandstein von Steinmetzmeister Czepa. Der auch hier zunächst als Provisorium gedachte und vom Baumeister der Kirche entworfene Hauptaltar wurde an die Südwand des südlichen Nebenraumes versetzt. Die Skulpturen der Madonna und der leuchtertragenden Engel sind Werken Tilman Riemenschneiders (um 1460–1531) nachempfunden. Einst wurden sie von einem gemalten grünen, von Engelsfiguren gehaltenen Vorhang hinterfangen. Die Maler Martin und Schöppler waren auch hier für die ursprüngliche Ausmalung mit marianischen Themen verantwortlich. Erhalten haben sich jedoch allein die in Grisaille ausgeführten Kreuzwegstationen.

Zu den Kostbarkeiten der Kirche gehört die 1912 gearbeitete sogenannte Große Monstranz. Sie wurde von Mathilde Großmann gestiftet; diese hatte der Pfarrgemeinde nicht nur 250.000 Goldmark für den Bau der Kirche geschenkt, sondern auch weitere 20.000 für die Anschaffung dieses kostbaren Gefäßes gespendet sowie der Gemeinde ihren gesamten Schmuck vermacht. Die Ohrringe und Broschen der wohlhabenden Wiesbadenerin zieren seither die Monstranz.

Doch schon das reiche Repertoire an unterschiedlichsten Bildwerken, das von Kunstwerken des beginnenden 20. Jahrhunderts bis in die Moderne reicht, macht aus der Dreifaltigkeitskirche ein Schatzkästlein der besonderen Art.

Wohl nirgendwo sonst in Wiesbaden gelingt der Fang eines derart schönen Einhorns. ∎

Anmerkungen

[1] Titel der Festpredigt Domkapitulars Kilian bei der Weihe, frei nach Gen 28,17.
[2] Dank Spenden von Mathilde Großmann, 250.000 Goldmark, sowie von Pauline Scholz, 25.000, und Aline Zahn, 10.000 Goldmark.
[3] WK, 31.12.1955: Von den originären vier Glocken war einzig die kleinste nicht im Krieg eingeschmolzen worden.
[4] Von dieser herabwürdigenden Vorstellung der Synagoge als Antitypus zur Kirche und damit impliziertem Antisemitismus distanzierte sich die kath. Kirche bereits im Zweiten Vatikanischen Konzil 1965. Zum Thema zuletzt Marie-Theres Wacker, Ecclesia und Synagoga im späten 19. und frühen 20. Jahrhundert, Historische Sondierungen in theologischem Interesse, Münster 2018; siehe auch: Bernward Dörner, Art. Ecclesia und Synagoga (Darstellungen im Mittelalter), in: Wolfgang Benz (Hrsg.), Handbuch des Antisemitismus, Judenfeindschaft in Geschichte und Gegenwart, Bd. 7 Literatur, Film, Theater und Kunst, Berlin 2015, S. 85–87.
[5] Bei dem genannten Künstler August Martin handelt es sich offensichtlich um den 1873 geborenen 3. Sohn des bekannten Kiedricher Malers und Professors am Städelschen Kunstinstitut in Frankfurt a. M. Franz August Conrad Martin (1837–1901); vgl. Reinhold Schommers, Die „Huldigungskirche für Preußen" in Kail und ihr Fensterzyklus von August Martin, in: Heimatjahrbuch Cochem-Zell 2002 (https://www.kail.eu/kirche.pdf/; letzter Zugriff: 28.02.2024, 19:43 Uhr). Zum Vater: Antoine Jacobs, Leben und Wirken des Kirchenmalers August Martin 1837–1901 unter besonderer Berücksichtigung seiner Tätigkeit im Bistum Roermond (den Niederlanden), in: Jan de Maeyer und Luc Verpoest (Hrsg.), Gothic Revival – Religion, Architecture and Style in Western Europe 1815–1914, Löwen 2000, S. 151–168; ders., Martin August Franz Konrad, in: Kiedricher Geschichts- und Kulturzeugen e.V. (Hrsg.), Kiedricher Persönlichkeiten aus sieben Jahrhunderten, Kiedrich 2008, S. 267–278.
[6] Hüfner, 1937, S. 17–18.
[7] Beschädigung durch Bomben, in: Der Sonntag, Nr. 28 vom 10.08.1947.
[8] Briefe Pfr. Baumanns vom 02.01. und 12.02.1964 nach Limburg; DAL, WI 7 / 30 1959–67.
[9] Zeitungsausschnitt, Pfarrchronik, 1960, S. 158.

St. Elisabeth

Spirituelle Oase im Westend

Zietenring 18
65195 Wiesbaden

Alfred Ludwig Wahl
1935–1936

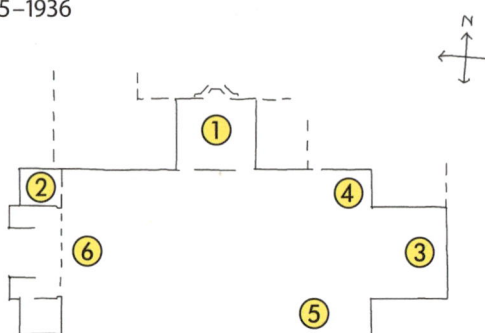

Als am 1. Dezember 1921 die Vikarie St. Elisabeth durch Bischof Augustinus Kilian im Wiesbadener Westend gegründet wurde, herrschten hier wie andernorts auch Arbeitslosigkeit und Inflation – es war eine wirtschaftlich schwierige Zeit. Zwei Kellerräume in der nahe gelegenen Manteuffel-Schule dienten zunächst als Gottesdienstraum, bis Ostern 1924 eine hölzerne Notkirche – im Volksmund das „Kapellchen" genannt – eingeweiht werden konnte.[1] Bischof Kilian hatte von Beginn an der thüringischen Ordensprovinz der Franziskaner die Seelsorge übertragen, weshalb man sich für die hl. Elisabeth von Thüringen als Kirchenpatronin einsetzte. 1926/27 wurde das Kloster St. Elisabeth am Zietenring errichtet und 1929 schließlich zur eigenständigen Pfarrei ernannt. Am 29. März 1936 konnte das neue Gotteshaus geweiht werden, doch bereits acht Jahre später, am 19. Oktober 1944, zerstörte eine Bombe die Westfassade und die Orgel. Am 2. Februar 1945 traf ein weiterer Bombenangriff die Kirche schwer.[2]

1982 verließen nach 60 Jahren die Franziskaner St. Elisabeth. In der Folgezeit wurde der gesamte Gebäudekomplex rundum erneuert und dabei der Gottesdienstraum an die kleiner werdende Gemeinde angepasst. Nach Veränderung der Verkehrsführung im Westend durch die Schließung der Nettelbeckstraße zur Klarenthaler Straße hin und

Die Eingangssituation von Westen aus gesehen mit Blick auf den Gebäudeflügel des ehemaligen Franziskanerklosters

den Ausbau des Zweiten Rings wurde der Vorschlag laut, Kirche und Kloster abzureißen und an anderer Stelle wieder aufzubauen. Doch das Ensemble von St. Elisabeth blieb bestehen, gleich einer Insel, umströmt von den Verkehrsadern der modernen Stadt.

St. Elisabeth am Zietenring, entworfen von Regierungsbaumeister Alfred Ludwig Wahl (1896–1979), ist die erste moderne Kirche im Wiesbadener Stadtgebiet, die die Idee des Neuen Bauens repräsentiert.[3] In Eisenskelettbauweise wurde sie als Saalkirche mit hohem Turm angelegt.[4] Der geostete Bau samt Kapelle und Empore umfasste ursprünglich eine Fläche von 700 Quadratmetern bei einem Platzangebot für 1.600 Personen. Gestaltet im Stil funktionaler Sachlichkeit unter Verwendung von Materialien wie Eisen, Beton und Glas verkörpert die Architektur von St. Elisabeth schlichte Strenge und Klarheit. Eine Querbinderkonstruktion lenkt die Last auf die Außenwände, sodass der Blick auf den Altar nicht beeinträchtigt wird und eine Raumeinheit gelingt. Stand der Altar einst um 13 Stufen erhöht,[5] fand 1973 als Reaktion auf das Zweite Vatikanische Konzil eine grundlegende Erneuerung der räumlichen Situation statt. Der Altar wurde mit der nur um eine Stufe erhöhten Altarinsel näher in den Gemeinderaum gerückt. 1974 entstand zudem die Marienkapelle für die private Andacht und die Feier der Werktagsgottesdienste ①.

Rund 15 Jahre später, in den Jahren 1989/90, gestaltete der Architekt Klaus-Dieter Wolf (*1941) den Raum grundlegend neu. Er orientierte sich dabei an den Bedürfnissen der Gemeinde: Der Sakralraum sollte eine stärkere Konzentration erfahren, indem der Altar zentraler und die Orgel in den Hochchor platziert wurde. Um das Altarpodest wurden nun die noch aus der Entstehungszeit der Kirche stammenden Bänke in U-Form gruppiert. Der Zugang zur Werktagskapelle war jetzt sowohl vom Anbau des Gemeindezentrums als auch vom Kirchenraum aus möglich. Den Platz des Altares in der Kapelle inszenierte Wolf ebenfalls neu mittels einer kleinen Konche, die seitlich wie auch über ein Fenster im Dach einen indirekten Tageslichteinfall ermöglicht. Von außen ist die Kapelle durch einen roten Farbanstrich hervorgehoben. Die gelbe Farbfassung des Kirchenäußeren stammt auch aus dieser Zeit.

Unter der früheren Orgelempore wurde eine Vorhalle abgetrennt. Sie erlaubt den Zugang zu einer weiteren Kapelle, die sich seit 1936 nördlich des

Haupteingangs der Kirche befindet und dem hl. Konrad von Parzham geweiht ist ②. Da in ihr jedoch zu unbekannter Zeit eine Figur des hl. Antonius aufgestellt wurde, sprach man im Volksmund bald von der „Antoniuskapelle". Das holzgeschnitzte Heiligenbild stammt vom ehemaligen Antoniusaltar (um 1937). Die drei Buntglasfenster des Kapellenraumes aus dem Jahr 1950 zeigen in gewohnter Leserichtung figürliche Darstellungen des hl. Andreas, des Erlösers und des Stadtpatrons, des hl. Mauritius; es sind Entwürfe – der Signatur am Andreas-Fenster nach zu urteilen – von Walter Clemens Schmidt (1890–1979).

Eigentlich war ein besonderes Werk für den Altarraum vorgesehen: Lucy Hillebrand (1906–1997), Künstlerin, Architektin und Meisterschülerin von Dominikus Böhm (1880–1955), hatte ein monumentales, aus Beton gegossenes Kreuz entworfen, das seinen Platz jedoch nur für kurze Zeit hinter dem Hochaltar finden sollte.[6] Wenige Tage vor der Konsekration der Kirche wurde es von Sachverständigen des Ordinariates und dem Wiesbadener Regierungsbaumeister begutachtet und aufs Heftigste kritisiert. Der damalige Pfarrer habe bei der Auftragsvergabe ohne jede Beratung gehandelt. Das sieben Meter hohe Werk des Christus triumphans wurde am 26. März 1936 entfernt. Pfarrer Wilke schickte an diesem Tag voller Bitterkeit nur einen Satz nach Limburg: „Ich melde hierdurch, dass die Kreuzabnahme geschehen ist."[7] Hillebrands zunächst doch beachteter Protest verhallte schlussendlich ohne Ergebnis. Antisemitische Vorwürfe verschärften den Konflikt, die Künstlerin hatte eine jüdische Mutter.[8] 1952 gelangte das Betonkreuz mit dem Franziskanerpater Egbert Konrad nach Kelkheim-Hornau. In den 60er-Jahren entdeckte ein Lehrer aus Wintrich an der Mosel bei einem Verwandtenbesuch das in fünf Teile zerlegte Kreuz ebendort und vermittelte es an seine Heimat, wo es noch heute als „Großer Herrgott" über die Wintricher Weinberge wacht. Die Hornauer hatten im Gegenzug dafür einige Flaschen Mosel-Wein erhalten. Anstelle des Hillebrand-Kreuzes besetzte ab 1938 ein Fresko mit einer Christkönigsdarstellung von Karl Schöppler (1905–1978) die Wandpartie über dem Hochaltar von St. Elisabeth. Dieses wurde 1942 durch ein Bild des Weltenherrschers, begleitet von vier adorierenden Engeln, des Kirchenmalers Waldemar Kolb (1898–1975) aus Niederlahnstein ersetzt.[9]

Seit 1990 steht hier, vor der Ostwand des hoch liegenden Chorraumes ③, in einem neu gebauten Gehäuse die Orgel, die zuvor auf der Empore aufgestellt war. Ein erstes Instrument wurde 1936 eingeweiht – ein Werk der Gebrüder, Hoforgelbaumeister und päpstlichen Hoforgellieferanten Späth aus Ennetach-Mengen. Mit ihren 51 Registern und 3.600 Pfeifen auf vier Manualen und Pedal gehörte sie damals zu den größten Orgeln der Diözese Limburg. Im Zweiten Weltkrieg zerstört, wurde sie zunächst 1944 wiederaufgebaut, 1962 jedoch durch ein neues Instrument der Firma Späth ersetzt.[10] Die Orgel besitzt noch heute den ursprünglichen elektrischen Spieltisch von 1936 und umfasst 57 Register auf vier Manualen und Pedal, darunter auch spanische Trompeten.

Ein großer Radleuchter vereint heute Altar- und Gemeinderaum. Die künstlerische Ausgestaltung des Altarraumes erfolgte durch Hubert Elsässer (1934–2009) in den 1980er-Jahren. Der Altar erinnert nicht nur mit seiner massiven, kompakten Form an einen Opferstein, sondern zugleich auch an den Tisch der Abendmahlsgemeinschaft. Aus seinem Fuß „sprudeln" als in den Boden eingelassene Reliefs vier Bachläufe hervor. Man kann sie als die Quellen in der Wüste deuten, die Moses hat entspringen lassen, oder als die vier Paradiesflüsse – in jedwedem Fall ist das Wasser als Symbol des Lebens zu verstehen. Bildhafte Zeichen der Eucharistie sind an den Seiten des in die Tiefe gestaffelten Altarblocks angebracht: Trauben, Brot, Kelch und das Opferlamm. Das Tier erinnert an die Offenbarung des Johannes, es liegt auf dem Buch mit den sieben Siegeln.

Der Ambo trägt das Bild der Heiliggeisttaube in einem Medaillon, eine Feuerzunge verweist auf das Pfingstgeschehen. Der kulissenartige Abschluss des Altarraumes wurde gleichfalls von Elsässer gestaltet: Er formte zwei hohe Bahnen eines weißen Tuches, die auf den Vorhang verweisen, der sich nach der Hl. Schrift im Tempel von Jerusalem befunden haben und zerrissen sein soll, als Jesus am Kreuz starb. Dieses Tuch trennte das Allerheiligste von der Welt der Menschen. Hier in St. Elisabeth erscheint über dem Vorhang eine Raute mit Darstellungen

Blick in das Kircheninnere nach Osten mit großem Rundleuchter

Figur des hl. Josef in der Vorhalle, gestaltet von Emil Sutor

der vier Evangelistensymbole, entsprechend der Vision des Propheten Ezechiel (Ez 1,5ff.) und der Offenbarung des Johannes (Offb 4,6ff.). Darüber erhebt sich die eigentliche Kreuzigungsszene: Maria und Johannes blicken mit schmerzverzerrten Gesichtern zur Gestalt Jesu Christi auf. Am Fuß des Kreuzbalkens befindet sich ein Totenkopf als Hinweis auf die Schädelstätte Golgotha, auf das Grab Adams, das sich der Legende nach genau an der Stelle befunden haben soll, an der das Kreuz Christi aufgerichtet wurde. Die Kreuzigungsgruppe und auch die sechs großen Leuchter wurden von Elsässer im Jahr 1990 aus Holz geschnitzt und farbig gefasst.

Es finden sich weitere Skulpturen im Kirchenraum: Auf der linken Seite der Stirnwand steht eine holzgeschnitzte Figur des hl. Franziskus, im Jahr 1946 von Hans Steinlein (1872–1958) aus Eltville geschaffen ④.[11] Entsprechend findet sich rechts des Altarraumes eine Statue der Kirchenpatronin, der hl. Elisabeth von Thüringen. Bildschnitzer H. Bellenbühl aus Tirol hat sie im selben Jahr gefertigt.[12] Der vor Rosen überquellende Korb erinnert an das mit ihr verbundene „Rosenwunder". Steinerne Figuren der beiden genannten Heiligen finden sich zudem an der Außenwand der Kirche. Sowohl die Statue der hl. Elisabeth über dem Portal (1949) als auch die des hl. Franziskus an der Westseite (1938) stammen von Peter Dienstdorf (1893–1976).

Der eindrucksvolle Kreuzweg in Sgraffito-Technik an der Südwand des Kirchenraumes ⑤ wurde 1941 von dem bereits erwähnten Biebricher Malermeisters Karl Schöppler hergestellt.[13] Einen besonderen Blick verdient die vierte Station, in der Jesus seiner Mutter begegnet, ist doch im Hintergrund zwischen beiden Gestalten die Silhouette der Kirche St. Elisabeth zu erkennen.

Unter der Empore, eingefasst von der großen Glaswand des die gesamte Vorhalle abschirmenden Windfangs und zum Eingang orientiert, stehen elegante Zementgussfiguren der Gottesmutter und des hl. Josef, jeweils mit dem Jesuskind auf dem Arm; beide wurden 1959 von Emil Karl Sutor (1888–1974) gefertigt ⑥. Eine hölzerne Figurengruppe der hl. Anna Selbdritt, die wohl einst farbig gefasst war – man erkennt noch Goldspuren und rote Farbreste am Gewandsaum – wurde 1965 aufgestellt.[14]

St. Elisabeth ist der erste moderne Kirchenbau Wiesbadens. Bereits hier finden sich Anklänge an die liturgische Bewegung und die wegweisenden Gedanken eines Johannes van Acken (1879–1937) für eine christozentrischen Kirchenkunst.[15]

Die nur wenig jüngere Kirche St. Kilian in der Waldstraße perfektioniert dann den Mut zu den Formen des Neuen Bauens, wie sie bei der „Insel im Westend" jedoch schon vorgebildet sind. ∎

Anmerkungen

[1] Abb. in: St. Elisabeth Wiesbaden, 1986, S. 3–5; Festschrift zur Kirchweih, 1990, o. S.
[2] Ein eindrucksvolles Foto der beschädigten Kirche findet sich in: 50 Jahre St. Elisabeth Wiesbaden, 1971, S. 18.
[3] Auch Wahls Geschäftspartner im gemeinsamen Architekturbüro in Essen, Aribert Otto Rödel (1889–1965), war am Entwurf beteiligt; Schade, 2016, S. 17.
[4] Im Turm befinden sich die am 15.04.1956 geweihten Glocken (cis, dis, fis und gis), die ursprünglichen sind verloren.
[5] Neben dem ehem. Hochaltar aus Villmarer Marmor befanden sich noch vier weitere Altäre in St. Elisabeth. Sie waren dem hl. Franziskus, der hl. Elisabeth, der Muttergottes und dem hl. Antonius von Padua geweiht.
[6] Schade, 2016.
[7] DAL Wi 8 31 / 1: zit. aus: Schade, 2016, S. 19.
[8] Schade, 2016, S. 21 zitiert aus einem Brief eines Gemeindemitglieds: „Dass zu allem Unglück die Bildhauerin auch noch Nichtarierin ist, wird Ihnen ja inzwischen sicher schon bekannt geworden sein."
[9] Häberle, 1966, S. 12–13 (Abb.); vgl. auch die Festschrift zur Kirchweih 1990, o. S. Das Gemälde von Kolb existiert heute noch, liegt allerdings unter einem Sichtschutz verborgen.
[10] Häberle, 1966, S. 14.
[11] Diese Figur gehörte zum einstigen Franziskusaltar von 1946 aus schwarzem Marmor; Häberle, 1966, S. 12.
[12] Diese Holzskulptur war Bestandteil eines ebenfalls marmornen Elisabethaltares. Beide Skulpturen wurden 1964 „(…) von ihrer Bemalung befreit und ganz in natur [sic] von dem Wiesbadener Künstler Emil Fuchs aufgearbeitet." Häberle, 1966, S. 12.
[13] WT, 12./13.09.1970; Häberle, 1966, S. 12.
[14] WT, 12./13.09.1970: „St. Elisabeth im Wiesbadener Westend. Die Pfarrei der Franziskaner-Patres". Des Weiteren zeigt eine Fotografie der Notkapelle im Keller der Manteuffelschule aus der Zeit vor 1924 bereits die Figurengruppe der hl. Anna Selbdritt, lediglich der originale Nimbus scheint nicht mehr erhalten; siehe: St. Elisabeth Wiesbaden, 50 Jahre Kirchweih, 1986, S. 3.
[15] Johannes van Acken, Gedanken zum neuzeitlichen Pfarrkirchenbau, in: Ders. (Hrsg.), Festschrift zur Einweihung der Kirchen Zum hl. Herzen Jesu und zum Hl. Kreuze in Gladbeck, Gladbeck 1914, faksimilierter Nachdruck Gladbeck 2022, S. 5–16; Ders., Christozentrische Kirchenkunst – Ein Entwurf zum liturgischen Gesamtkunstwerk, neu hrsg., bearb. u. ergänzt um eine Biographie von Ralph Eberhard Brachthäuser und eine kunsthistorische Einordnung von Manuela Klauser, mit einem Geleitwort von Albert Gerhards, Münster 2022. Siehe auch: Johannes van Acken, Sein Leben und Wirken, in: Das Münster, Zeitschrift für christliche Kunst und Kunstwissenschaft, Bd. 76, Sonderheft, 2023.

St. Kilian

„form follows faith"

Holsteinstraße 15 / Ecke Waldstraße
65187 Wiesbaden-Biebrich

Martin Weber
1935–1937

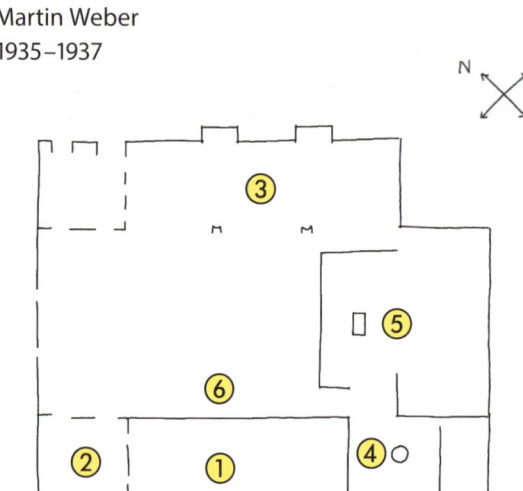

Im Waldstraßenviertel im Norden Biebrichs siedelten bereits vor 6.000 Jahren Kelten, später Römer, Germanen und Franken. Der heutige Name des Viertels leitet sich davon ab, dass die Waldstraße die Hauptverbindung eines alten Fernweges von Mainz und Wiesbaden über den bewaldeten Taunuskamm bis hin zur Lahn war. Einst lag hier auch der Exerzierplatz mit Schießständen der Wiesbadener Garnison. Mit dem rasanten Bevölkerungsanstieg ab der Jahrhundertwende wuchs auch der Anteil der Katholiken. Ein eigenes Gotteshaus wurde benötigt, denn die nächstgelegenen Kirchen waren über drei Kilometer entfernt: Herz Jesu und St. Marien in der näher am Rhein gelegenen Ortsmitte Biebrichs.

1905 erwarb die Pfarrei Herz Jesu ein Baugrundstück an der Wiesenstraße, auf dem sie eine Notkapelle mit dem Patrozinium des hl. Antonius bauen ließ.[1] Doch ihre Größe war spätestens 1917, als die Pfarrvikarie von Bischof Augustinus Kilian (1856–1930) zur selbständigen Pfarrgemeinde erhoben wurde, nicht mehr ausreichend. Zwar haben sich Entwürfe des Frankfurter Architekten Hans Rummel (1872–1952) bereits aus eben diesem Jahr erhalten,[2] doch sollte es noch vier Jahre dauern bis am

Ansicht von Westen auf den Baukörper der Kirche und ihren Haupteingang

heutigen Standort ein weiterer provisorischer Vorgängerbau errichtet werden konnte. Der Wunsch nach einer „aus Stein gebauten" Kirche, für die sich auch ein Kirchenbauverein fand, erfüllte sich erst 1935 mit dem ersten Spatenstich und der Grundsteinlegung.³ Am 19. September 1937 konnte die von dem Architekten Martin Weber (1890–1941) erdachte und realisierte Kirche durch Bischof Antonius Hilfrich (1873–1947) geweiht werden.

Der Sakralbau an der Waldstraße orientiert sich von Nordwest nach Südost und bietet Platz für 600 Gläubige. Wegen der nahen, stark befahrenen Verkehrsstraße entschloss man sich, die Hauptfront zwar sichtbar, aber zurückversetzt anzulegen. Nach Osten steigt das Gelände an, sodass der Baukörper der Kirche erhöht wirkt. St. Kilian wurde in Stahlskelettbauweise errichtet. Diese Konstruktionsform garantierte eine hohe Tragfähigkeit und hatte zuvor vor allem für Lager- und Fabrikgebäude Verwendung gefunden.

Das Äußere der Kilianskirche ist in einem hellen, fast weiß anmutenden Ockerton verputzt. Deutlich sichtbar ist die Sockelzone betont. Sie dient nicht nur der Statik des Gebäudes, sondern hebt dieses auch optisch gegenüber den Profanbauten der Umgebung hervor. Der Kirchenbau, den ein flaches Satteldach schützt, besteht aus quaderähnlichen Elementen, die T-förmig angeordnet sind. Ein über Eck gestellter Turm mit eigenem Eingang schließt im Südwesten an und verstärkt den Eindruck der Wucht der kubischen Baublöcke. Das Pyramidendach des Glockenturmes krönt ein sogenanntes „Weberkreuz", eine Gestaltungsidee des Architekten, bei der der Querbalken exakt in der Mitte des vertikalen Kreuzstamms im Verhältnis 1:4 liegt. Eine über die Flucht des eigentlichen Kirchenschiffes beidseitig weit hinausragende Eingangshalle schiebt sich wie ein Querriegel so in den nordwestlichen Teil des Gebäudes, dass der Einzug der Gemeinde von zwei Seiten aus erfolgen kann. Der Dachfirst trägt das aus Eisen geschmiedete Monogramm „SK" für St. Kilian.

An der Südwestflanke der Kirche findet sich ein Maria geweihter Außenaltar ①.⁴ In seiner Nähe steht seit 2001 eine Stele, die der Architekt Martin Weber 1936 für das Grab seiner Eltern auf dem Frankfurter Hauptfriedhof entworfen hatte. Zu sei-

Das Kirchenschiff mit Blick in Richtung Chor, links die Wandbehänge von Milli Beckers

nem 60. Todestag hat sein ältester Sohn im Zusammenhang mit der erfolgten Grabräumung diesen Stein an St. Kilian gestiftet. Er ist im „Weber-Stil" aus Sandstein gehauen, das Metallgitter zeigt das Christusmonogramm.

Am Hauptportal passiert man zwei schwere Kupfertüren mit getriebenen Beschlägen des Frankfurter Goldschmieds Hans Schablitzki.[5] Sie zeigen Darstellungen des hl. Kilian, begleitet von der Aufschrift: „Visi sunt oculis insipientium mori: illi autem sunt in pace" („Sterbende sind sie in den Augen der Toren, sie aber sind im Frieden"; Weish 3,2), und seiner Gefährten, der hll. Kolonat und Totnan, mit Bibel und Weihrauchfass. Letzteren ist der Schriftzug zugeordnet: „Justorum Animae in manu Dei sunt et non tanget illos tormentum mortis" („Die Seelen der Gerechten sind in Gottes Hand und nicht wird sie treffen des Todes Qual"; Weish 3,1).[6]

Tritt man nun durch eine der Vorhallen in das Innere der Kirche, so trifft man unmittelbar auf große Weihwasserbecken. Diese Schwellenräume sind leicht unterschiedlich gestaltet, so besitzt der Haupteingang eine bunte Verglasung. In diese südwestliche Vorhalle wurde 1955 zudem ein Madonnenmosaik in einer Nische angebracht ②.

Im Innenraum entfaltet sich das ganze architektonische Können Martin Webers, das auch die Vorgängerbauten mit einbindet: In der Zeit zwischen den beiden Weltkriegen musste man sich mit Provisorien behelfen, und so entstand im Jahr 1921 der bereits erwähnte Behelfsbau aus Fachwerk. Dieser wurde nun in den Weber-Bau integriert und findet sich als „Überrest" im niedrigen Seitenschiff wieder ③.[7] Seine Grundgestalt hatte während des Ersten Weltkrieges als Mannschaftsbarracke 15 des Durchgangslagers der Luftwaffe Wetzlar für westalliierte Kriegsgefangene gedient. Weber bezog die Baracke und spätere Notkirche in seinen Entwurf mit ein. Zum einen konnte sie dadurch bis zum Abschluss der Bauarbeiten als Gottesdienstraum genutzt werden, zum anderen sicherte er auf diese Weise aber auch die in ihr gesammelte Erinnerung als eine Art „Gedächtnisspeicher" für die Gegenwart.

Der im Süden platzierte Glockenturm gleicht mit seinem Raumvolumen im Inneren die durch die Einbeziehung der Notkirche als Seitenschiff entstandene Ungleichgewichtigkeit des Baukörpers aus. Im Fuß des Turmes befindet sich die Taufkapelle mit separatem Eingang ④. Zum Taufbecken steigt man eine Stufe hinab. An die oktogonale Form frühchristlicher Baptisterien erinnern die acht Säulen des Taufbeckens. Das Bild des Gnadenstuhles wurde 1942 von Hans Steinlein (1872–1958) aus Eltville nach einem Vorbild in der Krypta des Fritzlarer Doms aus der Zeit um 1300 aus Eichenholz geschnitzt. In den oberen Turmgeschossen liegen die Sakristei und darüber die Sänger- und Orgelempore sowie die Glockenstube.[8]

Das Kirchenschiff ist als Saalkirche gestaltet; keine Stützen behindern den Blick auf das liturgische Geschehen am Altar. Hauptschiff und Chorbereich sind nicht voneinander getrennt. Dies entspricht Martin Webers liturgischem Konzept: Der Kirchenraum wird zum Opferraum der ganzen Gemeinde, das Presbyterium durch Erhöhung um einige Stufen besonders betont. Auch St. Kilian spiegelt die Weber'sche Idee der „(…) ‚sala regia populi Dei' als ‚Königshallen des Gottesvolkes'"[9]

Eine Steigerung ihres Charakters als Wegkirche erfährt St. Kilian auch durch die Reihung der hohen Rundbogenfenster, die sich über mehrere Geschosshöhen erstrecken und damit die optische Tendenz gen Himmel unterstreichen. Auf der Südwestseite sind sie in den Tönen Blau und Grau gehalten, die Farben werden zum Chor hin in ihrem Klang immer wärmer. Das Seitenschiff ist indessen fensterlos. Der gesamte Bau wird überfangen von einer hohen Rabitzdecke, die durch dunkle Holzbalken gegliedert wird: „Das Holzwerk ist uraltem deutschem Brauch gemäß abgebrannt und gebürstet (geräuchert) und gibt in diesem Zustand in Verbindung mit dem Weiß der Wände einen sehr harmonisch wirkenden dunkelbraunen Farbton ab. So soll die St.-Kilian-Kirche in ihrem monumentalen Ernst im Äußeren ein ehrlicher und aufrichtiger Ausdruck unserer Zeit sein und im Inneren ein Bild wahrer und echter religiöser Vertiefung."[10]

Der Chor weist, wie bereits angesprochen, keine Abgrenzung zum Raum der Gemeinde durch eine Chorschranke auf ⑤. Das ist für diese Zeit absolut neu. Eine breite Treppe führt zu dem erhöhten Altarraum hinauf. Die heutige Situation mit dem Altar aus rotem Sandstein folgt den Forderungen des Zweiten Vatikanischen Konzils, welche hier 1973 von dem Wiesbadener Architekten Paul Johannbroer (1916–1985) umgesetzt wurden. Die Mensa des alten Hochaltares wurde zum neuen Altartisch umgearbeitet und lieferte in seiner Gänze auch noch das Material für den modernen Ambo und für den Sockel des Tabernakels.[11]

Martin Weber selbst schrieb mit Blick auf die von ihm entworfene Frankfurter Kirche Heilig Kreuz: „Klein muss der Mensch werden, wenn er zu seinem Gotte geht (…), wenn er die mächtige, rampenartige Treppe hinaufschreitet (…), die ihm die Größe und Erhabenheit des Gottestempels eindrucksvoll zu Bewusstsein bringt."[12]

Bereits Weber verzichtete auf eine Kanzel. An ihre Stelle traten ehemals zwei Ambonen, links und rechts vom Altar.[13] Neben schlichter Monumentalität, Höhe und Weite der Architektur, die bei den Gläubigen noch heute ein gesteigertes religiöses Empfinden und Staunen hervorzurufen vermögen, ging es Weber in erster Linie um die Teilhabe der Gemeinde am Gottesdienst und am Messgeschehen. Es waren vor allem die Ideen des Geistlichen Johannes van Acken (1879–1937), die den Architekten maßgeblich prägten.[14] Van Acken propagierte in seiner 1922 erschienenen Schrift „Christozentrische Kirchenkunst" mit Blick auf die zu stärkende Partizipation der Gläubigen an der Messfeier die Architekturform des schlichten Einraumes. Zu den Maximen der liturgischen Bewegung traten die ideellen und gestalterischen Einflüsse von Architekten wie Rudolf Schwarz (1897–1961) und Dominikus Böhm (1880–1955), aber auch Ernst Mays (1886–1979) und nicht zuletzt des Bauhausstils mit seinen blockhaften Strukturen. Der Designleitsatz „form follows function" wird bei Weber zu „form follows faith".

Im Chor zeigen seit 1936 zwei große Buntglasfenster figürliche Motive; sie sind das Werk des Künstlers Theo M. Landmann (1903–1978). Im linken Fenster ist der hl. Kilian zusammen mit seinen ebenfalls als Märtyrer gestorbenen Wegbegleitern Kolonat und Totnan zu sehen. Der Hintergrund spielt auf die Martyrien an, welche die drei unter Gailana, der

Blick durch das Kirchenschiff zurück nach Nordwesten und auf die Skulpturen von Wilhelm Tophinke

Frau des fränkischen Herzogs Gosbert, erleiden mussten. Das rechte Chorfenster gibt – wohl in Bezugnahme auf den ersten Pfarrer der Gemeinde – den hl. Karl Borromäus (1538–1584), Kardinal und Erzbischof von Mailand, wieder. Vor ihm kniet der mit ihm verwandte Aloisius von Gonzaga mit rotem Nimbus, welcher Borromäus' Nachfolge antrat und sich intensiv um die Pflege von Pestkranken gekümmert hatte.

Das Altarkreuz (1936) und der Kreuzweg aus Keramik im Seitenschiff stammen von Wilhelm Tophinke (1892–1961).[15] Auch die beiden Marienskulpturen aus Lindenholz – eine große Pietà (1954) und eine Darstellung der Muttergottes mit dem Jesusknaben auf dem Salve-Regina-Altar im Seitenschiff (1939) – sind von der Hand dieses Künstlers.

Weber schlug für die große Wand oberhalb des Seitenschiffes Darstellungen in Freskotechnik aus dem Leben des hl. Kilian vor. Man folgte seinem Vorschlag zur Wandgestaltung, brachte stattdessen jedoch 1938–1941 einen dreiteiligen Wandbehang der Künstlerin Milli Beckers (1907–2001) an.[16] Trotz seines mittlerweile schlechten Erhaltungszustands lassen sich Szenen aus dem Leben und Wirken des Kirchenpatrons erkennen: der Auszug des hl. Kilian aus Irland, darauf folgend seine Lehrtätigkeiten, die Aussendung seiner Mitstreiter und zuletzt, rechts außen, das Martyrium des Heiligen.

Gegenüber den Wandbehängen, an der Westseite des Hauptschiffes, illustrieren vier großformatige Holzreliefs Themen der Heilsgeschichte (6). Der kroatische Künstler Joachim Gregov O. F. M. übergab sie 1987 der Gemeinde. Die Tafeln stellen den Weg des Gottesvolkes aus Nacht und Finsternis in das Licht der Erlösung dar. Zwei beziehen sich auf die Zeit vor Jesu Geburt, zwei zeigen Menschen in der Nachfolge Christi.[17]

Über dem Ausgang an der Südwestseite des Kirchenschiffes gestaltete der Künstler Walther Bernhard Meyerspeer (1905–1979) ein monumentales Sgraffito mit der Darstellung des hl. Christophorus. Ihm gegenüber steht eine große Josefsfigur mit dem Jesuskind, das zwei Holzbalken hält und damit auf seinen späteren Kreuzestod vorausweist (1956). Mit großer Wahrscheinlichkeit stammt diese künstlerische Arbeit auch von Wilhelm Tophinke.

Die Orgel der Firma Mayer aus Heusweiler (Saarland) wurde 1980 von der Gemeinde angekauft und ein Großteil der Pfeifen von der alten Orgel aus dem Jahr 1954 (Firma Kemper, Lübeck) übernommen.[18] Sie umfasst 22 Register. Der Spieltisch verfügt anstelle der sonst üblichen schaltbaren Manualkoppel über ein zusätzliches Koppelmanual.

Die Kirchenbänke gehören zum ursprünglichen Inventar, wie auch die Beichtstühle und die Beleuchtung. Ob und inwiefern Weber bei der Ausstattung der Kirche beteiligt war, lässt sich nicht mehr eindeutig sagen, ist jedoch mit seinem erklärten Ziel, ein Gesamtkunstwerk zu schaffen, wahrscheinlich.

Im gesamten Bau von St. Kilian wird deutlich: Die Liturgie war und ist Anlass und Ausgangspunkt für diesen sakralen Raumentwurf. Doch wie bereits Rudolf Schwarz im letzten Kapitel seines Buchs „Kirchenbau – Welt vor der Schwelle", übertitelt mit den Worten „Kirchenbau ist Teilnahme, nicht Bedienung" treffend formuliert: „Die gottesdienstliche Grundgestalt mußte zu einer architektonischen Gestalt ausgelegt werden, und wie er [der Baumeister] das tun solle, das sagte sie [die Liturgie] ihm nicht. Sie bedarf der Zutat aus dem Bereich reiner Poesie (…), dem Bereich der Gestalten und Bilder. (…). Wer beginnt, eine Kirche zu planen, merkt sogleich, daß die Liturgie, (…), ihm keine Angaben für seinen Entwurf macht. Sie reicht ihm große Weisungen (…) und entläßt ihn damit in seine Freiheit."[19] ∎

Anmerkungen

1. Die Bauleitung hatte Philipp Johannbroer; siehe: 50 Jahre St. Kilian-Pfarrkirche, 1987, S. 10.
2. Die Entwürfe stellen einen zusammenhängenden Gebäudekomplex aus Kirche und Pfarrhaus vor. Das Kirchengebäude folgt hier dem basilikalen Aufbau mit erhöhtem Mittelschiff, begleitet von niedrigen Seitenschiffen. Dem Langhaus schließt sich ein kurzes Querhaus mit überkuppelter Vierung an. Das Hauptportal öffnet sich mit einer Folge von drei Arkaden, darüber eine Fensterrose und seitlich zwei unterschiedlich hohe Türme mit barockisierenden Haubendächern; vgl. DAL, Wiesbaden-Biebrich St. Kilian WI 12 31/1.
3. Am 15.01.1934 schreibt Heinrich Siebentritt an den Reichskanzler Hitler: Die Zahl der Katholiken in der St. Kilian Pfarrei habe bereits die 3.000 erreicht, besitze aber nur eine Notkapelle. Er bitte deshalb, einen Spendenaufruf starten zu dürfen: „Wenn diese Sammlung durchgeführt wird, können alle Katholiken als reine Nationalsozialisten betrachtet werden. Welche Freude wird es uns alle bereiten, wenn die erste neugebaute Kirche im Nationalsozialistischen Staate der Kirchengemeinde übergeben werden könnte. Wird das Staatsschiff mit solch einem Glaubensanker befestigt, so ist die Welt in Staunen versetzt. Heil Hitler."; DAL, Wiesbaden-Biebrich St. Kilian WI 12 31 / 1.
4. Die Schutzmantelmadonna in Nähe des Außenaltares wurde 1960 von der Bildhauerin Gertrud Scherer aus Frankfurt a. M. aus Ton geformt.
5. Seib, 1999, S. 253.
6. Suda / Morath-Pusinelli, o. J., S. 28.
7. Seib, 1999, S. 250.
8. Im Kellergeschoss befand sich zudem ein Luftschutzraum.
9. Weber, o. J., o. S.; Norbert Weber, in: 50 Jahre St. Kilian-Pfarrkirche, 1987, S. 13.
10. Norbert Weber, in: 50 Jahre St. Kilian-Pfarrkirche, 1987, S. 12.
11. Pfr. Hans Hauk, in: 50 Jahre St. Kilian-Pfarrkirche, 1987, S. 14.
12. Zit. nach Seib, 1999, S. 141.
13. Seib, 1999, S. 252.
14. Johannes van Acken, Gedanken zum neuzeitlichen Pfarrkirchenbau, in: Ders. (Hrsg.), Festschrift zur Einweihung der Kirchen Zum hl. Herzen Jesu und zum Hl. Kreuze in Gladbeck, Gladbeck 1914, faksimilierter Nachdruck Gladbeck 2022, S. 5–16; Ders., Christozentrische Kirchenkunst – Ein Entwurf zum liturgischen Gesamtkunstwerk, neu hrsg., bearb. u. ergänzt um eine Biographie von Ralph Eberhard Brachthäuser und eine kunsthistorische Einordnung von Manuela Klauser, mit einem Geleitwort von Albert Gerhards, Münster 2022. Siehe auch: Johannes van Acken, Sein Leben und Wirken, in: Das Münster, Zeitschrift für christliche Kunst und Kunstwissenschaft, Bd. 76, Sonderheft, 2023.
15. Suda / Morath-Pusinelli o. J., S. 5 und 16–17. Eine Kostenaufstellung nennt als Ausstattungsstück zudem einen Christuskorpus des Frankfurter Bildhauers Karl Straszewski; vgl. DAL, Wiesbaden-Biebrich St. Kilian WI 12 31 / 1. Der Kirchenbaumeister Paul Johannbroer, der auch Gemeindemitglied war, entwarf für das große Altarkreuz verschiedenen Tücher, entsprechend den Farben des Kirchenjahres; 50 Jahre St. Kilian-Pfarrkirche, 1987, S. 26–27.
16. Bei Suda / Morath-Pusinelli, o. J., S. 18–22 versehentl.: „Bekkers". Die Textilkünstlerin Milli Schmitz-Steinkrüger, geb. Beckers, hatte an den Kölner Werkschulen bei Alexe Altenkirch und Jan Thorn-Prikker studiert und zusammen mit ihrem Mann, dem Künstler Wilhelm (Willi) Schmitz-Steinkrüger (1909–1994), in einer Ateliergemeinschaft in Köln gearbeitet. 1938 schuf sie u.a. Altarteppich, Antependien sowie Behänge für die Chorschranken des Altenberger Doms. Auch die Krippe der Kölner Kirche St. Maria im Kapitol aus dem Jahr 1960 stammt von ihrer Hand.
17. In Auftrag gegeben wurden sie 1980 von der Gemeinde und dem kroat. Franziskanerpater Rafael Romić anlässlich des 50-jährigen Bestehens der Kirche. Das erste Relief zeigt Menschen auf einem aufsteigenden Pfad wandern. Sie repräsentieren die Zeit der Propheten, die Zeit der Offenbarung und die Zeit der Kirche. Am Ende des Pfades steht eine Frau, die den Suchenden die Hand entgegenstreckt. Das zweite Relief greift das Bergmotiv erneut auf: Zwischen der Prophetin Ana und einem Krieger sind die mosaischen Gesetzestafeln zu sehen, daneben tanzt der Prophet Joshua mit erhobenen Händen in erfüllter Seligkeit. Beim Aufstieg des Berges erfüllt sich die Heilserwartung: Die Personifizierung der Kirche kniet vor dem Kreuz im Gebet. Das dritte Relief zeigt Menschen, die Segen für das Gottesvolk wurden: In einem Torgewölbe stehen der hl. Benedikt, der hl. Dominikus, der hl. Franziskus, der hl. Ignatius, welcher die hl. Klara segnet und die hl. Edith Stein. Vgl. Suda / Morath-Pusinelli, o. J., S. 30–34.
18. Hollingshaus / Lenz, 2003, S. 46; 50 Jahre St. Kilian-Pfarrkirche, 1987, S. 21 und DAL, WI Inventar / WI St. Kilian.
19. Nachdr. d. 1. Aufl. 1960, hrsg. v. Maria Schwarz, Albert Gerhards und Josef Rüenauver, Regensburg 2007, S. 324–326.

St. Birgid

Das Runde im Eckigen

Birgidstraße 2 a
65191 Wiesbaden-Bierstadt

Fritz und Paul Johannbroer
1938–1939 und 1963–1964

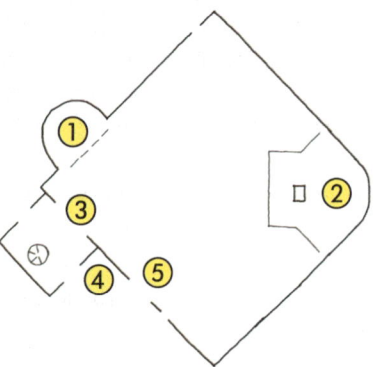

Der Ortsname Bierstadt ist seiner Herkunft nach nicht auf Hopfenblütentee und Gerstensaft zurückzuführen, sondern nimmt Bezug auf die irische Heilige Brigida von Kildare (um 451– um 525). Es waren iroschottische Mönche, die vom Kloster Honau am Oberrhein über Mainz in die hiesige Gegend kamen und den Grundstein der nun über tausendjährigen, heute evangelischen Kirche in der Ortsmitte legten. Dieser Kirchbau entstand mit großer Wahrscheinlichkeit in der zweiten Hälfte des 11. Jahrhunderts und ist damit Wiesbadens ältestes Gotteshaus.[1] In der Chorapside finden sich noch Wandmalereien mit einer Darstellung der hl. Birgid.

Bierstadt selbst wird 927 zum ersten Mal in einer Urkunde erwähnt; dem Ursula-Stift zu Köln werden von Grundherr Alfwin und dessen Frau Ada die Güter zu „Birgid(es)stat" geschenkt.[2] Ab dem 12. Jahrhundert steht Bierstadt unter Eppsteiner und Mainzer Einfluss.

Die erste katholische Messe nach Einführung der Reformation wurde in Bierstadt jedoch erst wieder im Jahr der Pfarreigründung, 1907, gefeiert. Rund 18 Jahre nutzte man eine 1921 errichtete Notkirche auf

Blick von Nordwesten auf den Turm und die ehemalige Chorapsis der Kirche

Das Kircheninnere nach Südosten zum Altar, eingerahmt von den Fenstern von Johannes Beeck

dem jetzigen Grundstück.³ Unter Pfarrer Valentin Rumpf (1899–1977) formierte sich im Jahr 1937 ein Kirchenbauverein. Bei der Weihe der neuen Kirche nur zwei Jahre später, am 19. April 1939, fasste die Pfarrei 550 Katholiken. Das Patrozinium wurde zunächst unter dem hl. Karl Borromäus geführt, bis Pfarrer Rumpf auf die Verbindung zur hl. Birgid von Kildare stieß.⁴ In der Zeit des Dritten Reiches zeigte sich Rumpf resolut gegenüber dem nationalsozialistischen Unrechtsregime, sodass dieses seine Zuschüsse 1940 einstellte.⁵ In dieser Zeit wurden zwei von drei Glocken aus dem Turm beschlagnahmt.⁶
Als 1946 rund 250 Heimatvertriebene aus dem Sudetenland nach Bierstadt kamen, wuchs die Anzahl der Katholiken vor Ort auf 800.⁷ Der erste Bau der Kirche von 1938–39 war schon 1945 durch eine Brandbombe teilweise zerstört worden. Nach der Renovierung 1948 erfolgte 1953 eine erste Erweite-

Südwestflucht und die ehemalige Chorapsis ① erhalten geblieben. Letztere wird heute als Kapelle genutzt, unter dieser liegt auch der Grundstein der Kirche.[9]

Die Außenhaut der Kirche besteht aus einem Mauerwerk aus Sonnenberger Bruchsteinen. Das Gebäude beschirmt ein flaches, kupfergedecktes Dach. Die ungegliederten Wandflächen evozieren das Bild einer Gottesburg.

Durch den Umbau unter der Leitung des Wiesbadener Architekten Paul Johannbroer, Bruder des Diözesanbaumeisters Fritz Johannbroer, Anfang der 1960er-Jahre erreichte man eine Verdoppelung des Raumvolumens. Paul Johannbroer bezog die alte Kirche in sein Baukonzept mit ein und entwarf damit nicht nur ein größeres Gotteshaus, sondern schuf auf diese Weise auch einen räumlichen Erinnerungsspeicher. Auf den Erhalt der ehemaligen Apsis drängte Pfarrer Rumpf „unerbittlich".[10]

Der nun quadratische Grundriss der Kirche St. Birgid umfängt in seinem abgerundeten südöstlichen Winkel den neuen Chorraum mit dem Altar im Brennpunkt ②. Die Achse des Sakralraumes wurde damit um 135° so gedreht, dass der Turm zur Eingangshalle werden konnte. Die Wände der Saalkirche sind im Inneren glatt verputzt, keine Stützen unterbrechen die Raumeinheit. An der Südseite wurde über Eck die Orgelempore ausgebaut. Eine erste kleine Orgel der Kirche stand ursprünglich auf der Seitenempore im Turmanbau. Das heutige Instrument stammt aus dem Jahr 1967 von der Limburger Orgelbaufirma Wagenbach. Sie verfügt über 23 Register und seit 2018 über ein digitales Bus-System, mit dessen Hilfe der Spieltisch inklusive der Koppeln frei konfigurierbar und zudem auf der gesamten Empore platzierbar ist.

Quadratische Stabholzkassetten gliedern die Decke. 2016/17 erfolgten weitere Umbauarbeiten an und in der Kirche – klarer, strukturierter und harmonischer wurde der Gesamtkomplex; auch die Unterkirche mit den Gemeinderäumen wurde ausgebaut und modernisiert.

rung des Gotteshauses. Seine heutige Gestalt erhielt St. Birgid durch den Architekten Paul Johannbroer (1916–1985) in den Jahren 1963–64.[8]

Der erste Bau der Kirche durch Diözesanbaumeister Fritz Johannbroer (1906–1974) folgte mit seinem kubischen Formenrepertoire und der additiven Bauweise dem Vorbild ottonischer Saalkirchen. Von dieser Architektur sind der Turm mit anschließender

Den neuen Altarraum umfängt seit 1964/65 ein weites Betonglasfensterband des Künstlers Johannes Beeck (1927–2010) aus Nettetal.[11] Es wurde ausgeführt von der Glasmalereiwerkstatt Gossel in Frank-

75

Ansicht des Kirchenraumes nach Nordwesten mit Turmempore und Werktagskapelle

furt a. M. Beecks Glasgestaltungen für sakrale Orte nehmen meist unmittelbar Bezug auf die Altarsituation. In St. Birgid führt eine abstrakte Komposition aus unterschiedlich großen und unregelmäßig geformten Betonglassteinen auszeichnend auf den Altarraum hin. Die Primärfarben Gelb, Rot und Blau, in den unterschiedlichsten Farbabstufungen, sowie klares Glas herrschen in dem Entwurf vor. Die quadratischen Fensterfelder laufen gleich einem Lichtband hoch oben an den Seitenwänden auf die abgerundete Ecke des Altarraumes zu. Von dort streben sie mit je einer Doppelbahn, bestehend aus zweimal vier Fenstern, seitlich des Tabernakels vertikal zu Boden. Beeck kreierte auf diese Weise eine offene Kreuzform, deren weite Lichtbalken wie Arme den Sakralraum zusammen mit dem lebendig sich verändernden Licht umfangen. Mit seiner Glasgestaltung greift er das Bild des Himmlischen Jerusalems (Offb 21,11–18), der Stadt, errichtet aus kostbaren Edelsteinen, auf. Durchsichtige Betonglasbausteine treten aus der Zweidimensionalität der Fensterfläche hervor und bilden so eine dynamische Verbindung zwischen außen und innen.

Hauptthema in Beecks abstraktem Schaffen, so auch in St. Birgid, ist die Aussendung und das Wirken des Hl. Geistes.

Im Jahr 1987 wurde der Altarraum von Bildhauer Hubert Elsässer (1934–2009) neu gestaltet. Altar, Tabernakel, Ambo und Taufbecken sind aus hellem französischem Sandstein gearbeitet. Die Formensprache mutet organisch an und orientiert sich an pflanzlichen Formen. So präsentiert der Altar an den Kantenecken der Mensa Weintrauben und Ähren als Sinnbilder für Blut und Leib Christi und auf den vertieft liegenden Flächen des Stipes, des Altarsockels, die abstrahierte Darstellung eines Lebensbaumes, der reiche Frucht trägt. Der Ambo greift in seiner Gestaltung das Pfingstthema auf.

Das Taufbecken ③ ist von achteckiger Form und erinnert damit an die Gestalt altchristlicher Baptisterien, aber auch grundsätzlich an die Idee des „8. Schöpfungstages" und damit an die Auferstehung Jesu Christi und die Erneuerung des Menschen. Nicht zuletzt wird die liegende Zahl Acht als Symbol der Unendlichkeit verstanden. Aus dem

Taufstein strömen bildlich die vier Paradiesflüsse, die nach dem Buch Genesis 2,10–14 in der Mitte der Erde entspringen und bis zu ihrem äußersten Rand fließen. Den Bronzedeckel des Taufbeckens ziert ein Kreuz, stilisiert als Baum des Lebens gearbeitet. Seit 2017 befindet sich das Taufbecken am jetzigen Standort nahe dem Eingang in einer – nicht nur räumlichen, sondern auch gedanklichen – Achse mit dem Altar und dem dahinter angeordneten Tabernakel.

Ein großes Kreuz aus Lindenholz an der hohen Wand des Altarraumes ② gibt als Ankerpunkt im weiten Raum Halt: Es ist in Form eines irischen Hochkreuzes aus zwei gleichschenkligen Balken gebildet. Der umlaufende Ring überformt es zu einem Radkreuz, das in seiner Genese als Sonnenrad der nordischen Vorzeit im christlichen Kontext für Leben und Auferstehung Jesu Christi steht. Die Darstellung des Gekreuzigten wird hier zugleich zu der des Triumphierenden über den Tod. Medaillons mit den vier Evangelistensymbolen – Löwe, Engel, Stier und Adler (Ez 1,4–10 und Offb 4,6–8) – besetzen die Enden der Kreuzesbalken auf dem Rund.

2017 wurde die Werktagskapelle ① – einst die Chorapsis der alten Kirche – umgestaltet und mit einer mobilen Glasfront vom übrigen Gemeinderaum abgeschirmt.[12] Der Wiesbadener Künstler Eberhard Münch (*1959) gestaltete das klare Glas bildnerisch mit der Technik der Ätzmattierung. Dargestellt sind nicht nur die Insignien der hl. Birgid, das Birgid-Kreuz und ihr Äbtissinnenstab, schemenhaft angedeutet ist auch die Gestalt der Heiligen selbst. In der Kapelle steht seit 1970 eine Madonna aus hellem Lindenholz, von A. Fiebig gestiftet und, laut Künstlermonogramm, von „O.S." geschaffen.[13]

Durch Umbauten in den 1990er-Jahren fand ein Glasfenster aus der ehemaligen Apsis von 1954 seinen neuen Platz im Eingangsbereich der Kirche ④. Sein Motiv lehnt sich an das Gnadenbild der Schmerzhaften Muttergottes in der Wallfahrtskirche Mariaschein (Bohosudov) in Nordböhmen an. Gestiftet wurde es von Sudetendeutschen, die 1945/46 nach Bierstadt kamen.

Anlässlich des 2012 in Wiesbaden gefeierten Kreuzfestes der Diözese Limburg hatte der Bereich „Kirche und Kultur" der Katholischen Erwachsenenbildung Wiesbaden-Untertaunus & Rheingau einen Kunstpreis ausgelobt. St. Birgid hat die damals in diesem Kontext im Kirchenraum ausgestellten vier Gemälde aus dem „Zyklus des Lebens" (2009) des Frankfurter Künstlers Yuriy Ivashkevich (*1963) angekauft ⑤. Die Bildserie umfasst in eindrucksvoller Weise die Stationen von der „Geburt des Menschen" und seinem „Weg" über die „Zeit der Ernte" bis hin zur „Erkenntnis".[14]

Auf eindringliche Weise korrespondiert der Gemäldezyklus mit dem Christus triumphans des Altarkreuzes und mit dem Kirchenbau von St. Birgid selbst, der sich 1963/64 gleichsam zu einem perfekten Raum verdoppelte: Verkörpert doch das den Grundriss formende Raumquadrat alles Menschliche und weist diesem zugleich als Weg und Ziel das Göttliche in Gestalt des gerundeten Altarraumes. ■

Anmerkungen

[1] Belegt ist sie seit dem Jahr 922; vgl. Dehio, 1982, S. 89.
[2] Ortrud Kind, in: 75 Jahre St. Birgid, 1982, o. S. Vgl. auch Art. des WK vom 23.05.1970; StadtA WI, Kirchen – Vororte A–B, Bierstadt, St. Birgid kath.
[3] Ein Art. des WK vom 06.12.1949 berichtet, die Notkirche sei 1921 aus einer Baracke gebaut worden; StadtA WI, Kirchen – Vororte A–B, Bierstadt, St. Birgid kath.
[4] Wolf, 1997, S. 77. Auch ist es dem Betreiben Pfr. Rumpfs zu verdanken, dass 1950 aus demselben Grund die Adresse in Birgidstraße umbenannt wurde; vgl. DAL, Wiesbaden-Bierstadt, WI 18 / 20.
[5] Ortrud Kind, in: 75 Jahre St. Birgid, 1982, o. S.: „Anlaß [sic] war die Teilnahme polnischer Kriegsgefangener am Gottesdienst, und zwar 'separat auf der Orgelbühne.'"
[6] Die Glocken waren erst 1936 bzw. 1939 in der Gießerei A. Hamm in Frankenthal gegossen worden. Heute klingen vier Glocken in St. Birgid, eine davon wurde der Schutzpatronin Brigida von Kildare geweiht; vgl. Art. WK vom 23.05.1970; StadtA WI, Kirchen – Vororte A–B, Bierstadt, St. Birgid kath. Wegen einer Anzeige wurde Pfr. Rumpf auch von der Gestapo verhört; vgl.: 50 Jahre Wiesbaden Bierstadt 1928–1978, 1978, S. 79.
[7] 50 Jahre Wiesbaden Bierstadt 1928–1978, 1978, S. 79.
[8] Historische Fotografien finden sich in: Jahrbuch des Bistums Limburg, 1966, S. 84.
[9] Der Innenraum war schlicht, neben einem Kreuzweg und dem Hochaltar erwähnt ein Art. des WK vom 06.12.1949 eine Muttergottesstatue auf einem Seitenaltar; vgl. StadtA WI, Kirchen – Vororte A–B, Bierstadt, St. Birgid kath.
[10] Ortrud Kind, in: 75 Jahre St. Birgid, 1982, o. S.
[11] Leyk, 2012, Nr. 87, S. 130, 206, 469–470.
[12] Ehemals wurde sie auch als Taufkapelle genutzt; vgl. Art. des WK vom 23.05.1970; StadtA WI, Kirchen – Vororte A–B, Bierstadt, St. Birgid kath.
[13] Siehe: Reusing, 2005, S. 8.
[14] Simone Husemann, „Zyklus des Lebens", in: „Von A bis Ω, von A bis Z" – „Am Anfang war das Wort,… und dann?", Kunst zum Kreuzfest 2012 in Wiesbadener Kirchen, hrsg. v. Initiative „Kirche und Kultur" Wiesbaden, Wiesbaden, 2012, S. 34–37.

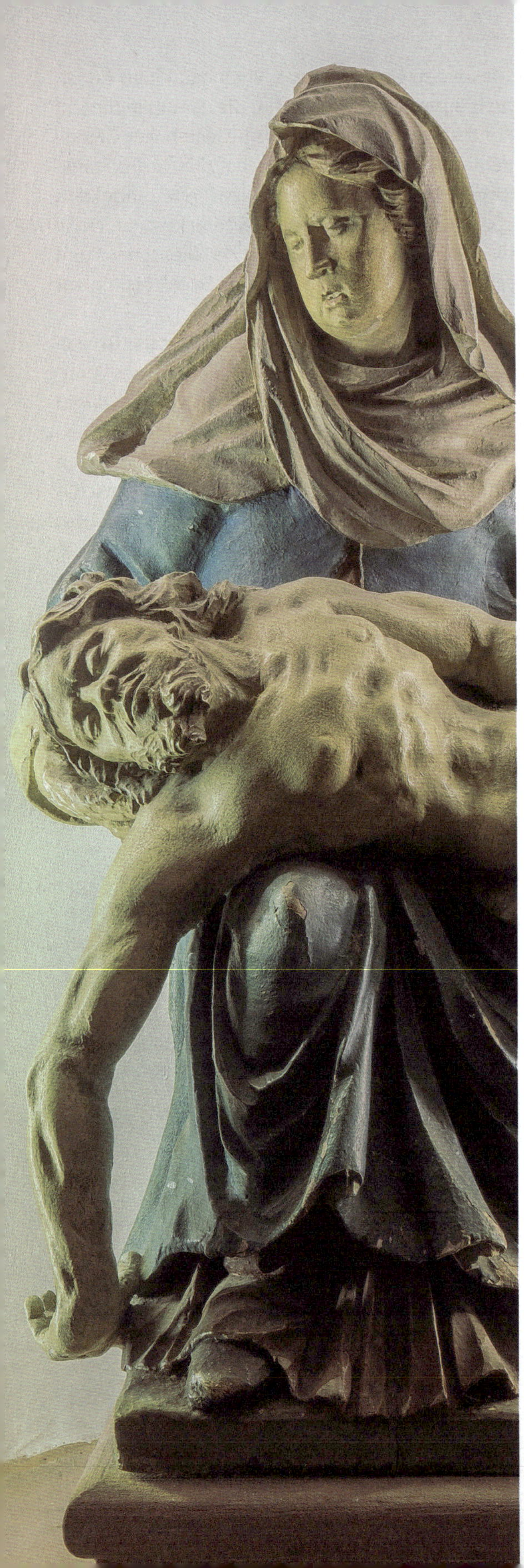

St. Georg und Katharina
Richtungswechsel

Georgstraße 2
65201 Wiesbaden-Frauenstein

Anfang 14. Jh./
Paul Johannbroer
1953–1955

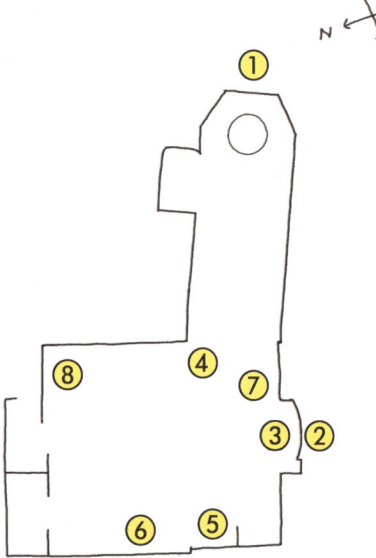

Vis-à-vis der Frauensteiner Burg, deren Geschichte bereits im späten 12. Jahrhundert beginnt, markiert von alters her eine mächtige Blutlinde den einstigen wie heutigen Kultort. Der Baum, dessen Name die Legende an eine so ungleiche wie verzweifelte und schließlich im Tod mündende Liebe erinnert, fand schon 1413 als Ort des Gerichtes Erwähnung.[1]
Schon ein Jahrhundert zuvor, zu Beginn des 14. Jahrhunderts, hatte der Mainzer Erzbischof Gerhard von Eppstein Burg und Dorfflecken erworben. Bereits aus dieser Zeit, um 1300, ist ein Kapellenbau belegt.[2]

Als sich im Jahr 1543 Schierstein zur Reformation bekannte, löste sich das kurmainzische Frauenstein ein Jahr später aus dem Parochialverband, und die hiesige Kirche wurde selbständige Pfarrei.
Das Doppelpatrozinium erklärt sich im Wissen um

Die alte und die moderne Frauensteiner Kirche aus der Vogelperspektive

eine ehemals der hl. Katharina geweihte Kapelle (1340) auf einem der nahen Wehrhöfe, genannt „Zur Armode" („Hof zur armen Ruen"³), östlich des heutigen Hofes Armada bei Frauenstein. Noch Ende des 16. Jahrhunderts wird diese Katharinenkapelle als Ziel von Wallfahrten genannt, besaß sie doch eine wertvolle Kreuzreliquie. Doch verfiel die Kapelle bald danach mehr und mehr und wurde schließlich im Dreißigjährigen Krieg zerstört. Ihr Patronat ging zusätzlich an das Kirchlein St. Georg in Frauenstein.[4] Bis etwa 1800, bis zur Gründung einer ersten Pfarrgemeinde in der Innenstadt und zum Bau der Bonifatiuskirche 1849, war Frauenstein der einzige Ort auf dem heutigen Wiesbadener Stadtgebiet, an dem eine katholische Messe gefeiert wurde. In der Stadt Wiesbaden wurde die hl. Messe allein für die Kurgäste gelesen, die einheimische Bevölkerung war nicht zugelassen und musste sich sonntäglich auf den weiten Weg nach Frauenstein machen.[5]

Die 1352 erstmals erwähnte Georgskapelle wurde in der Zeit von 1505 bis 1540 zu einer Saalkirche mit dreiseitigem, nach Osten orientiertem Chorschluss umgebaut. Bereits damals kam nur eine Erweiterung nach Westen infrage, ein Teil des Berges musste abgetragen werden. Im Jahr 1505 gelang es, nicht weniger als 33 Kardinäle für die Gewährung von Ablässen für den Bau der Frauensteiner Kirche zu bewegen. Ein großer Ablassbrief desselben Jahres gewährte 100 Tage Ablass an Weihnachten, Mariä Himmelfahrt, Allerheiligen und dem St. Georgstag „(…) für alle, welche dort beichten, die Kirche besuchen und ein Almosen oder hilfreiche Hand leisten zur Herstellung und Einrichtung der Kapelle."[6] Andere Quellen berichten von weiteren Kollekten und Stiftungen für diesen Anlass.

Nach der Errichtung eines neuen Pfarrhauses, wurde offenbar auch an der Kirche weiter gebaut.[7] Die modifizierten Abschlüsse der spätgotischen Fensteröffnungen dokumentieren Eingriffe in die Bausubstanz aus der zweiten Hälfte des 18. Jahrhunderts. Anstelle eines maßwerkgefüllten Couronnements über dem jeweiligen Lanzettfensterpaar sitzen jetzt an diesen, nun flacher ausgebildeten Stellen kleine

Das Schiff der neuen Kirche von Paul Johannbroer nach Süden

querovale Oculi (Ochsenaugen).[8] Bereits 1758 war der bauliche Zustand der Pfarrkirche als „ruinös und baufällig" beschrieben worden. In diesem Schreiben an das Stift Bleidenstadt bat man um Unterstützung, um den Chor zum Teil abzubrechen und ihn zu vergrößern. Dieses Vorhaben wurde jedoch abschlägig beschieden. 1780 wendet sich der Kirchenvorstand erneut an das Ferrutiusstift mit Bitte um finanzielle Unterstützung. Die Kirche sei in einem sehr desolaten Zustand, insbesondere das Dach und die Fenster seien reparaturbedürftig, herabfallende Teile der Decke würden die Gottesdienstbesucher gefährden.[9]

Auf dem schiefergedeckten Satteldach des Kirchenschiffes thront seit 1509 ein schlanker Dachreiter von sechseckiger Form, bekrönt von einem spitzen Helm.

sich Signatur wie Datierung: „A. H." / „P. D. 1948". Eine flach gedehnte Muschelform schließt die Bildnische mit Korbbogenschluss oben ab. Auch diese Nische stammt bereits aus dem 18. Jahrhundert. In einem Schriftstück des Jahres 1930 heißt es: „Herr Bildhauer [Arnold] Hensler in Wiesbaden [1891–1935] soll beauftragt werden, einen Entwurf zur Ausfüllung der Nische in der Ostwand des Chores auszuarbeiten; als geeignetes Motiv schlägt Herr Regierungsbaumeister Finsterwalder eine Schutzmantelmadonna vor."[10]

Im Zeitraum von 1953 bis 1955 entwarf und realisierte der Wiesbadener Architekt Paul Johannbroer (1916–1985) einen Kirchenneubau. Die alte Kirche mit einem Maßverhältnis von zwanzig auf acht Metern war nicht erst für die stark gewachsene Nachkriegsgemeinde zu klein geworden. Pläne samt Gipsmodell für eine Raumerweiterung der alten Kirche hatte es bereits ab 1927 gegeben, doch die ungünstige Topografie durch die steilen Felshänge wie auch die finanzielle Notlage der Gemeinde verzögerten eine Ausführung.[11]

Nun wurde diese, nach Abriss älterer Gebäude wie auch der 400 Jahre alten Pfarrscheune und nach Abtragen großer Teile Fels und Erde des Berghanges, westlich der alten Kirche realisiert.[12] Die Grundsteinlegung war am 3. August 1953, die Weihe fand am 20. Juni 1954 unter Pfarrer Josef Hauck statt. Der Anbau legt sich als Querriegel im rechten Winkel in nord-südlicher Ausrichtung dergestalt hinter die kleine spätgotische Saalkirche, dass dieselbe zunächst wie ein einzelner Querhausarm der neuen Kirche als Taufort dienen konnte. Zwanzig Jahre später erfolgte die Umfunktionierung des spätmittelalterlichen Sakralraumes zum Gemeindesaal. Im Untergeschoss befindet sich an der Stelle des einstigen Hochaltares die „Georgskapelle".

Den prominenten Platz des ehemaligen Achsfensters an der talseitig zum Ort gerichteten Außenmauer des Chörleins nimmt seit 1948 ein großes, aus Kunststein gegossenes Relief der Gottesmutter mit Kind ein ①. Zwei schwebende Engel breiten ihr Manteltuch weit aus und lassen zwei betende Gestalten, eine Frau und einen Mann, darunter Schutz finden. Zu ihren Füßen entrollt sich eine Banderole mit dem englischen Gruß „AVE". Am Sockel finden

Ein markanter Glockenturm überragt mit 18 Metern Höhe den Neubau und markiert zugleich den Hauptzugang im Norden. Der Weihestein der neuen Kirche mit der gravierten Aufschrift „+ AD * / 2.8. 1955" befindet sich an der gegenüberliegenden, südlichen Außenwand des Anbaus ②. Seit dem Bau des Gemeindezentrums 1974, ebenfalls unter der Leitung von Paul Johannbroer, gelangt man über eine breite Freitreppe zur Hofterrasse und von dieser sowohl zum Pfarrbüro und zur Küsterwohnung als auch in den neuen Gemeindesaal, sprich in die alte Kirche, und – durch den Seiteneingang – in die neue Kirche.

Beim Eintritt in den Kirchenraum der 50er-Jahre überrascht seine großzügige Weite. Eine hölzerne flache Tonnendecke überfängt die hohe Aula Dei. Der Festsaal Gottes, der eine Länge von 27 Metern bei einer lichten Breite von 16,80 Metern erreicht, ist mit seinem Altarraum nach Süden orientiert.

Ein Teil der Kirchenausstattung des Vorgängerbaus wurde in die neue Kirche übertragen. Hierzu zählt auch der imposante barocke Hochaltar ③, der im bekrönenden Wappenschild stolz die Jahreszahl 1713 trägt. Das Bildprogramm des aus Nussbaumholz gearbeiteten und erneuerten Altargehäuses präsentiert zwei Skulpturen des Hadamarer Barocks aus der Mitte des 18. Jahrhunderts: den hl. Josef mit dem Jesuskind, linker Hand, sowie den hl. Bernhard von Clairvaux, rechts.

Bei der Neuaufstellung des Altares entdeckte man hinter der barocken Sockelverkleidung eine sehr viel ältere Altarplatte bedeutenden Ausmaßes, deren Erscheinungsbild mit sechs Weihekreuzen in das 12. Jahrhundert weist. Zugleich wurde während der Umbauarbeiten neben dem Altar in der alten Kirche eine Inschriftenplatte entdeckt, die zusammen mit einem Gegenstück, das sich seit 1860 in der Sammlung der Nassauischen Altertümer in Wiesbaden befand, nachweislich ihren Platz an einer der Schmalseiten des ehemaligen Eberbacher Hochaltares hatte. Eine der beiden Steinplatten trägt als Chronogramm die Jahreszahl 1613. Heute zieren beide Tafeln zusammen den Sockel, der das Vesperbild der Kirche trägt ④.[13]

Vermutlich gelangte der Hochaltar 1708 in das Kloster Tiefenthal bei Martinsthal und erhielt hier seinen Aufbau. Das bereits erwähnte bekrönende Wappen nennt nicht allein die Jahreszahl 1713, sondern auch die Initialen seiner Stifterin, Äbtissin Scholastika (1706–1727): „M.S" für „Mater Scholastika" und „S.A." für „Sturm Abbatissa". Als 1803 das Kloster Tiefenthal säkularisiert und aufgehoben wurde, gelangte der „Hohe Altar" drei Jahre später nach Frauenstein. Aus dem Kloster Eberbach stammt auch die alte Orgel. Eine der Zinnpfeifen, die im Ersten Weltkrieg abgegeben werden mussten, trug die Inschrift „Convent Eberbachensis".[14] Denkbar wäre auch, dass nur Einzelteile des Instrumentes von dort stammen. Im Jahr 1870 hatte Baronet Sir John Sutton (1820–1873), der große Wohltäter Kiedrichs, die Orgel vom Orgelbauer Louis Benoit Hooghuys (1822–1885) aus Brügge restaurieren lassen. Sie wurde aus dem Chor der alten Kirche in die südöstliche Seitenwand des neuen Kirchenschiffes integriert. Die neue Orgel auf der Sängerempore über dem Haupteingang im Norden mit 18 Registern wurde von Hugo Mayer aus Heusweiler (Saarland) gefertigt und 1983 eingeweiht.

Das Altarbild mit einer Darstellung der Immaculata ③, der unbefleckten Empfängnis Mariens, lehnt sich eng an Bartolomé Esteban Murillos (1617–1682) Bildfindung von circa 1660/65 (Madrid, heute im El Escorial) an. Der Maler unseres Altarblattes, von dem allein überliefert ist, dass es sich um einen Österreicher namens Adam handelt,[15] veränderte in seiner Fassung aus dem Jahr 1850 lediglich die Farbe des marianischen Mantels, von einem Blau in ein leuchtendes Rot.

Seitlich rechts des Hochaltares befindet sich eine Statue des hl. Johannes des Täufers. Den Kreuzesstab mit seiner Linken fassend, zeigt der Täufer mit seiner Rechten auf das zu seinen Füßen kauernde Opferlamm: „Ecce agnus Dei!" – „Siehe das Lamm Gottes!" Die Torsionsbewegung des Kopfes zur Seite gegen den frontal verharrenden Körper des Heiligen, dazu die bewegte Dramaturgie des Manteltuches lassen auch hier eine stilistische Einordnung in den Hadamarer Barock des 18. Jahrhunderts wahrscheinlich werden.

An der Westwand wurde die barocke Kanzel von 1676 neu installiert ⑤. Sie stammt aus dem ehemaligen Franziskanerkloster in Hadamar und sollte, als das Kloster aufgehoben wurde, vernichtet werden, wurde jedoch von Diözesanbaumeister Fritz Johannbroer gerettet und in das Limburger Diözesanmuseum verbracht. Von dort gelangte sie 1956 als Geschenk des Bischöflichen Ordinariates an die neue Kirche in Frauenstein. Die Kanzelwangen zieren Reliefs mit Puttenköpfen über reichen Fruchtgebilden zwischen frei gestellten, gedrehten Säulen auf mit Rollwerk verzierten Sockeln. Der verloren gegangene Schalldeckel wie die Treppe wurden von den Tischlern Heinz und August Reitz ergänzt.

Der Hochaltar aus Nussbaumholz mit Figuren des Hadamarer Barock

In Mitte der Westwand des Kirchenschiffes ist ein spätgotisches Kruzifix aus der Zeit um 1510 zu sehen ⑥. Es erinnert in seinem Stil an die Bildhauerarbeiten aus der Werkstatt und Schule des Mainzer Bildhauers Hans Backoffen. Im rechten Bein der Jesusfigur wurde eine bleigegossene Gewehrkugel gefunden. Heute flankieren das Kruzifix zwei barock bewegte Engelsgestalten, die wohl ehemals zur Ausstattung des Hochaltares gehörten.

Auch die beiden Schutzpatrone der Kirche sind präsent: Linker Hand des Hochaltares befindet sich eine Schnitzfigur des Kirchenpatrons St. Georg, den Drachen bezwingend, aus der Mitte des 18. Jahrhunderts ⑦. Von der gegenüberliegenden Seite des Kirchenraumes wacht unter der Empore der neuen Orgel eine Figur der hl. Katharina von Alexandrien über den Kirchenraum ⑧. Sie stammt mit hoher Wahrscheinlichkeit aus der im 30-jährigen Krieg zerstörten Katharinenkapelle des bereits genannten Hofes „Zur Armode".

Im Zuge einer Innenrenovierung in den Jahren 1989/90 erhielt die Altarinsel neue Prinzipalstücke: den Zelebrationsaltar sowie Ambo und Osterleuchter fertigte der Bildhauer Hubert Elsässer aus Mainsandstein. Die Altarplatte, die an ihrer Stirnseite ein Medaillon mit Christusmonogramm aufweist, wird von einer mächtigen Rundstütze getragen, die eine umlaufende Weinranke ziert. Ein einer quadratischen Platte einbeschriebenes griechisches Kreuz schmückt ihre Vorderseite. In den Altar eingelassen wurden Reliquien der hll. Victorianus und Fausta.
Das neue Lesepult antwortet auf diese symbolische Gestaltung des Mahltisches mit einer Darstellung der segnenden Hand Gottes, der Dextera Dei, in einem Rundschild. Samenkörner fallen aus dem Himmelsrund zur Erde, und eine monumentale Ähre wächst an dem Säulenschaft empor. Die Darstellung spielt auf das Gleichnis vom Sämann an (Mk 4,1–20).[16]

Die neuen Ausstattungselemente orientieren sich in ihrer Gestaltung am Erscheinungsbild des 1654 ebenfalls aus Mainsandstein gearbeiteten Taufsteins. Auch er fand im umgestalteten Altarraum eine neue Aufstellung. Das sechseckige Taufbecken

Engelsgestalt, einst zum Hochaltar gehörend

ruht auf einem gestuften barocken, vierseitigen Sockelbaluster. Den Rand der quadratischen Trägerplatte umläuft in Rot die Inschrift: „PHILIPVS ANGEL / VND ELISABET / LANSTEINERIN / A(N)NO 1654". Philipp Angel war nicht nur als Gastwirt tätig, sondern ist auch als Frauensteiner Gerichtsschöffe nachgewiesen.[17]

Durch die Verkleinerung des Beichtraumes konnte an der Ostwand des Kirchenraumes eine Andachtsnische geschaffen werden, in welcher der wohl größte Schatz der Kirche einen würdigen Platz gefunden hat: Es handelt sich um eine nur etwa 62 Zentimeter hohe Pietà ④, die vor circa 500 Jahren aus Lindenholz geschnitzt wurde und aus der Katharinenkapelle in die Pfarrkirche gelangt sein muss. Die Gestalten von Mutter und Sohn formen in der orthogonalen Positionierung ihrer Körper zueinander, in Vertikale und Horizontale ein ausbalanciertes Kreuz, das seine Mitte in dem ostentativ zum

Beschauer gedrehten Thorax Jesu findet. Die Präsentation der Seitenwunde Jesu fordert die oder den Gläubigen zur Betrachtung, zur Kontemplation, auf. Ergreifend ist die Trauer, die aus der Mimik wie auch aus der klagenden Gestik der Hand der Gottesmutter spricht und zur Compassio, zum Mitleiden, auffordert.

Die beiden ehemaligen Kommunionbänke dienen heute als optischer Abschluss der in zwei Blöcken angeordneten neuen Sitzbänke. Die vormaligen Schranken des Altarraumes wurden von Anton Joseph von Sohlern und seiner Frau Salome Scherer von Hohenkreuzberg, den einstigen Besitzern des Hofes Groroth am Ortseingang, in der zweiten Hälfte des 18. Jahrhunderts gestiftet. In ihrer Mitte prangen die Wappen der Eheleute. Das vegetabile ornamentale Schnitzwerk der übrigen barocken Relieffelder wurde 1954 von Bildhauer Walter Müller durch vier weitere Kastenfüllungen ergänzt.

Die vorwiegend in Pastelltönen gehaltenen Buntglasfenster stammen aus der Kölner Glasmalereiwerkstatt Selbach und Henseler. In fast allen sind die Namen ihrer Stifter verewigt.

Auf den ersten Blick mag die Erweiterung einer spätmittelalterlichen Sakralarchitektur durch einen quer dazu liegenden Bauriegel der 1950-er Jahre erstaunen, doch dieser raumgebende Richtungswechsel konnte vielleicht gerade durch seine Andersartigkeit gelingen. Die neue Architektur überzeugt als eigenständiger Baukörper, der nicht versucht, die historische Formensprache fortzuführen, sondern mit seiner großzügigen und lichten Weite als Festsaal sowohl der Gottesdienst feiernden Gemeinde als auch dem im Laufe der Zeit angewachsenen Inventar vom Herbst des Mittelalters bis zum Hadamarer Barock ein neues Zuhause zu geben. ■

Anmerkungen

1. Siehe auch: Wodarz-Eichner, 2016. S. 36–37.
2. Für das Jahr 1352 wird ein Kaplan für Frauenstein genannt; Strauß, 1998, S. 159.
3. Monsees, 2000, S. XXIII, Anm. 138.
4. Mattiaci, 1949, S. 66–68.
5. Handbuch des Bistums Limburg, 1959, S. 319: „Den kath. Kurgästen war im Badhaus zum „Bären" von etwa 1715 bis 1787 ein Zimmer für den Gottesdienst vorbehalten, der aber hinter verschlossenen Türen abgehalten wurde; den Kath.[oliken] v.[on] W.[iesbaden] war d.[ie] Teilnahme streng verboten. Nach Kündigung des kleinen Saales durch den Besitzer wurde mit dem Badehausbesitzer zum „Adler" vereinbart, daß die kath. Kurgäste dort, aber nicht öffentlich, ihren Gottesdienst feiern durften. (…). Den Gottesdienst im „Bären" und im „Adler" hielten Karmeliter aus Mainz, nicht die Pfr. v. Frauenstein, denen bei Ausführung einer Amtshandlung in W. Verhaftung angedroht war."
6. Meuer, 1930, S. 130; Strauß, 1998, S. 160.
7. Strauß, 1998, S. 160.
8. Die Oculi zieren Wappen. Noch bei Meuer, 1930, S. 130 heißt es: „Die Fenster im Chor und vorderen Schiff zeigen spätgotisches Maßwerk und sind ohne jede Glasmalerei, die im hinteren Schiff haben die sogenannte Ochsenaugenform." Auf S. 131 heißt es weiter, man habe noch 1615 das Wappen in einem Fenster des Syfrid von Lindau und seiner Ehefrau Katharina von Erlichheim gesehen. Dieses sei heute verloren, vgl. Monsees, 2000, S. XXIII, Nr. 29.
9. Strauß, 1998, S. 161.
10. Vgl. Reisebericht Prof. Dr. Wichert, 18.09.1930; DAL WI 22, 20 / 3. Das Monogramm PD könnte auf den Wiesbadener Bildhauer Peter Dienstdorf (1893–1976) als ausführenden Künstler verweisen. Ein Epitaph und die entsprechende Grabplatte aus rotem Sandstein haben zudem an der nördlichen Hochschiffwand außen ihren Platz gefunden. Das Epitaph aus schwarzem Marmor ließ „Anton Edler Herr von Sohlern" seiner am 14.08.1706 verstorbenen Gemahlin, Margaretha Magdalena, geb. von Sinneren, zum Gedächtnis errichten.
11. Siehe die Berichte des Bezirkskonservators Prof. Dr. Wichert im DAL, WI 22, 20 / 3. U.a. hatte es 1930 auch einen Entwurf vom Mainzer Dombaumeister Ludwig Becker gegeben. Derselbe war mit der Instandsetzung beauftragt worden. Bei Meuer, 1930, S. 7 heißt es u.a.: Allein neben dem bescheidenen, altersgrauen Kirchlein, dem man den Rang einer Pfarrkirche fürwahr nicht ansieht, grünt und blüht noch Jahr für Jahr die uralte Gerichtslinde, (…)." Weiter heißt es ebd., S. 130: „Die Kirche ist sehr klein (…) und unansehnlich und, da sie mit dem Westgiebel in den Berg hineingebaut ist, in ihrem hinteren Teil auch feucht und finster."
12. Für die Vorarbeiten zum Kirchenerweiterungsbau hatten sich über 40 freiwillige Helfer zur Verfügung gestellt, darunter auch Amerikaner, die mit schwerem Gerät Fels abtrugen; so eine Nachricht von Pfr. Hauck an das Bischöfliche Ordinariat, 02.02.1953; DAL, WI 22, 30, 1954–58.
13. Zu den Inschriften der beiden Steine siehe: Strauß, 1998, S. 164–165.
14. Meuer, 1930, S. 130.
15. Meuer, 1930, S.131: „Der Künstler wohnte um das Jahr 1850 bei der Familie Reitz in der Obergasse. Bei deren Nachkommen hat sich die Ueberlieferung [sic] erhalten, der Maler habe ein bestelltes Porträt des Kaisers Franz Joseph, das nicht dessen Beifall gefunden, aus verletztem Künstlerstolz zertrümmert und sei dann aus Oesterreich [sic] flüchtig gegangen. (…). Die Engelsköpfe auf dem Gemälde sind nach Originalen damaliger Schulmädchen gemalt." Siehe auch: Strauß, 1998, S. 167. Vielleicht handelt es sich auch um einen Vertreter der Münchner Malerfamilie Adam, die im 19. und 20. Jahrhundert über vier Generationen tätig war.
16. Exakt dasselbe Motiv verwendete der Künstler für die Gestaltung des Ambos in der Kirche Herz Jesu in Biebrich.
17. Der Taufstein hatte ehemals unter der Empore in der alten Pfarrkirche gestanden; siehe: Monsees, 2000, Nr. 106, S. 91.

Heilige Familie

Ein Schöpfungszyklus für unsere Zeit

Lessingstraße 19 a
65189 Wiesbaden

Martin Braunstorfinger
1956

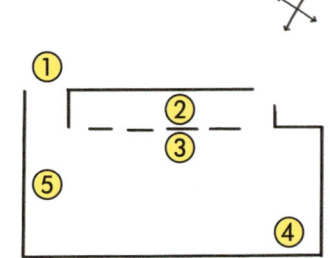

Am Rande eines Villengebietes steht die am 30. September 1956 „Zur Heiligen Familie" geweihte Kirche. Sie ist die erste Gemeindekirche, die nach dem Krieg in der Wiesbadener Kernstadt erbaut wurde und dokumentiert damit das starke Anwachsen der Gemeinden zu dieser Zeit.[1] Der Entwurf stammt von Architekt und Maler Martin Braunstorfinger (1899–1996). Zwischen 1986 und 1993 leitete der Frankfurter Architekt Franz-Josef Mühlenhoff umfangreiche Umbauarbeiten. 1997 wurde die „Heilige Familie" zum Kulturdenkmal erklärt.

In kubischen Formen und sachlich-schlichter Bauweise wurde die nach Osten orientierte Kirche gebaut. Auffallend ist der 36 Meter hohe Campanile mit Rasterfenstergliederung, der seit 1964 Glocken der Gießerei Petit und Edelbrock aus Gescher / Westfalen mit den Namen Josef, Maria und Paul VI. besitzt.
Der Kirchenraum selbst ist ein Saal von rechteckiger Form. Ein niedriges Seitenschiff mit schwach geneigtem Betondach stößt auf der Nordseite an das quer dazu stehende zweigeschossige Pfarrhaus. Die Felder zwischen den Betonrahmen sind mit quadratischen, ehemals farbig verglasten Formsteinen gefüllt. In seiner gewollten Kargheit erinnert der Bau mit 500 Sitzplätzen an architektonische Ent-

Der Baukörper mit Rasterfenstergliederung und Campanile

würfe von Rudolf Schwarz (1897–1961) oder Egon Eiermann (1904–1970). An der Längsfassade ist das Hauptportal durch ein Sgraffito der Hl. Familie hervorgehoben ①. Es stammt von der Hand des Frankfurter Künstlers Walter Clemens Schmidt (1890–1979). Jesus und Maria begegnen dem Eintretenden mit empfangenden Gesten.

Im Inneren bestehen die Wandflächen aus unverputzten Klinkerwänden, gegliedert durch eine Folge offen liegender Stahlbetonträger in Abständen von fünfeinhalb Metern. Ein auf der gesamten Südseite unmittelbar unter dem Dachansatz durchlaufendes, schmales Fensterband verleiht dem Baukörper eine gewisse Leichtigkeit. Das südöstliche Wandmodul ist komplett als Glasfläche gestaltet und lässt das Licht farbig gefiltert in den Altarraum hineinfluten.

1962 baute man eine Empore für eine Orgel, die ein Jahr später von der Werkstatt Friedrich Euler aus Hofgeismar geliefert wurde. Die Firma Späth aus Mengen-Ennetach erneuerte das Instrument 1987. Sie verfügt über 31 Register auf drei Manualen und Pedal.

Das Seitenschiff ② wurde 1988 aus wärmetechnischen Gründen vom Gemeinderaum der Kirche durch eine Metallständerwand abgetrennt. Der dadurch gewonnene Raum diente seitdem als Werktagskapelle, die der Gottesmutter geweiht war. Die eingezogene Trennwand wiederum bot zudem Gelegenheit, diese Fläche bildkünstlerisch zu gestalten ③.

Pfarrer Karl W. Bruno (1926–2007) beauftragte den Karlsruher Maler Reinhard Dassler (1933–2023) damit und dieser schuf hier zwischen 1990 und 1994 den sogenannten Wiesbadener Schöpfungszyklus.[2] Als Antwort auf die Umweltgefährdungen der Zeit stellt er die Schöpfung Gottes als Sujet in den Mittelpunkt. Dasslers Zyklus ist eine Verbindung aus stilistischen Tendenzen des Realismus und der Neuen Sachlichkeit. Mit seiner Darstellung übersetzt der Künstler Schlüsselszenen der Heilsgeschichte in die Gegenwart und visualisiert damit auch deren Nöte. Die monumentale Malerei ist in einzelne Bildfelder untergliedert und von Dassler betitelt worden. Unserer Leserichtung folgend beginnt die Bilderzählung links mit „Die Weisheit als Baumeisterin

Das Innere des Kirchenschiffes, ausgerichtet nach Nordosten mit Klinkerwänden und offenen Stahlbetonträgern

Gottes. Erschaffung des ersten Menschen". Adam, mit schütterem Haar, erhebt sich aus der Erde, neben ihm die kauernde und scheinbar noch schlafende Eva. Um sie herum entsteht und wächst die Schöpfung Gottes. Schmale Bildflächen in Grisaille schließen den Sündenfall und die Vertreibung aus dem Paradies an. Über Letzterer befindet sich in einem Medaillon die „Frau der Uroffenbarung", die das Kind präsentiert. Damit korrespondiert am unteren Rand „Vanitas Abel": Ein Stillleben mit dem, was von Abel nach dem Brudermord durch Kain bleibt, wie etwa Schuhe und ein Motorradhelm. Die bildgewaltige Darstellung der „Sintflut in unseren Tagen. Die große Ratlosigkeit" führt die Schilderung fort und bietet eine Fülle von Szenen und Anspielungen, wie etwa auf den futuristischen Tatlin-Turm, eine gigantische Maschinerie, die der russische Künstler Wladimir Jewgrafowitsch Tatlin (1885–

Sohnes Gottes", in der sich von den Tieren bis zu den Menschen alle zu Maria mit dem Jesuskind in der Mitte wenden. Auf diese hoffnungsvolle Szene richtet sich auch das nächste Bildfeld, "Christi Todesleiden in unserer heutigen Welt". Hier zeigt Dassler nicht nur die Gottesmutter und Johannes neben dem Gekreuzigten, sondern auch einen Wachmann mit Schnellfeuerwaffe und eine tobende Menschenmenge. Hinter dem Kreuz öffnet sich ein Stadtpanorama, das sich bei genauerem Hinsehen als Ansicht von Wiesbaden zu erkennen gibt. Durch die lokale Verortung des Geschehens entwickelt Dassler eine Verkettung der biblischen Bildebene mit der Wirklichkeit des Kirchenbesuchers. Die letzte Szene mit dem Titel "Kirche als Baustelle. Das Reich Gottes wächst" wird von den Figuren des hl. Franz von Assisi und der hl. Mutter Teresa in Grisaille gerahmt; sie stammen von der Hand des Dassler Schülers Hansjörg Eder (*1956) aus Riedlingen. Inmitten eines roh gezimmerten Ständerhausbaus steht hier der Altar mit Brot und Wein sowie einem Bild des auferstandenen Christus, umgeben von Pflanzen, Tieren und Menschen. Eine in die vorderste Bildzone gerückte Familie greift das Patrozinium der Kirche noch einmal auf. In einem Gefach rechts zeigt sich der Künstler selbst hinter der Gestalt Pfarrer Brunos, der auf den geopferten Menschensohn am Kreuz hinweist. In dieser Geste manifestiert sich die Zuversicht auf Jesus Christus als Erlöser der gefallenen Schöpfung und Hoffnungsträger auf eine neue Welt.

1953) erdacht hatte. Der Turm steht als eine Art Idealkonstrukt stellvertretend für Aufbruch und Dynamik, wurde jedoch nie realisiert. Auch taucht Joseph Beuys (1921–1986) aus der Menge auf, zusammen mit seinem Werk "Das ist das Ende des 20. Jahrhunderts", einer Installation aus 44 Vulkangesteinen, in der es um die Erneuerung der alten Welt geht. Ein "Jugendlicher Christus als guter Hirt" leitet über zum Bild der Epiphanie: "Menschwerdung des

Den Chorraum überhöht seit 1968 ein Kreuz ohne Korpus mit roten Dickglasbrocken als Zeichen für die Wundmale Jesu Christi; gestaltet wurde es vom Gold- und Silberschmied Peter Bücken (1915–2006) aus Herzogenrath.[3] In den Jahren von 1989 bis 1993 wurden weitere Kunstwerke der Kirche geschenkt: So beispielsweise der Kreuzweg, der 1962 von dem Frankfurter Bildhauer Franz Bernhard (1934–2013) gestaltet wurde. Seine Reliefs stellen den menschlichen Körper in einfacher, stark abstrahierter Form dar.

Die Fenster wurden von Johannes Beeck (1927–2010) aus Nettetal entworfen und 1964 von F. Selbach ausgeführt und eingesetzt.[4] Das große Chorfenster trägt drei Sonnen als unübersehbaren

Kreuzigungsszene aus dem Wiesbadener Schöpfungszyklus von Reinhard Dassler

Hinweis auf die Trinität. In den Farben Rot und Blau verbindet sich in diesem Glas Irdisches mit Himmlischem ④.

Der Entwurf für das Rundfenster der Westwand ⑤, das 1992 erneuert wurde, stammt vom Frankfurter Maler, Bildhauer und Domkustos Joachim Pick (1931–2012) und thematisiert die Flucht des Volkes Israel aus der Knechtschaft Ägyptens. Im Zentrum erkennt man im brennenden Dornbusch ein Christushaupt, das dem „Christ de Wissembourg" nachempfunden ist – einem mittelalterlichen Glasfenster aus der Zeit um 1060/70, das sich heute im Straßburger Musée de l'Œuvre-Notre-Dame befindet. Die Wurzeln des Dornbusches winden sich aus Steinmassen des Berges Horeb wie aus Pyramiden und Bürotürmen hervor. Die bewegte Gestaltung zeigt darüber hinaus einen Regenbogen als versöhnendes Zeichen des Bundes Gottes mit Noah und seinen Nachkommen, das vom Himmel fallende Manna und die vier Evangelistensymbole. Wie im Dassler-Zyklus werden auch im Glasfenster von Pick Glaubensinhalte durch Motive der Moderne wie die Wolkenkratzer in die Gegenwart überführt.

Der auf das Notwendigste reduzierte, klare und schnörkellose Kirchbau der Heiligen Familie antwortet in der Zeit des Wiederaufbaus mit seiner Formensprache bewusst auf die Bedürfnisse der von den Eindrücken des Krieges nachhaltig traumatisierten Menschen. Insbesondere in einer vom Historismus so stark geprägten Stadt wie Wiesbaden wird der Entwurf Braunstorfingers in der Öffentlichkeit ebenso stark wahrgenommen worden sein wie der zeitgleich fertiggestellte Neubau des Statistischen Bundesamtes am nahen Gustav-Stresemann-Ring des Architekten Paul Schaeffer-Heyrothsberge (1891–1962), seinerzeit eines der ersten Hochhäuser in Stahlkonstruktion überhaupt.

Die Kirche Heilige Familie trägt einer veränderten Wirklichkeit Rechnung, indem sie den Menschen ein mit Glauben und Leben zu füllendes Gehäuse offeriert. ■

Anmerkungen

[1] In den Jahren 1948–1955 formierte sich eine Gemeinde rund um die Kapelle des St. Josefs-Hospitals.
[2] Siehe dazu zuletzt den Beitrag von Thomas Menges; https://www.eulenfisch.de/magazin/ausgaben/02-2021-fuereinander/thomas-menges-ueber-wunder-und-wunden-des-wirklichen/ (letzter Zugriff: 03.03.2024, 17:38 Uhr).
[3] Vgl. DAL, Wiesbaden, Hl. Familie, 32, Nr. 1 1968–1986.
[4] Leyk, 2012, Nr. 80, S. 45, 144, 459–460.

St. Mauritius
Gesamtkunstwerk in Beton

Abeggstraße 37
65193 Wiesbaden

Martin Braunstorfinger, Jürgen Jüchser, Peter Ressel
1959–1960 und 1967–1968

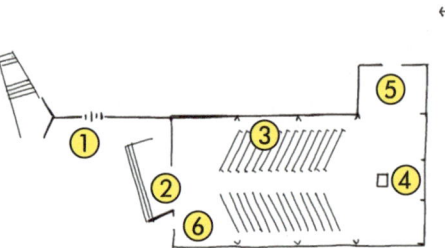

Im Jahr 1955 stimmte der Bischof von Limburg der Gründung einer neuen katholischen Gemeinde zu, deren Schutzpatron der hl. Mauritius sein sollte. Damit wollte man an die erste christliche Kirche in Wiesbaden erinnern, die eben das Patrozinium des Anführers der Thebäischen Legion getragen hatte und 1065 in Anwesenheit von Otto I. (912–973) geweiht worden war. Am 27. Juli 1850 wurde die alte Mauritiuskirche, mit Einführung der Reformation in Wiesbaden evangelisch-lutherisch geworden, durch einen Brand zerstört.

Am 12. Juli 1959 erfolgte an der Ecke Schumann- und Abeggstraße der erste Spatenstich zum Bau eines Gemeindezentrums. Rund ein Jahr darauf weihte man den Grundstein, in dessen Zeitkapsel eine Urkunde, tagesaktuelle Ausgaben von Wiesbadener Zeitungen, die seinerzeit gültigen Münzen sowie von Gemeindemitgliedern gestiftete Reliquien ihren Platz fanden.[1] Für diesen ersten Bauabschnitt von 1959–1960 hatte sich Martin Braunstorfinger (1899–1996) 1958 in einem beschränkten, heißt nicht offenen Wettbewerb als Gewinner hervorgetan. Zunächst entstanden das Gemeindezentrum und die Unterkirche. Braunstorfinger entwarf ein Konzept der klaren Trennung des sakralen Raumes von den Kommunikationsräumen innerhalb ein und desselben Baukomplexes.[2] Noch deutlicher wird dies in den Arbeiten des zweiten Bauabschnittes: Dieser wurde von den Architekten Jürgen Jüch-

Die Baugruppe von Kirche und Campanile von Südwesten aus gesehen

ser (1929–2019) und Peter Ressel (*1939) in den Jahren 1967/68 ausgeführt; es entstanden nun Kirche, Glockenturm und Pfarrhaus.

Am 29. September 1968 konsekrierte der Bischofsvikar von Limburg, Walther Kampe (1909–1998), die neue Kirche. Ein Augustiner-Chorherr überbrachte zu diesem Anlass aus der Abtei St. Maurice in der Schweiz Reliquien des hl. Mauritius und seiner Gefährten, die in den Hauptaltar der Kirche eingebettet wurden.[3]

Hoch über Wiesbaden schmiegt sich die gestaffelte, komplett mit dem Werkstoff Beton realisierte Anlage an den Südhang des Leberberges. Markant bestimmt der freistehende, 36 Meter hohe und von drei ineinander geschobenen Wandscheiben gebildete Campanile auf dem Kirchenvorplatz das Straßenbild. In einer Höhe von 20 Metern befindet sich der polygonale und reliefierte Körper der Glockenstube, ohne allerdings jemals Glocken beheimatet zu haben. Eine Mauer verbindet an der Nordflanke der Agora den Turm mit dem Baukörper der Kirche. An dieser Wand treten drei überlebensgroße Betonplastiken des Stuttgarter Künstlers Otto Herbert Hajek (1927–2005) hervor ①.[4] Diese Stelen können als die Kreuze Jesu und der beiden Schächer auf dem Berg Golgotha gelesen werden.[5]

Auf dem Vorplatz ziehen sich Waschbetonplatten wie ein Straßenbelag hin zu dem und in den geosteten Kirchenbau. Der Bildhauer und Leiter der Abteilung Metallgestaltung der Werkkunstschule Wiesbaden Werner Kump (1896–1989) fertigte bereits vor 1966 die Metallreliefs für das Eingangsportal der Kirche ②.[6] Sie zeigen den Heiligen mit seinen Legionären. Ihre Hände sind zum Gebet gefaltet. Zu dieser Darstellungsweise wurde Kump durch das Grabmal des Wiesbadener Grafen Philipp I. von Nassau-Saarbrücken-Weilburg (um 1368–1429) aus der ehemaligen Mauritiuskirche angeregt. Eben diese ist links unter der Gestalt des Heiligen in der Stadtansicht des alten Wiesbadens zu sehen.

Den sakralen Innenraum rhythmisieren die Schrägraster der Dachbinder, aber auch die gleich einem Fischgrätmuster fest installierten Bankreihen, die auf gegossenen Betonfüßen ruhen. In seiner lichten

Blick durch das Kirchenschiff nach Osten mit Dachbindern und fest installierten Bankreihen

Weite erinnert der Raum an ein großes Zelt. Über dem Altar erreicht der Kirchenraum eine Höhe von zwölf Metern.

Hier im Inneren – noch viel prägnanter als am Außenbau – dominiert das Erscheinungsbild die Verwendung des Sichtbetons „Dyckerhoff Weiß", der 1931 von der gleichnamigen Amöneburger Firma entwickelt wurde. In enger Zusammenarbeit haben die Architekten Jüchser und Ressel mit dem Bildhauer Hajek ein Raumkonzept – gleichsam wie aus einem Guss – entworfen, das in vielerlei Hinsicht in Erstaunen versetzt. Hajeks künstlerische Bildsprache basiert auf der informellen, konstruktiven Plastik; seine Modellierungen spielen mit der Zerstörung des Kernvolumens einer Form.

Die freie Gestaltung des Vorplatzes findet im Kirchenraum ihre Fortsetzung, beispielsweise in Form der betongegossenen, abstrakten Kreuzwegstationen der nördlichen Wand ③. Hajek fertigte nicht nur Plastiken, sondern auch „Farbwege", die hier als lichtgelbe und weiße Bänder im Mittelgang ansetzen, über die Bankreihen laufen und schließlich in

hung. Die leicht schräge Ausrichtung der Farbflächen lässt zudem die Anmutung des Wehens einer Kirchenfahne aufkommen.[8]

Die Baustoffe Beton und Glas gehen in der Architektur von St. Mauritius eine spannungsvolle Verbindung ein: Das fragile, durch ein feines Betonnetz gehaltene Buntglas korrespondiert mit dem massiven Material Beton. Der Glasbildner Hans Georg Schleifer (1940–2017) aus Lahnstein gestaltete das Betonglas, das als schmaler Streifen über dem Eingang beginnt, an der Südwand entlang nach Osten in Richtung des Altares verläuft und dabei an Größe zunimmt. Das kristalline Glasband verzichtet auf jegliche figurative Darstellung, Farbe und Licht sind seine einzigen Protagonisten. Die Gläser sitzen bündig zum Raum, sodass zwar von außen das Fensterelement wie ein „Betonskelett" erscheint, sich aber im Inneren seine volle Wirkkraft als Lichtfläche entfalten kann. Auf Höhe des Altares verdichtet sich das Glasband und lenkt so das Licht auf die liturgische Mitte des Kirchenraumes.

Auffallend ist, dass sich die auf den Gemeinderaum spitz zulaufende Altarinsel um drei Stufen erhebt und sich zugleich das bis dahin übliche Material des Bodenbelages unmittelbar um den Altar herum ändert. Anstelle des Waschbetons, der vom Vorplatz bis zu den Altarstufen den Außen- und den Innenraum miteinander verbindet, ist um den Opfertisch dunkler Granit gelegt. Dieser Materialwechsel markiert den von der alltäglichen Welt ausgeschiedenen heiligen Bereich.

Vor dem Tabernakel, der wie der Ambo aus Beton gegossen wurde und in seinem Inneren mit großformatigen blauen Zackenmustern auf goldenem und weißem Grund bemalt ist, thront eine holzgeschnitzte Muttergottes mit Kind, die zwischen 1977 und 1993 von einer Gemeinde am Niederrhein erworben wurde.[9] Sie folgt im Typus der Darstellung einer mittelalterlichen Madonna.

dem quadratischen Betonrelief der Altarwand münden ④.[7] Dieses Relief formt gleichsam Mitte wie Ziel des sakralen Ortes: Vier rechteckige Segmente sparen die Negativform eines griechischen Kreuzes aus. Die Felder in den Winkeln der Kreuzesarme wurden plastisch so mit linearen Strukturen gefüllt, dass diese bei genauem Hinsehen zwei zum Gebet zusammengeführte Hände erkennen lassen. Durch die gelb-weiße, in ihrer Achse etwas verschobene Farbgebung wird das Kreuzrelief zum lebendigen Hoffnungsträger und zum Zeichen der Auferste-

Im Nordosten erfährt der Kirchenraum in derselben Tiefe, über die sich der Chor erstreckt, eine Erweiterung ⑤. Hier finden sich der Zugang zur Sakristei und die Treppe zur Unterkirche. Bemerkenswerterweise bestimmt hier ein anderer Farbklang das Betonglasfenster, das die gesamte Westwand ein-

Tabernakel und Ewiglicht, Otto Herbert Hajek, Fenster, Hans Georg Schleifer

nimmt. Dominiert im Hauptschiff ein Farbklang aus Rot und Blau – was sich symbolisch auf das himmlisch Göttlich-Ewige und das Wirken des Hl. Geistes beziehen lässt – herrschen hier Grün-, Gelb- und Violetttöne vor, die Farben der uns umgebenden Natur. Der Treppenabgang führt die Besucher zur Unterkirche. In diese fällt Licht durch zwei Betonglasfenster mit farbigem Dallglas. Der kleine rechteckige Raum wird durch das horizontale farbige Fensterband in mystisches Dunkel getaucht. An der Stirnseite befindet sich der Grundstein von 1960. Der 1961 geweihte Altar und das Taufbecken sind aus rotbraunem Marmor gearbeitet. Die Metalltüren des Tabernakels schmücken Rauten mit blauen Halbedelsteinen, darüber ist ein emailliertes Kreuz angebracht.[10] Des Weiteren befinden sich in der Krypta eine Madonnenfigur, vermutlich aus einer Kreuzigungsgruppe des Spätbarock, die 1962 erworben wurde, und eine seidene Prozessionsfahne mit einem in Nadelstickerei ausgeführten Bild des hl. Mauritius im Ornat eines römischen Legionärs. Der Helm liegt zu seinen Füßen. Ein Heiligenschein umgibt sein lorbeerbekränztes Haupt. Die genaue Herkunft der Fahne lässt sich nicht bestimmen, stilistisch ist sie in die Zeit der Jahrhundertwende einzuordnen.

Die Architektur von St. Mauritius weist keine baulichen Zitate auf, die an die im Jahre 1850 zerstörte Vorgängerkirche in der Stadtmitte erinnern. Doch einige Ausstattungselemente aus ihr haben sich erhalten und werden hier präsentiert.[11] So ist an der Südwand der neuen Mauritiuskirche ⑥ der Grundstein des Chorumbaus der alten Kirche vom 14. Februar 1488 zu sehen: „vf Sanct val(n)ti(n)s dag de(r) erst stey(n) gelacht / wa(r)t d(a)z sag ich vch vo(r) wa(r) da ma(n) scr(i)b 1488".[12] Außerdem steht hier ein Sühnekreuz, das sich bis 1850 an einem Strebepfeiler des spätgotischen Chores der ehemaligen Mauritiuskirche befand, gestiftet von Heinrich Hubach. Dieser dürfte mit Henne Huwach aus Wiesbaden identisch sein. Er hatte mit seiner Mutter den Eberbacher Hof gepachtet und verlor dieses Gut wohl wegen Totschlages. Die achtzeilige lateinische Inschrift spricht davon, dass im Jahr 1382 Mekil (Mechthild) von Heinrich Hubach getötet wurde. Der Stamm des Kreuzes zeigt im Relief die schmerzhafte Muttergottes. Ein solches Sühnekreuz hatte die Aufgabe eines Rechtsmales zur Abwendung der Blutrache und als Wiedergutmachung gegenüber Verwandten.[13] An derselben Wand ist ein barockes Epitaphfragment eines unbekannten Stifters ausgestellt, das den Gekreuzigten zeigt.[14] Ein viertes Relikt ist das Epitaph des Landbereiters Hans Reichard. Einst war es an der nördlichen Eingangstür der alten Mauritiuskirche angebracht.[15]

Mit dem modernen Entwurf von St. Mauritius gelang im Komponistenviertel eine bemerkenswerte gestalterische Einheit aus liturgischem Raum und großartiger freier Kunst, die ihresgleichen nicht nur in der Landeshauptstadt sucht.
Unter gänzlicher Ausschöpfung des Potenzials des formwilligen Materials Beton, und dies nicht allein für die Realisierung des Kirchengebäudes an sich, sondern vielmehr auch als künstlerischer Werkstoff und Spielpartner für das Glas, entstand mit St. Mauritius ein homogenes Gesamtkunstwerk aus einem Guss. Ein wichtiger Meilenstein auf der „Straße der Moderne", der gesehen werden und besucht sein will.[16]

Seit 2006 steht die Kirche St. Mauritius aus künstlerischen und stadtgeschichtlichen Gründen unter Denkmalschutz. ∎

Anmerkungen

[1] Es handelt sich um Reliquien der hll. Thomas von Aquin, Johannes von Nepomuk, Franziskus von Assisi und Papst Cölestin I.; vgl. Art. im WK vom 30.05.1960; StadtA WI, ZAS / Kirchen und Gemeindehäuser der Innenstadt / St. Mauritius.

[2] St. Mauritius, 1968, o. S.

[3] Stefan Brenner, Erinnerung und Dank, Von der Wohnzimmerrunde über die Gemeindegründung zur Kirchweihe, in: 50 Jahre St. Mauritius, 2018, S. 27.

[4] Hajek führte zwei weitere Großplastiken in Wiesbaden aus: „Raumzeichen mit Platzartikulation", 1977 aufgestellt im Innenhof der Galatea-Anlage in Wiesbaden-Biebrich, und eine weitere im Jahr 1975 aus lackiertem Beton für den Standort Schöne Aussicht 24; vgl. Raum · Kunst · Skulptur in Wiesbaden seit 1955, hrsg. v. Kulturamt der Landeshauptstadt Wiesbaden, Wiesbaden 2002, S. 30.

[5] In der Gedenkkirche Maria Regina Martyrium (1960–1963) in Berlin befindet sich ein Kreuzweg Hajeks, der an die Plastiken auf dem Vorplatz von St. Mauritius erinnert.

[6] Reinhard Aurich, Mein Lehrer Werner Kump, in: Die Werkkunstschule Wiesbaden 1949–1970, Die legendäre Talentschmiede, hrsg. v. Kunstarche Wiesbaden e. V., Wiesbaden 2016, S. 164–169.

[7] Ein Entwurfsplan von Martin Braunstorfinger belegt, dass dieser bereits eine „Künstl. Wandgestaltung nach besond. Entwurf" an ebenjener Stelle plante; vgl. DAL, Wiesbaden-St. Mauritius, Neubau Kirche 1962.

[8] Bemerkenswert ist die Aktennotiz einer Besprechung vom 13.07.1967, an der u.a. Bischof Wilhelm Kempf und Diözesan-Oberbaurat Johannbroer teilnahmen. Hier ist zu lesen: „Die tapetenhafte Flächenkomposition der Chorwand fand grundsätzlich keine Ablehnung, jedoch die farbige Heraushebung durch einen Gelbton. Dieser ist fort zu lassen. Das betrifft auch das Gelbband am Fußboden des Schiffes, (…)."; DAL, Wiesbaden St. Mauritius / Wi 16 30 / 1964–1967.

[9] Urspr. war dieses Podest für Blumen gedacht. Nicht allein für diesen Hinweis danken wir Hedi Seidler, Wiesbaden.

[10] Eine Kostenaufstellung des Architekten Braunstorfinger vom 29.08.1961 nennt eine Firma Becker für die Buntfenster, ein Unternehmen mit Namen Kuhn für die Betonfenster und eine Firma Schmitt als Hersteller von „Tabernakel, Ewiges Licht, Kruzifix usw."; vgl. DAL, Wiesbaden St. Mauritius, WI 16 30, 1957–63, Pfarrkirche / Pfarrhaus / Kindergarten.

[11] Am 23.09.1968 hatte der Vorstand der ev. Marktkirchengemeinde beschlossen, dass die Denkmäler der neugebildeten St. Mauritiusgemeinde überlassen werden; vgl. Stefan Brenner, Erinnerung und Dank, Von der Wohnzimmerrunde über die Gemeindegründung zur Kirchweihe, in: 50 Jahre St. Mauritius, 2018, S. 26.

[12] Zit. aus: Monsees, 2000, Nr. 38, S. 41–42.

[13] Mattiaci, 1949, S. 38, Abb. S. 37; Monsees, 2000, Nr. 23, S. 28–29.

[14] Monsees, 2000, Nr. 128, S. 108.

[15] Monsees, 2000, Nr. 107, S. 91–92.

[16] https://strasse-der-moderne.de/kirchen/wiesbaden-st-mauritius/ (letzter Zugriff: 11.01.2024, 17:50 Uhr).

St. Peter und Paul

Leuchtturm am Rhein

Alfred-Schumann-Straße 29
65201 Wiesbaden-Schierstein

Johannes A. Traut
1961–1968

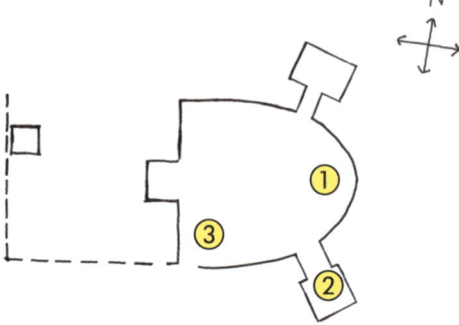

Spätestens für das 9. Jahrhundert kann in Schierstein eine Pfarrkirche nachgewiesen werden: Um 860 schenkte Kaiser Ludwig der Deutsche dem Kloster Bleidenstadt den Schiersteiner Zehnten mit einem stattlichen Zehntenhof am damaligen westlichen Ortsrand und die königliche Eigenkirche in dessen Nähe. Die Grafen von Nassau gliederten ab dem 12. Jahrhundert Schierstein in ihre Herrschaft Wiesbaden ein. 1547 tritt Schierstein zur lutherischen Religionslehre über. Das alte Kirchengebäude am Zehntenhof wurde Mitte des 18. Jahrhunderts abgerissen und 1754 an anderer Stelle durch die bis heute bestehende protestantische Christophoruskirche ersetzt, ein architektonisches Kleinod des Rokokos.

Eine wichtige Zukunftsinvestition für die heimische Wirtschaft war Mitte des 19. Jahrhunderts der Bau des Hafens. Der Fischfang erlebte eine neue Blüte, und die Hochzeit der Flößer in Schierstein begann. Im Zuge der Industrialisierung und dem damit verbundenen Bevölkerungsanstieg kamen vermehrt Katholiken in den Ort. Sie wurden zunächst der Gemeinde Niederwalluf zugewiesen. 1891 erfolgte die Neugründung der Pfarrei in Schierstein. Eine Saalkirche mit 280 Sitzplätzen wurde im selben Jahr durch Bischof Karl Klein (1819–1898) konsekriert.[1] Das Kirchlein folgte dem neugotischen Stil mit

Aufsicht auf die Gesamtanlage mit Campanile, Wandelgang und Gemeindehaus

Spitzbögen und Strebepfeilerwerk. Den Hochaltar im Chor, belichtet von farbigen und figürlich gestalteten Glasmalereien, begleiteten im Kirchenschiff zu beiden Seiten Nebenaltäre. Eine Kanzel mit reichem Figurenschmuck war auf der Nordseite installiert.[2]

Doch diese Kirche wurde bald zu klein.[3] In den 1960er-Jahren entstand auf demselben Grundstück die jetzige Kirche, geostet wie ihre historische Vorgängerin. Im Wiesbadener Westen, nördlich des Schiersteiner Ortskerns, konnte 1968 das neue Gotteshaus mit 500 Sitzplätzen den Apostelfürsten Petrus und Paulus geweiht werden.

Die Gesamtanlage findet ihre Mitte in einem quadratischen Platz, der zur Begegnung einlädt. Um diese Agora verläuft an zwei Seiten ein überdachter Wandelgang. Er verbindet das 1965 erbaute Christ-König-Gemeindehaus, die Büroräume der Pfarrei und das Pfarrhaus mit dem in der zentralen Achse angeordneten, breit gelagerten Kirchenbau. Sein Grundriss beschreibt die gebogene Form einer Parabel. Man fühlt sich an den Bug eines im Hafen liegenden Schiffes erinnert. Der die Kirche umfangende Grüngürtel wird seit 2013 als Bibelgarten bepflanzt und gepflegt.

Ein markantes Zeichen setzt der schon von weitem sichtbare, freistehende Campanile, der mit seinen 25 Metern Höhe einem Leuchtturm gleicht. Die leicht trapezförmig ausladende Glockenstube bekrönt ein in alle vier Himmelsrichtungen ausgerichtetes Kreuz.[4]

Dem Turm gegenüber erhebt sich die monumentale Front des Kirchenbaus. Bereits am Portal lässt sich Schmiedekunst bewundern: Die in Kupferplatten geschlagenen Motive der Goldschmiedewerkstatt Albert Welker (1915–?) in Frankfurt a. M. nehmen Bezug auf wichtige lokale Wirtschaftszweige wie Fischerei, Landwirtschaft, Weinbau und Industrie. Es findet sich hier aber auch der Reichsapfel aus dem Schiersteiner Wappen. Die Symbole von Schlüssel und Schwert an den Türgriffen verweisen auf die Kirchenpatrone Petrus und Paulus.

Die Fassade des Gotteshauses ist fast vollständig in ein Gewebe aus Betonglaswaben aufgelöst.[5] Diese filigrane Durchlässigkeit der Raumhülle lässt das Tageslicht so gefiltert in den Innenraum hineinfluten,

Innenansicht des parabelförmig geschlossenen Kirchenschiffes nach Osten

dass in ihm eine lebendige lichthaltige Atmosphäre entsteht, die dem sakralen Raum eine transzendentale Wirkung verleiht. Des Nachts verwandelt auf gleichsam umgekehrtem Weg das künstliche Licht des Kirchenraumes die Außenfassade in ein Lichtnetz.

Der Altarbereich wird durch das eintretende Licht in besonderer Weise inszeniert ①. Die Fenster hier sind seitlich gestaffelt so angeordnet, dass der Lichteinfall für die Gläubigen nur indirekt erfahrbar ist.

Steinsichtiges Ziegelmauerwerk kennzeichnet den Innenraum. Die Bankblöcke sind radial zum Altar ausgerichtet und formen so einen Versammlungsraum im parabelförmigen Grundriss. In der Baukunst der Moderne nimmt die Parabel spätestens seit den Entwürfen von Kirchenbaumeistern wie

Ein weiteres wichtiges und häufig wiederkehrendes Element der Auszeichnung des Altarraumes in der katholischen Sakralarchitektur seit den 1950er-Jahren ist eine baldachinartige Deckenkonstruktion, die sich unserem Fall in einer Folge flacher Deckenstufen aufbaut. Sowohl das Niveau des Fußbodens als auch das eigentliche Dach des Kirchenschiffes fallen zunächst von Westen nach Osten ab, steigen im Moment des Erreichens des Chorraumes jedoch wieder an.[6]

An den Wänden des Altarraumes finden sich vierzehn statt der sonst üblichen zwölf Apostelleuchter. Vor einigen Jahrzehnten wurden auf Wunsch von Pfarrer Reinhard Rosenbusch (*1938) zwei zusätzliche Leuchter angebracht: Ein 13. Leuchter brennt für den hl. Paulus, ein 14. für die hl. Maria Magdalena, die 2016 von Papst Franziskus zur „Apostelin der Apostel" erhoben wurde.

Das gleichschenkelige und mit gläsernen Applikationen versehene Triumphkreuz (1968) über dem Altar wurde wie das Eingangsportal von Goldschmied Welker geschaffen. Die weit ausgebreiteten Arme des Gekreuzigten korrespondieren mit der bereits skizzierten Idee der Parabel im Grundriss der Architektur. Die Rückseite des Wendekreuzes ist leuchtend rot emailliert. Derselbe Frankfurter Künstler gestaltete auch Ambo und Tabernakel aus Euville-Kalkstein und Bronze. Auch die vollplastische bronzene Madonna in reduzierter Formensprache stammt von Welkers Hand. Ihr Kind trägt sie wohlbehütet, nur die Konturen von Köpflein und Kindskörper treten leicht hervor.

Das Altarbild, eine Batik- und Stoffmalerei von Helga Hein-Guardian (1937–2012) aus dem Jahr 1994, stellt als Pentaptychon dem Betrachter wichtige Stationen aus den Viten der Kirchenpatrone Petrus und Paulus sowie die Gestalt Mose vor dem brennenden Dornbusch vor Augen. Eine zweite Stoffmalerei schenkte die Künstlerin 1996 der Pfarrgemeinde; sie trägt den Titel „Apokalyptischer gehaltener Sturz". Die Komposition verbindet den Augenblick der Vertreibung des ersten Menschenpaares aus dem Paradies mit Visionen aus der Offenbarung.

Den Osterleuchter (1990) schnitzte der Südtiroler Paul Mussner aus Lindenholz; auch der Kreuzweg (1985) stammt von ihm und besteht aus demselben Material. In ungewohnter Manier zeigt er auf fünf

Dominikus Böhm (1880–1955), Rudolf Schwarz (1897–1961) oder Otto Bartning (1883–1959) einen hohen Stellenwert ein. Die gekurvte Form der Parabel verleiht dem Raum Dynamik: Von ihrem Scheitelpunkt im Chorraum ausgehend, umarmt der geöffnete Bogen gleichsam die in den Bänken versammelte Gottesdienstgemeinde. Die unendlich ausgedehnten Arme der Parabelkurve werden zum Zeichen für die allvereinende Ewigkeit Gottes.

Wandgestaltung von Josef (Jupp) Jost in der ehemaligen Taufkapelle

Tafeln jeweils drei Stationen des Kreuzwegs und – auf ausdrücklichen Wunsch der Gemeinde – die Auferstehung Christi in einer 15. Station.

An den Kirchenraum fügen sich im Norden die Sakristei und im Süden die ursprüngliche Taufkapelle an ②. Für die Innenraumgestaltung der Letztgenannten wurde der Künstler Josef (Jupp) Jost (1920–1993) beauftragt. Er schuf ein Fresko, welches kubisch-kristallin anmutende Formen bestimmen – Flammen und Wellen, die einen Baum im Vordergrund umspielen. Bei genauerem Hinsehen erkennt man im Baum, der auch für den biblischen Lebensbaum (Gen 2,9) stehen mag, die Figur des Gekreuzigten. Aus der früheren Kirche stammen die Statuette des hl. Josef und das Taufbecken.

Vis-à-vis steht im Durchgang zur Sakristei vor einem betonverglasten Fenster seit 2005 das ebenfalls aus der Vorgängerkirche erhaltene historische Altarkreuz. Werner Trübenbach schnitzte zudem 1996 den Korpus für das moderne Vortragekreuz aus Lindenholz.

Das Marienbild südlich des Kirchenportals mit dem Titel „Maria, ein Mensch auf dem Weg des Glauden Schultern der großen Kirchenbaumeister der Moderne, entwarf der Rüdesheimer Architekt Johannes A. Traut einen bemerkenswerten Einheitsraum für die moderne Liturgie. Eine ausgeklügelte Lichtinszenierung mittels Betonglaswaben und ein sich wie ein Segel windendes Kirchendach setzen den vom gesamten Kirchenschiff aus gut sichtbaren Altarraum wie eine nautische Kommandobrücke in Szene.

Draußen kündigt der weiße Campanile bereits von weitem wie ein Leuchtturm unübersehbar das moderne Gotteshaus an, das hier – im übertragenen Sinn verstanden – als Kreuzfahrtschiff im Hafen von Schierstein vor Anker liegt. ∎

bens" schuf der Freudenberger Maler Alfons Drews (*1934) 2002 ③. Das Andachtsbild in Form eines mehrfach abgestuften Kreuzes umfasst zehn Tafeln mit Szenen aus dem Leben der Gottesmutter.

Die Orgel der Firma Klais in Bonn erklingt auf der Empore mit 27 Registern und wurde 1970 eingebaut.[7]

Die Schiersteiner Gemeinde stellte sich in den 1960er-Jahren einem kompletten Abriss ihres historistischen, zu klein gewordenen Kirchengebäudes. Im Sinne des Zweiten Vatikanischen Konzils und auf

Anmerkungen

[1] Vgl. Art. WK vom 20.06.2013; StadtA WI, Kirchen – Vororte, Schierstein, St. Peter und Paul; hier ist von 210 Sitzplätzen die Rede. Bereits dieser Kirchbau trug das Patrozinium Petrus und Paulus; siehe Handbuch des Bistums Limburg, 1956, S. 329. Vgl. zur historistischen Kirche auch die Akte im DAL, WI 23 / 30, 1945–63.

[2] Vgl. Art. WK vom 19.03.1966; StadtA WI, Kirchen – Vororte, Schierstein, St. Peter und Paul.

[3] Der Frankfurter Architekt Martin Weber war bereits 1928 von dem Schiersteiner Pfr. mit Entwürfen für einen Kirchenneubau beauftragt worden, die jedoch nie realisiert wurden; vgl. DAL, WI 23 / 30, 1945–63.

[4] Vgl. Art. des WK vom 20.06.2013; StadtA WI, Kirchen – Vororte, Schierstein, St. Peter und Paul: Einst sollte den Turm ein hohes, schlankes Pyramidendach zieren, um sich von der ev. Christophoruskirche abzuheben. Es kam jedoch nicht zur Ausführung; vgl. DAL, WI 23 / 30, 1945–63. Die drei Glocken, „Assumpta", „Ancilla" und „Immaculata", wurden 1955 in der Glockengießerei Schilling in Heidelberg gefertigt; sie erklingen seit 1967 in den Tönen fis – a – h.

[5] Sämtl. Verglasung geschah durch die Firma Donat; vgl. Schreiben des Architekten vom 10.11.1966 an Pfr. Schäfer; DAL, WI 23 / 30, 1964–67.

[6] Der Boden fällt zum Altarraum hin etwa 30 cm ab; vgl. Art. WK, 30.07.1966; StadtA WI, Kirchen – Vororte, Schierstein, St. Peter und Paul. Man könnte auch von einem asymmetr. Schmetterlings- bzw. Trogdach sprechen.

[7] Vgl. Art. WK, 12.04.2023; StadtA WI, Kirchen – Vororte, Schierstein, St. Peter und Paul.

St. Michael

Kampf von Licht und Finsternis

Burgunderstraße 11
65189 Wiesbaden

Paul Johannbroer
1962–1964

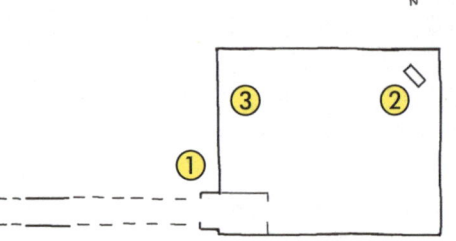

In das Südviertel Wiesbadens zogen nach dem Zweiten Weltkrieg vorwiegend junge Familien. Die Anzahl der Katholiken in diesem Gebiet stieg stetig, sodass die Gemeinde Heilige Familie eine Filiale erhielt. In Ermangelung eines eigenen Gotteshauses wurden die Gottesdienste 13 Jahre lang in der Trauerhalle des Südfriedhofs gefeiert, bis am 23. August 1964 nach zweijähriger Bauzeit das Kirchengebäude St. Michael durch Weihbischof Walther Kampe (1909–1998) eingeweiht werden konnte.[1]

Der Bau ist schon von weitem mit seinem freistehenden, zehn Stockwerke zählenden und damit 31 Meter hohen Campanile sichtbar. Das Untergeschoss des aus Beton errichteten Turmes besteht aus einem Durchlass zu einem Kolonnadengang, von dem man zum Eingang der Kirche geleitet wird. Bereits an der Eingangstür des Gotteshauses kündet ein Relief des Künstlers Richard Hess (1937–2017) von dem Patron der Kirche, dem Erzengel Michael (1986) ①.[2] Es zeigt den Engel mit dem Schwert über Satan triumphierend, der in Gestalt eines Drachens zu seinen Füßen liegt.

Der Baukörper der Kirche ist außen mit Bruchsteinmauerwerk samt einem direkt unterhalb der Dachtraufe umlaufenden weißen Blendband verkleidet. Über einem rechteckigen Grundriss erhebt sich die sakrale Architektur mit ihrem Schrägdach wie ein Zelt.

Vogelperspektive nach Süden auf die Kirche mit Campanile und Gemeinderäumen

Dieser Eindruck verstärkt sich beim Eintritt in die Kirche. Die Balkendecke aus hellem Holz steigt zum Altarraum hin auf, der sich nach Süden orientiert. Ein Natursteinboden aus Schieferplatten und die Betonsichtigkeit der aufgehenden Wand prägen den Gesamteindruck des Inneren.

Die Architektur von St. Michael greift – wie viele Kirchenneubauten ihrer Zeit – im sicheren Wissen um die starke assoziative Kraft der gebauten „Bilder der Nachkriegsmoderne" auf die Motivik von Schutzräumen wie Zelt, Höhle oder Schiff zurück. 1957 fasst der Pfarrer der Kaiser-Wilhelm-Gedächtniskirche in Berlin, Günter Pohl, diesen Zustand der Heimat- und Orientierungslosigkeit der Gesellschaft in folgende Worte: „Dieser unbehauste Mensch gibt unserer Weltstunde die Signatur. Dieser Mensch findet keine Heimstätte mehr, in der er sich ganz geborgen wissen darf, weder buchstäblich im Sinne eines massiven Hauses noch sinnbildlich im Sinn eines metaphysischen Daches über dem Kopf."[3]

Schon 1967 kam es im Nachklang des Zweiten Vatikanischen Konzils zu einer ersten Umgestaltung des Altarraumes.[4] Bereits knapp fünf Jahre später löste man mittels hölzerner Trennwände den Ort der heutigen Marienkapelle sowie einen Gemeindesaal aus dem Gottesdienstraum heraus.[5]

Zum 25-jährigen Jubiläum der Kirchweihe fanden weitere Umbaumaßnahmen statt. Auch eine neue Sakristei wurde in diesem Kontext eingerichtet. Ein Jahr später, im Jahr 1988, konnte der zweite Bauabschnitt abgeschlossen werden, der vornehmlich die Gemeinderäume betraf. Schließlich sann man 1989 auf eine Erweiterung des Altarraumes ②. Die Kirchenbänke ordnete man nun im Halbkreis vor dem Chor an.

Die Prinzipalstücke der Kirche, Altar, Tabernakel, und Taufstein, stammen von 1989 und sind aus weißem Marmor gefertigt. In den Altar eingebettet sind Reliquien der hll. Urban, Tranquillinus und Coelestin.

Das wohl beeindruckendste Ausstattungselement der Kirche ist das großformatige Dickglas-Fenster im Altarraum von Glaskünstler Johannes Beeck (1927–2010) aus dem Jahr 1963/64.[6] Beeck entwarf

Das Innere der Kirche mit Fenstergestaltung von Johannes Beeck

für diesen Kirchenraum als Chorfenster ein hohes Lichtkreuz aus Beton- und Bleiglas. Formal entspricht seine Form einem Taukreuz, dessen lichterfüllter Querbalken wie die einladend ausgebreiteten Arme Jesu Christi alle hier Versammelte umfängt. Mit kleinteiligen, in fließender Bewegung angeordneten Glasbausteinen, die in ihrem Farbspiel changieren – von einem düsteren Rot bis hin zu einem strahlenden Weiß – visualisiert das Fenster den Kampf des Erzengels Michael gegen das Böse.

Die transparenten, hellblauen und violetten Glasbausteine stehen dabei für den Heiligen, das an den unteren Rand und somit in die Tiefe des Fensters gedrängte Rot mag man mit dem lodernden Höllenfeuer identifizieren.

Von Beeck stammt auch das ebenfalls abstrakt gestaltete Fenster (1963) in der heutigen Marienkapelle ③. Das Glas zeigt Formen, die an geschliffene Diamanten erinnern, charakteristisch für die erste Schaffensperiode des Künstlers.

Marienkapelle mit einem Fenster von Johannes Beeck und einer Kopie der Hallgartener Madonna

In der Kapelle wurde 1967 eine aus Ton gebrannte Kopie der Hallgartener Madonna aufgestellt und geweiht. Das gotische, ebenfalls keramische Original, die sogenannte Schrötermuttergottes, steht in der katholischen Kirche Mariä Himmelfahrt in Hallgarten im Rheingau. Der Name rührt von ihren Stiftern her, den Weinschrötern. Diese sorgten im Mittelalter für das Verladen der Weinfässer. Daher verwundert auch der Beiname „Madonna mit der Scherbe" nicht, denn Maria trägt einen kleinen Weinkrug, mundartlich als Scherbe bezeichnet.

Ein Kreuzweg aus Terrakotta (1985), farbig teilglasiert und engobiert, und ein hölzernes, bemaltes und an die romanische Stilepoche erinnerndes Kruzifix, das sich seit 1989 im Altarraum befindet und von Edelbert Kostner aus St. Ulrich im Grödnertal / Südtirol gefertigt wurde, komplettieren die Ausstattung.

Noch im Einweihungsjahr von St. Michael schenkte die Gemeinde Heilige Familie der Filialkirche ihre Monstranz. Ein Vortragskreuz und ein Leuchter stammen von 1964.

schon 1947 bezeichnend in Worte fasste: „Die Gestalten des Kirchenbaus erscheinen als Schnittstellen von Mensch und Welt, von Menschengeschichte und göttlichem Handeln; als Verdeutlichungen jenes geheimnisvollen Zuges, in welchem das Volk Gottes durch die Zeit wandert; als riesige Symbole, an welchen das christliche Sein in der Zeit anschaubar wird, und als die Formen, in denen es sich kultisch vollzieht."[7] ∎

Seit 1967 schlagen drei Glocken aus einer Bronzegießerei in Gescher / Westfalen im Turm von St. Michael; sie tragen die Namen der Erzengel Michael, Gabriel und Raphael und klingen auf g, c und a. Die Orgel aus dem Jahr 1966 wurde von der Firma Rudolf Speith aus Rietberg in Westfalen erbaut. Sie hat 14 Register. Ihr Gehäuse wurde dem modernen Stil der Kirche angepasst.

Das Gotteshaus von St. Michael verkörpert in seiner architektonischen Form das, was Romano Guardini

Anmerkungen

[1] Entwürfe des Architekten Thomas Stahlheber, Bad Schwalbach, aus dem Jahr 1960, die für den Neubau die Form einer abgeknickten achteckigen Pyramide als Konstruktion im Stahlrohrbau vorsahen, wurden vom Bischöflichen Ordinariat Limburg nicht akzeptiert. Der Pfr. Bruno Fieger (gest. 1985) berichtet am 17.10.1960 vom raschen Wachstum des Viertels: „Im Pfarrbezirk Südfriedhof wohnen zur Zeit rund 1800 Katholiken, eine Zahl, die sich durch die ständigen Wohnungsneubauten laufend erhöht. Es handelt sich hierbei vorwiegend um Beamte und Angestellte, und zwar meist um junge Familien, (…)." Und weiter heißt es: „Aber auch der Kirchbau (…) ist sehr notwendig. Ganz abgesehen von der dumpfen, niederdrückenden Atmosphäre in der Friedhofstrauerhalle reicht dort der Platz kaum noch aus. (…). Ich darf auch nicht verschweigen, daß mehrere unserer Trauerhallenbesucher an schwülen Tagen bisweilen einen unangenehmen Geruch von der anstoßenden Leichenhalle her wahrzunehmen glauben." DAL, WI, Hl. Familie, 30, 1959–67.

[2] In: 25 Jahre Kirche und Kindergarten St. Michael in Wiesbaden, 1989, S. 39 wird in der Bildunterschrift versehentlich der Name Bernd Hess genannt.

[3] Zit. aus: Kerstin Wittmann-Englert, Der Bau als Bild, Anthropologische Implikationen des nachkriegsmodernen Kirchenbaus, in: Hanns Kerner (Hrsg.), Lebensraum Kirchenraum, Das Heilige und das Profane, Leipzig 2008, S. 77–89, hier S. 82–83.

[4] Vgl. 25 Jahre Kirche und Kindergarten St. Michael in Wiesbaden, 1989, S. 25.

[5] Vgl. DAL, Wiesbaden, Michael, 31 Nr. 1972–1990. Am 11.10.1987 wurde die Marienkapelle offiziell geweiht; vgl. 25 Jahre Kirche und Kindergarten St. Michael in Wiesbaden, 1989, S. 36.

[6] Leyk, 2012, S. 33, 129, 139, Nr. 79, 458–459.

[7] Zit. nach Wiittmann-Englert, 2008, S. 84.

Christkönig
Haus aus lebendigen Steinen

Borkestraße 4
65205 Wiesbaden-Nordenstadt

Paul Johannbroer
1962–1965

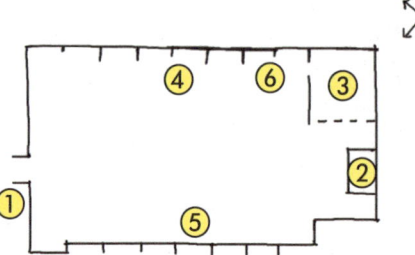

Während des Zweiten Weltkrieges fanden nahezu 400 Vertriebene aus den ehemaligen deutschen Ostgebieten in Nordenstadt eine neue Heimat. Zunächst besuchten sie die Gottesdienste in Hochheim. Als 1946 Vikar Rudolf Werner (1902–1959), ebenfalls ein Heimatvertriebener aus Böhmen, zum ersten Seelsorger für Nordenstadt ernannt wurde,[1] richtete man wenig später einen Andachtsraum im „Schützenhaus" ein. Kurz danach, im Jahr 1949, übernahm das Bistum das Gasthaus „Zur Krone" und baute dessen großen Saal zu einer Notkirche um – was im Übrigen einige Proteste der Anwohnenden nach sich zog, da der Saal des Gasthauses nun nicht mehr für Festivitäten genutzt werden konnte.

Ein angemessenes Gotteshaus für nunmehr 1.500 Katholiken konnte in Nordenstadt am 5. September 1965 durch den Limburger Weihbischof Walther Kampe (1909–1998) auf das Patrozinium Christkönig geweiht werden.[2]

Der Wiesbadener Architekt Paul Johannbroer (1916–1985) ordnete die Kirche und die angrenzenden Gebäude hufeisenförmig an. Das Gebäudeensemble ist nach Nordwesten durch den Kirchenbau geschlossen und öffnet sich nach Süden zur Straße. Der 18 Meter hohe Glockenturm wurde in die Kirchenfront integriert.[3] Von diesem ausgehend zieht sich ein asymmetrisches, schiefergedecktes

Außenfassade der Kirche mit tief herabgezogenem Pultdach

Pultdach als Binderkonstruktion zur Nordwestseite tief herab.

Das rustikale Natursteinmauerwerk aus unregelmäßig behauenem Stein verbirgt einen mit Ziegeln ausgefachten Stahlbetonbau. Das Sichtmauerwerk entspricht der Technik des Feldsteinbaus. Die einzelnen Steine muten durch ihre unterschiedlichen Formen wie Findlinge an.[4] Ihre Individualität findet ihre biblische Entsprechung im ersten Petrusbrief, in dem die Kirche als „Haus aus lebendigen Steinen" (1 Petr 2,4–5) beschrieben wird. Die Idee der „lapides vivi" für die Gemeinschaft der hier am Ort versammelten Gläubigen, aber auch für die Gegenwart Jesu Christi selbst, formt und kennzeichnet in diesem Sinne plastisch die Außenhaut der sakralen Architektur.

Zugleich symbolisiert diese Materialästhetik Massivität und Widerstandsfähigkeit, was wiederum auf ein Verständnis Gottes als „Fels" und „Burg" der Zuflucht und Zuversicht verweist (Ps 18,3). Gerade mit Blick auf die Geschichte und den Ursprung der Gemeinde in Nordenstadt erhalten diese materialikonografischen Überlegungen ein besonderes Gewicht, evoziert doch das Material Stein die Vorstellung von dauerhafter Beständigkeit und verleiht dem Wunsch nach bleibender Erinnerung Ausdruck.

Der in die Fassade der Kirche eingelassene Grundstein ① dient ebenfalls als Zeitkapsel. Neben der Urkunde der Grundsteinlegung, dem Verzeichnis der Regierung und einigen Münzen von 1962 befindet sich in ihr eine Ausgabe des Wiesbadener Kuriers vom Wochenende des Festaktes.[5]

Durch das Hauptportal, aber auch durch eine kleinere Tür am Turmfuß, gelangt man in das Innere der Kirche. Der Tür sind kleine Blumen als Metallbeschläge appliziert; es ist der Eingang zum Paradies.[6] Und, obwohl wir auch im Inneren des Kirchenbaus wieder auf die Schönheit der Natursteine treffen, drängen hier die tragenden Holzelemente der Wand- und Deckenkonstruktion in den Vordergrund. Über das rechteckige Kirchenschiff neigt sich das Pultdach tief zur nordwestlichen Wand. Dadurch erhält das eigentlich nicht abgesonderte Seitenschiff doch eine gänzlich andere Raumwirkung. Wie ein bergendes Zelt spannt sich die Decke über die versammelte Gemeinde und antwortet damit architektonisch auf das Schutzbedürfnis der vielfach kriegstraumatisierten Menschen. In Psalm 27,5 heißt es: „Denn er birgt mich in seinem Haus am Tag des Unheils; / er beschirmt mich im Schutz seines Zeltes, / er hebt mich auf einen Felsen empor." Das biblische Volk Israel sieht im Zelt das Zeichen für die schützende Gegenwart Gottes.

Die Gesamtstruktur der Raumanlage ist erstaunlich, bedenkt man, dass die Bauzeit der Kirche Christkönig noch in die Zeit des Zweiten Vatikanischen Konzils fiel. Von allen 350 Sitzplätzen in den Kirchenbänken können die Gläubigen das liturgische Geschehen am Altar ungehindert mitverfolgen. Keine Stütze verstellt den Blick. Auch besaß der Altar ② bereits zur Erbauungszeit der Kirche einen gewissen Abstand zur Wand.
Rechter Hand des Chores führt eine Tür in die Sakristei. Auf der gegenüberliegenden Seite des Altarraumes befindet sich eine Werktags- und Andachtskapelle, die auch zwischenzeitlich als Taufkapelle genutzt wurde ③. Eine Stahlbetonrahmenkonstruktion schirmt diesen Raum zum Kirchenschiff ab.[7]

Der Chor wird auf seiner südöstlichen Seite von hoch gelegenen, ornamental gestalteten Bleiglasfenstern des Künstlers Johannes Beeck (1927–2010) belichtet ②. Im Kirchenschiff trennt im oberen Bereich der nordwestlichen Wand ein ebenfalls abstrakt gestaltetes Glasband in den Farben Blau und Grün das Himmlische vom Irdischen und scheint auf diese Weise, das Dach schweben zu lassen ④.
Auf der gegenüberliegenden Wand zieht sich ein breites Fensterband aus farbigem Echt-Antik-Glas als Hauptlichtquelle durch den gesamten Kirchenraum ⑤. Eine an der rechten unteren Ecke platzierte Signatur weist als ausführende Werkstatt der Entwürfe Beecks Rudolf Maur in Ahrweiler aus. Die Bleiglasfenster erinnern mit ihren kristallinen Formen an das Motiv des aus Edelsteinen erbauten Himmlischen Jerusalems (Offb 21,11–15). Die Darstellungen in den sieben Fenstern sind in ihrer Bildsprache zugleich stark reduziert wie expressiv überformt. Jede figürliche Szene ist von einer starken Farbigkeit und wird von einer Parabel gerahmt, die sie vom Fond abhebt. Vor Augen geführt werden, unserem Weg vom Eingang zum Chor folgend, Er-

Innenansicht nach Nordosten zum Altar

eignisse aus dem Leben Jesu. Das erste Fenster zeigt die Anbetung der Weisen aus dem Morgenland, sodann folgen Schilderungen mit den Wundertaten des Gottessohnes: Er zähmt, in einem Boot mit den Jüngern stehend, einen gewaltigen Sturm (Mt 8,23–26). Dieser Darstellung schließt sich die Verklärung Jesu an (Mt 17,1–8). Die darauffolgende Szene zeigt die Erweckung des Lazarus. Die Fußwaschung der Jünger vor dem letzten Abendmahl füllt den darauffolgenden Abschnitt (Joh 13,5–10). Mit

dieser Szene korrespondiert das nächste Bildfeld: der Präfekt Pontius Pilatus wäscht seine Hände in Unschuld (Mt 27,11–26). Trägt Jesus in dieser Szene die Dornenkrone, zeichnet ihn im letzten Bildfeld die Herrscherkrone samt Zepter und Weltenkugel als Christkönig aus, den König des Volkes Gottes.[8]
Altar, Sakramentsaltar und Ambo sind aus französischem Savonnières, einem weichen Kalkstein gefertigt.[9] Das Altarkreuz, das zwei Schauseiten besitzt und gewendet werden kann, wird von hinten beleuchtet. Aufgesetzt sind Glassteine, die an Bergkristalle erinnern. Der Tabernakel aus dem Jahr 1958 aus der Werkstatt des Hochheimer Schreiners Schauerer zeigt in Email ein Bild des letzten Abendmahls.

Neben dem Tabernakel steht eine anmutige Madonnenfigur, die im Auftrag von Pfarrer Thiemeyer und dem Gemeinderat 1969 entstand ⑥. Der aus Glogau in Schlesien stammende und später in Frankfurt a. M. lebende Künstler Erich Jaekel (1903–

Fensterband mit Szenen aus dem Leben Jesu von Johannes Beeck

1978) schnitzte sie aus Lindenholz als Nachbildung seiner „Königsteiner Madonna", die auch den Titel „Madonna der Heimatvertriebenen" trägt. Jaekel war in Stalingrad in Kriegsgefangenschaft geraten und hatte dort gelobt, ein großes Marienbild zu schaffen, falls er die Heimkehr erleben sollte. 1948 kehrte er zurück und erfüllte sein Gelübde. Es entstand 1951 die sogenannte Theologenmadonna für die Kapelle des Königsteiner Priesterseminars. Auf diese folgte ein Jahr später die „Mutter der Vertriebenen" für die Kollegskirche in Königstein. Sie stellt Maria als Schutzmantelmadonna vor. Unter ihrem weiten Mantel sind bittende, betende, erwartende und hoffende Menschen versammelt; ihr Schutz gilt den Geflüchteten.[10]

Eine kleine Statuette des hl. Josef wurde im Jahr 1988 von einem Gemeindemitglied gestiftet. Vor den Bänken im Nordwesten steht das Taufbecken mit hölzernem Deckel, worüber eine geschnitzte Taube zu schweben scheint. An derselben Wand ist

und heute zur Gemeinde gehört. Zu sehen ist die hl. Birgid mit Äbtissinnenstab und dem Birgidkreuz. In der linken Hand trägt sie die Nordenstädter Kirche.

In dieser Ikone scheinen sich Vergangenheit und Gegenwart zu vereinen: Die Bedeutung eines bergenden Schutzraumes wie die Kirche Christkönig selbst zusammen mit der Idee eines Zeltes, das Flüchtlingen Schutz verheißt – Themen, die seit Fertigstellung des Gotteshauses 1965 bis heute an Relevanz nicht verloren haben. ∎

auch der Kreuzweg mit 14 Stationen aus Lindenholz angebracht. Dieser wurde 1991 vom Kunstatelier Slabbinck, Brügge, angekauft.[11]

Jüngster Zugang in der Ausstattung der Kirche ist die Ikone „St. Birgid mit Christ König", die 2019 vom syrischen Ikonenschreiber Osama Msleh gefertigt wurde.[12] Nach der Sonnenberger St.-Birgid-Ikone ist diese die zweite, eigens für die Pfarrei geschriebene und gestiftete Ikone von der Hand Mslehs, der mit seiner Familie aus Syrien nach Deutschland floh

Anmerkungen

[1] Sein Grabstein ist prominent an der Hauptfront von Christkönig aufgestellt.

[2] Historische Fotografien finden sich in: Jahrbuch des Bistums Limburg, 1966, S. 85.

[3] Seit 1966 beherbergt er zwei Glocken der Firma Schilling aus Heidelberg. Die große Glocke mit Grundton „b" trägt die Inschrift: „Gottes Stimme bin ich, seinen Namen künd' ich", die kleinere auf den Grundton „des" gestimmt trägt die Worte: „Gott zur Ehr', mein Rufen gilt allen." 1975 wurde das Geläut um eine dritte Glocke ergänzt, die auf den Grundton „es" klingt; vgl. DAL, WI Nordenstadt 32, Nr. 1, 1975–87.

[4] Siehe auch: Christian Fuhrmeister, Erratische Steine: Die (politische) Bedeutung von Findlingen in den letzten 200 Jahren, 2013, https://www.zikg.eu/personen/pdf/fuhrmeister-erratische-steine-die-politische-bedeutung-von-findlingen-in-den-letzten-200-jahren (letzter Zugriff: 26.01.24, 09:46 Uhr).

[5] Vgl. Art. zur Grundsteinlegung im WK vom 27.08.1962.

[6] Das Portal wurde 1981 erneuert, da die urspr. hölzerne Tür witterungsbedingt ersetzt werden musste; vgl. DAL, WI Nordenstadt, 30 Nr. 1, 1972–1990.

[7] Erst spät, 1987, erfolgte der Ankauf einer eigenen elektron. gesteuerten Orgel mit zwei Manualen und Pedal bei der Firma Ahlborn Orgel GmbH aus Ditzingen-Heimerdingen; DAL, WI Nordenstadt 32, Nr. 1, 1975–87.

[8] Leyk, 2012, Nr. 52, S. 135, 156–157, 432–434.

[9] So ein Art. des WK vom 03.09.1965. Zeitweilen liest man auch, es handele sich um schwedischen Naturstein; vgl. 50 Jahre Kirche Christkönig, 2015, S. 16.

[10] Vgl. https://kulturstiftung.org/zeitstrahl/die-mutter-der-vertriebenen-in-koenigstein (letzter Zugriff: 17.08.2023, 15:31 Uhr).

[11] DAL, WI Nordenstadt, 32 Nr. 2, 1991–1995.

[12] WK, 11.12.2019.

St. Andreas
Schützende Gottesburg

Assmannshäuser Straße 11
65197 Wiesbaden

Hans Weber
1963–1965

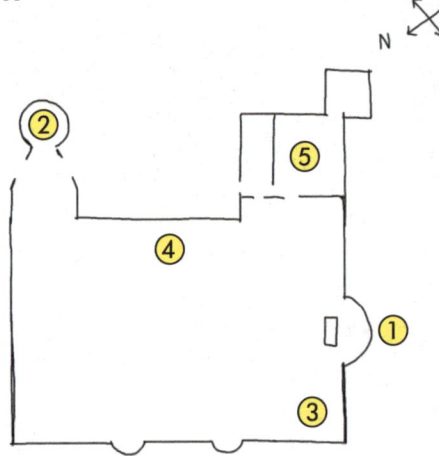

Von der Nachkriegszeit bis in die 1960er-Jahre hinein entstanden viele sakrale Neubauten. Das Bedürfnis nach neuen Gotteshäusern war immens; es mussten nicht nur die kriegszerstörten Sakralbauten ersetzt werden, auch viele neue Pfarrgemeinden entstanden, nicht zuletzt bedingt durch die massiven Veränderungen der Bevölkerungsstruktur in Folge des Zweiten Weltkrieges.
Bischof Wilhelm Kempf (1906–1982) gründete im Jahr 1957 die Gemeinde St. Andreas im Rheingauviertel, wo er selbst Kindheit und Jugend verbracht hatte. Die Wahl auf den hl. Andreas als Patron kam nicht von ungefähr, fand doch der traditionelle Wiesbadener Andreasmarkt auf einem Platz statt, der zum Pfarrgebiet gehörte. Nachdem der erste Spatenstich für das Gemeindezentrum schon am 3. Mai 1959 erfolgte, baute man von 1963 bis 1965 die Kirche nach den Plänen des Architekten Hans Weber aus Amöneburg bei Kassel; Bischof Kempf weihte sie am 26. Mai 1965.[1]

Die Kirche St. Andreas umschließt gemeinsam mit ihrer kleinen Kapelle, den Gebäudeflügeln des Pfarr- und des Gemeindehauses und einer breiten

Luftaufnahme der Kirche mit Glockenturm und ehemaliger Taufkapelle

Freitreppe einen etwas vertieft liegenden Innenhof. Südöstlich ragt ein vom Baukörper der Kirche leicht abgerückter Turm von quadratischem Grundmaß 30 Meter in die Höhe und erinnert in seiner Form an einen italienischen Campanile. Ein Querriegel verbindet den Turm mit dem Gotteshaus; in ihm sind Sakristei sowie Orgelempore untergebracht. Kirche und Seitentrakt sind flach gedeckt.

Der Massivbau der Sakralarchitektur besteht aus zwei Schalen von Ziegelmauerwänden mit dazwischen eingestellten Stahlbetonstützen.[2] Den oberen optischen Abschluss bildet ein umlaufendes breites weißes Band, das der Kirche ihr markantes Aussehen verleiht. Der kubische Baukörper wirkt in sich geschlossen und kompakt, wodurch er Zeitlosigkeit, Ruhe und Standfestigkeit ausstrahlt. Das schlichte, breit gelagerte Kirchenschiff mit rechteckigem Grundriss, Turm und separater Taufkapelle erinnert an frühmittelalterliche Sakralbauten: Im Rückgriff auf den Typus ottonischer Saalkirchen bestimmt eine solide, additive Bauweise die Architektur. Der solitäre Campanile unterstreicht die Imposanz des Gebäudes. St. Andreas folgt in seiner Form der Idee einer mächtigen „Gottesburg". Es war eben diese Vorstellung, dieser Wunsch nach einer Schutz und Beständigkeit ausdrückenden Raumgestalt, die prägend für die Kirchenneubauten der Zeit nach 1950 war.

An der Chorapsis, die als Rundung aus der Raumhülle hervorragt ①, ist der Grundstein platziert: „Gestern und heute – Anfang und Ende – 1963" lautet die Vergangenheit und Gegenwart verbindende Inschrift. Des Weiteren findet sich hier das aus den griechischen Buchstaben „chi" (X) und „rho" (P) für Χριστός, „der Gesalbte", gebildete Christusmonogramm sowie die Lettern A und Ω. Außer der Chorapside treten noch zwei weitere kleine Ausformungen für die Beichtstühle als halbrunde Wandnischen aus der Flucht der Wand heraus.

Eine verglaste Vorhalle verbindet das Kirchenschiff mit einer Kapelle, die ehemals als Taufort genutzt wurde ②. Sie ist von kreisrunder Form mit hohem, hellgrün patiniertem, kupferbeschlagenem Kegeldach. Im Verständnis der Taufe als Sakrament der Aufnahme des Einzelnen in die Gemeinschaft der Gläubigen markiert die Kapelle hier auch im räum-

Ansicht nach Südwesten mit Innenraumgestaltung durch Friedrich Ernst von Garnier

lichen Sinne den Zugang zur Kirche. Ihre Anlage in St. Andreas nimmt damit Bezug auf die Tradition frühchristlicher Baptisterien, die meist unmittelbar neben den Kirchen errichtet wurden und oft auch mit diesen verbunden waren. Das Bodenniveau der kleinen Kapelle liegt etwas vertieft, gleichsam als Verweis auf Jesu Hinabsteigen in den Jordan. Die Fenster von Joseph (Jupp) Jost (1920–1993) sind aus Betonglasbausteinen gefertigt. Ihre blaue Tropfen-form versinnbildlicht den reinigenden Ritus. Die roten Elemente symbolisieren das Wirken des Hl. Geistes und den Beginn des neuen Lebens in und mit Christus.

Heute dient die einstige Taufkapelle der Marienverehrung. Inmitten des Raumes steht eine Marienfigur aus Afrika, die 1971 von Christen aus dem Bistum Diébougou in Burkina Faso der Wiesbadener Gemeinde als Dank für ihre finanzielle Unterstüt-

an: Er ist einschiffig und nicht durch freistehende Stützen unterteilt. Das gesamte Kirchenschiff ist mit klaren, strengen Formen und einer flachen Decke längs auf den weiten Altarraum nach Süden ausgerichtet. Der Altar steht erhöht vor der raumhohen Apsis.

Die hölzerne Kassettendecke aus Tannenholz begünstigt die Akustik. Die farbige Gestaltung der Wandflächen wie auch die Lichtführung der Fenster schaffen eine besondere, sakral anmutende Atmosphäre, die aber gänzlich ohne triumphalen Gestus ist. 1996 entwickelte der Künstler Friedrich Ernst von Garnier (1935–2023) das Farbkonzept für diesen sakralen Raum. Garnier war Begründer der „Organischen Farbigkeit", einer Disziplin, die der Bionik zuzuordnen ist.[3] Letztere beschäftigt sich mit der Übertragung von Phänomenen der Natur auf technische Belange. Garnier griff in seiner sensiblen Farbraumgestaltung die Farbklänge der Natur auf.

Die Fensterentwürfe stammen von dem bereits erwähnten Künstler Joseph (Jupp) Jost, der Mitglied der Wiesbadener Künstlergruppe 50 war. Die Ausführung lag bei den Glasstudios Derix in Taunusstein. Das hohe, abstrakt gestaltete Fenster an der Westseite des Altarraumes lenkt den Blick zum Allerheiligsten, zum Tabernakel ③. Vertikale, bleiverglaste Fensterbänder lassen das Tageslicht von Westen her in den Chor und den Eingangsbereich fluten. Die farbigen Fenster sind überwiegend in Rot und Blau gehalten und spielen auf das Pfingstwunder an. Sie zeigen Wellenströme in hellen und dunklen Blautönen, Weiß und Grau mit bernsteinfarbenen und roten Elementen, den Feuerzungen des Hl. Geistes.

Die künstlerische Gestaltung der gesamten nach Osten geöffneten, deutlich niedrigeren Glasfront gegenüber ④ reicht bis in die gläserne Umrahmung der Eingangstür hinein und stellt den Betrachtenden das Martyrium des Apostels Andreas vor Augen: Der Heilige steht – in ein blutrotes Gewand gehüllt – vor einem Kreuz aus zwei diagonal angeordneten Balken. Fesseln halten seine Hände wie Füße daran. Andreas, der nach der Legenda aurea noch zwei Tage vom Kreuz herunter predigte, wird von einem himmlischen Licht umfangen. Ströme seiner Rede fließen wie die Zungen des Pfingstfeuers in den Kirchenraum.

Die Prinzipalstücke – Altar, Tabernakel und Ambo –

zung geschenkt wurde. Der afrikanische Künstler Martin Sanon aus dem Stamm der Bobo hat die Madonna aus Akazienholz geschnitzt.

Im Kircheninneren wird der Eindruck der nüchternen Größe und weiträumigen Gestaltung des Baus, der für 500 Gläubige Sitzplätze bereithält, fortgeführt. Klarheit, Licht, Funktionalität und Maß sind die Prinzipien, denen er folgt. Der Innenraum knüpft an die jahrhundertealte Form der Saalkirche

Wandbehang mit Kreuzwegszenen von Claus Kilian

wurden im Zuge der Altarraumumgestaltung im Sinne des Zweiten Vatikanischen Konzils Anfang der 1970er-Jahre durch bronzene Ausführungen von Bildhauer und Goldschmied Evert Hofacker (*1932) aus Koblenz ersetzt. Sie greifen Motive der industriellen Produktion wie Zahnräder, Getriebe, Pumpen und Maschinen auf, wandeln sie in futuristisch bis abstrakt anmutende Formgebilde um und antworten damit auf die Alltagswelt der Gemeinde, in deren Einzugsgebiet sich verhältnismäßig viele Gewerbebetriebe befanden. Das zu diesem Ensemble gehörende bronzene Altarkreuz existiert noch heute am Kirchort, wurde aber im Altarraum durch die Präsentation eines romanisch nachempfundenen Kreuzes ersetzt.

Eine Alabasterskulptur des hl. Andreas an der Chorwand nahe dem Tabernakel ③ befindet sich seit 1980 in der Kirche und verdient einen besonderen Blick. Sie stammt aus dem Burgund des späten 14. Jahrhunderts und zeigt den Apostel mit Buch und dem nach ihm benannten Andreaskreuz.

In den 1980er-Jahren baute man die Orgelempore als kleine Werktagskapelle aus ⑤. Hier ist ein besonderer Kreuzweg aus dem Jahr 1985 in Form eines bestickten Wandbehanges von Claus Kilian (1928–2022), Braunschweig, zu entdecken. Die Kreuzwegstationen wurden von ihm als Simultanbild gestaltet. Es lassen sich, chronologisch beginnend links oben mit dem Judaskuss, neun Einzelszenen entdecken. Manche von ihnen, wie etwa der Fall Jesu unter dem Kreuz, verbindet der Künstler mit anderen, eigentlich eigenständigen Stationen wie in diesem Fall mit der Begegnung mit der hl. Veronika und der Hilfe des hl. Simon von Kyrene beim Tragen des Kreuzes.

Hier in der Werktagskapelle findet sich zudem eine kleine Madonnenfigur aus rötlichem Westerwälder Ton, geschaffen von H. Burger aus Höhr-Grenzhausen. Sie gehört ebenso zur Erstausstattung von St. Andreas wie die im hinteren Teil der Kirche aufgestellten Figuren der Gottesmutter und des hl. Josef. Auch das Kirchengestühl stammt original aus der Bauzeit.

Unter der Orgelempore befindet sich ein Gedenkstein an den ersten Pfarrer der Gemeinde, Ludwig Nüchter (1917–1968). Die Orgel von Hugo Mayer Heusweiler (Saarland) mit 20 Registern ergänzte 1974 das Inventar. Das Schwellwerk ist zusätzlich von einem beweglichen Spieltisch unterhalb der Orgel spielbar.

Der mächtige Saalbau von St. Andreas besticht durch die Klarheit, Einfachheit und Schlichtheit seiner Formen. Wie bei den ottonischen Kirchen herrscht hier durch den Gebrauch stereometrischer Grundformen ein additives System vor, welches das Äußere des Baukörpers konkret und plastisch gliedert.

Als Sinnbild einer Gottesburg mit wehrhaftem Charakter verspricht St. Andreas Schutz und Zuflucht, die Kassettierung der Holzdecke und das Farbkonzept Garniers im Inneren lassen die Eintretenden in Wärme und Geborgenheit rasten. ∎

Anmerkungen

[1] Bis 1960 fanden die Gottesdienste in der Lorcher Schule statt, in den darauf folgenden fünf Jahren nutzte man den Saal des Gemeindehauses als Gottesdienstraum. Historische Fotografien finden sich in: Jahrbuch des Bistums Limburg, 1966, S. 84.

[2] Um 1900 befanden sich auf dem Stadtgebiet Wiesbadens 22 Ziegeleien. In den Jahren des Wiederaufbaus nach dem Zweiten Weltkrieg erlebten die zehn unversehrt gebliebenen Betriebe einen letzten Aufschwung. Im weiteren Verlauf des 20. Jahrhunderts wurden aber auch diese geschlossen.

[3] Das Spezialgebiet des Künstlers, Farbphilosophen, Grafikers und Industrie-Designers war die architekturbegleitende Farbgebung v. a. von Quartieren des sozialen Wohnungsbaus und Industrieanlagen, so z. B. im Industriepark Höchst, wo er mehr als 70 Gebäude farblich gestaltete. 1974 entwarf er für die Firma Adidas die Trikots der Fußball-Bundesliga farblich neu. Von 1955–1959 hatte er an der Werkkunstschule Wiesbaden studiert; siehe dazu: Rabea Hartmann, Friedrich Ernst von Garnier, in: Die Werkkunstschule Wiesbaden 1949–1970, Die legendäre Talentschmiede, hrsg. v. Kunstarche Wiesbaden e. V., Wiesbaden 2016, S. 82.

Mariä Heimsuchung
Auf Davids Stern gegründet

Helmholtzstraße 58
65199 Wiesbaden-Kohlheck

Johannes Jackel
1963–1966

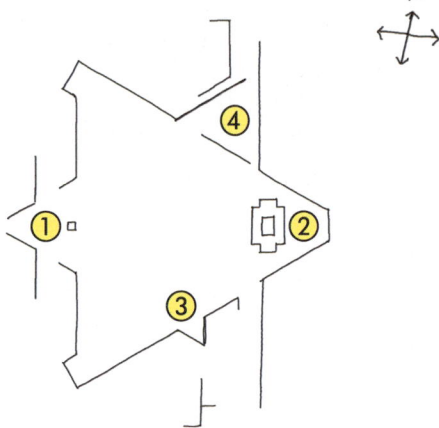

Der im Westen Wiesbadens gelegene Kirchenbau Mariä Heimsuchung prägt mit seiner imposanten Erscheinung das Stadtbild. Ab 1960 geplant, wurde er von 1963 bis 1966 nach den Entwürfen des Berliner Architekten Johannes Jackel (1922–2006) im Ortsteil Kohlheck errichtet.[1] Am 3. Juli 1966 konsekrierte Weihbischof Walther Kampe (1909–1998) den Neubau. Auf der Dotzheimer Höhe gelegen und Wiesbaden zugewandt, antwortet die Silhouette der modernen Kirche selbstbewusst auf die historistische Turmvielfalt der Innenstadt. Die Lage auf dem Rücken eines Höhenzuges exponiert den Sakralbau und verleiht ihm so weithin sichtbare Präsenz. Wie ein Zelt oder die Segel eines großen Schiffes spannt sich der sakrale Baukörper auf. Die Kirche strahlt in ihrer körperhaften Gestalt wohl wie keine andere in der Landeshauptstadt ein Signal von Stabilität und Stärke aus und antwortet offensichtlich mit ihrer besonderen architektonischen Form auf das große Bedürfnis der sich hier nach dem Krieg neu ansiedelnden Menschen nach Schutz, Raum und Sicherheit.

Der nach Osten gewandte Turm misst 42,77 Meter. Das Turmkreuz verlängert diese Höhe nochmals auf 46,32 Meter.[2] Die Baumaterialien Glas, Sichtbeton

Der hochaufragende Glockenturm der Kirche mit Ausrichtung nach Osten

und Naturstein (rheinischer Schiefer für die Dachbedeckung und den Fußbodenbelag im Inneren) entsprechen dem Geschmack der Zeit. Die Außenhaut war ursprünglich mit Betonplatten verkleidet, die sich jedoch im Laufe der Zeit aus ihren Verklammerungen lösten, sodass man sie 1982 durch Granittafeln ersetzen musste.[3] Der Turm ist nicht nur Träger der Glocken, sondern verbindet schon durch seinen eindrucksvollen Höhenzug die himmlische Sphäre mit unserer Welt.[4]

Die dem Patrozinium der Kirche entsprechende marianische Thematik berücksichtigte der Architekt Jackel in kühnster Weise auf mehreren Ebenen: Der Grundriss basiert auf der Form des Davidsterns, der auf Mariens jüdische Abstammung verweist und damit auch architektonisch das Christentum mit dem Judentum verknüpft. Texte des jüdischen Mystizismus aus dem 14. Jahrhundert führen den Davidstern auf ein Hexagramm zurück, das sich auf dem Schild König Davids befunden haben soll und seinem Träger durch die Gegenwart Gottes wie ein Talisman Schutz bot. Der Davidstern besteht aus zwei ineinandergeschobenen gleichseitigen Dreiecken. Sie versinnbildlichen die Beziehung zwischen Mensch und Gott. Das nach unten weisende Dreieck drückt aus: Der Mensch hat sein Leben von Gott erhalten; das nach oben weisende Dreieck: Der Mensch wird zu Gott zurückkehren. Darüber hinaus stehen die sechs kleinen Dreiecke in den Spitzen für die sechs Schöpfungstage und das große Sechseck in der Mitte für den siebenten Tag, den Ruhetag. Der gesamte Stern hat zwölf Ecken, entsprechend der Anzahl der Stämme Israels.

Nicht nur der Grundriss, sondern auch der Aufriss der Kirche zeigt bemerkenswerte Formen: Der Blick von Westen auf den Bau zeigt sich nach oben verjüngende Dreiecksflächen, die an Segel erinnern. Diese bilden gemeinsam mit dem hoch emporragenden Steildach ein Marienmonogramm: die ineinander verwobene Ligatur der Buchstaben M und A. Diese wird auch „Auspice Maria" genannt, was so viel bedeutet wie „unter dem Schutz Mariens". Im 17. Jahrhundert wurde dieses Signum durch die Jesuiten entwickelt und erlangte rasch Beliebtheit und Verbreitung in der Volksfrömmigkeit.

Der Architekt Johannes Jackel hatte bereits für die katholische Pfarrgemeinde Maria unter dem Kreuz in Berlin-Friedenau die historistische Kirche nach den Vorgaben des Zweiten Vatikanischen Konzils umgestaltet. Auch das von ihm entworfene Ignatius-Haus am Amtsgerichtsplatz in Berlin-Charlottenburg, das Sitz der norddeutschen Provinz Societas Jesu und der Christlichen Glaubens- und Lebensschule St. Ignatius war, ist mit Blick auf die Wiesbadener Kirche erwähnenswert. In den Jahren 1955/56 wurde es mit Kapelle, Wohnheim, Tagungsräumen und Ladenzone errichtet. Seine skulpturalen und dynamischen Formen bestimmen auch hier das Gesamtbild.

In Mariä Heimsuchung sind Licht und Form die dominierenden Elemente des gesamten Baus. Wenn man von Westen die Kirche betritt und in den Innenraum mit seinen 450 Sitzplätzen hinabsteigt, wird man sich sogleich des außergewöhnlichen Raumvolumens dieser sakralen Architektur bewusst. Die glatten, hoch aufragenden Monumentalflächen der Außenhaut umschließen das Innere wie

Ansicht von Westen auf den Baukörper und das große Glasfenster des Turmes

eine Zeltplane. Das biblische Motiv des Zeltes findet sich in der Idee des Himmelszeltes (Ps 104), aber auch die Bundeslade wurde während der 40-jährigen Wanderschaft des Volkes Israel durch die Wüste in einem Zeltheiligtum (Tabernaculum, Ex 25–31) aufbewahrt.

Das Bodenniveau senkt sich zum fast fünf Tonnen schweren Altar aus Muschelkalk hin ab.[5] Das Taufbecken im Eingangsbereich fungiert zugleich als Weihwasserbecken ①, sein Deckel zeigt eine als Kupferätzung ausgeführte Darstellung der Taufe Jesu von Paul Corazolla (1930–2018). Der Taufstein und die Altarmensa liegen nicht allein auf einer Linie, sondern markieren auch dasselbe Höhenniveau im Kirchenraum. Der physisch erfahrbare Wechsel aus Absenkung und Anhebung kulminiert in der enormen Höhenentwicklung des Steildaches, die

über dem Altar eine geradezu sogartige Wirkung entwickelt. Während der Eingangsbereich der Kirche im Dunkel verharrt, wird der Raumeindruck auf dem Weg zum Altar immer lichtdurchfluteter. Der Altarraum, das liturgische Zentrum der Kirche, ist zugleich ihr hellster Ort ❷. Der Eintretende wird tatsächlich wie im übertragenen Sinne von der Düsternis ins Licht geführt. Das große Fenster des Turmes beansprucht eine Fläche von nicht weniger als 170 Quadratmeter und bestand ursprünglich aus Polycarbonatglas, welches später gegen echtes Glas ausgetauscht wurde.[6] Eisenstangen dienen dem Fenster zur Unterstützung der Traglast. Es lässt das Licht von Westen in den Altarraum fluten, ohne dass das Auge des Besuchers oder der Besucherin die Lichtquelle ausmachen kann.

Auch die hohe schlanke Wand hinter dem Altar, die mit goldenen Streifen auf Nadelholz gestaltet ist, reflektiert diese Lichtfülle: Das göttliche Licht manifestiert sich in der Welt.

Das Goldstrahlen-Relief der Ostwand bündelt sich im höchsten Scheitelpunkt und hebt dort eine Darstellung der Taube des Hl. Geistes hervor, die auf ihrer Brust das Auge Gottes trägt und zugleich von einer Kreuzform hinterfangen wird. In dieser komprimierten Überlagerung von bildhaften Zeichen durch den Künstler Paul Corazolla wird wie im Bildtypus des Gnadenstuhles die Idee der hl. Dreifaltigkeit – Vater, Sohn und Hl. Geist – ausgedrückt.

Neben dem „Baustoff" Licht hat auch das menschgemachte, ungeschönt „ehrliche" Material Beton einen wesentlichen Anteil an der Wirkung dieses Sakralbaus. Beton ist leicht formbar, sorgt für Stabilität wie Schutz und besitzt zugleich eine besondere optische Anmutung durch seine spezifische Farbigkeit und die Körnung der Poren. In Mariä Heimsuchung weist die Struktur der aufgehenden armierten Betonwand noch die Musterung der Verschalung mit flachen Dreiecksformen auf; ein Ornament, das den Eindruck der Aufwärtsbewegung des Raumes noch verstärkt.

Zwei große Triptychen des Wiesbadener Malers Otto Ritschl (1885–1976) an den Wänden des Chores, rechts und links vom Altar, bereichern den sakralen Raum. Sie sind eine Dauerleihgabe des Museumsvereins Otto Ritschl e. V. seit dem Jahr 2010.[7] Ritschl schuf die Triptychen 1973 und 1976; sie gehören damit bereits zu seinem Spätwerk. 1918 beginnt er sein malerisches Schaffen als Autodidakt, noch unter dem Eindruck des Ersten Weltkrieges, zunächst expressionistisch, später sozialkritisch im Stil der Neuen Sachlichkeit. Bald schon verlässt er den gegenständlichen Kanon und entwickelt eine eigene abstrakte Formensprache. Seine Arbeiten waren auf der documenta 1 und 2 zu sehen. Die Triptychen im Chor der Kirche Mariä Heimsuchung

Blick in das Kircheninnere nach Westen auf die Orgel und Reste der Originalverglasung

zeigen große, ineinander schwebende, weiche wolkenartige Formen und Flächen in leuchtenden, nahezu pulsierenden Farben. Ritschl sprach diesen einen meditativen Formwert zu. Es sind sakrale Bildräume einer neuen Art, die der Künstler den Betrachtenden eröffnet und die ihre Imagination anstoßen wollen. Ritschl befasste sich vor allem nach dem Tod seiner Frau 1958 verstärkt mit dem Thema der Transzendenz und dem Kreislauf von Werden und Vergehen.

Neben diesen großartigen Werken der Malerei sind auch weitere Ausstattungselemente des Kirchenraumes erwähnenswert: Der im Sakramentspfeiler aus Beton eingefasste Tabernakel zeigt vier Engel mit jeweils sechs Flügeln, augenscheinlich Seraphim. Diese Kupferätzungen sind ebenfalls Arbeiten des bereits erwähnten Berliner Künstlers Corazolla. Das Vortragekreuz vom selben Künstler trägt Bilder der Evangelistensymbole auf den Balkenenden und einen Korpus der Berliner Werkstatt für

Blick in den Altarraum mit zwei Gemälden von Otto Ritschl und dem Kruzifix von Otto Habel

Kirchengeräte des Gold- und Silberschmiedes Johannes Schlüter (1898–?).[8] Nennenswert ist an dieser Stelle zudem ein Taufschränkchen unter der Orgelempore mit Kupferätzungen, ein weiteres Werk Corazollas. Es zeigt die Szene, in der Mose mit erhobenem Stab das Rote Meer teilt. Die Israeliten können nun hindurch ziehen, der Engel des Herrn schützt das Volk von hinten, die ägyptische Streitmacht hingegen versinkt im Meer (Ex 14,15–26 ff.). Ein Kreuzweg befindet sich zwar in der Kirche, der Architekt Johannes Jackel hatte jedoch ursprünglich einen außen um die Kirche herumführenden Kreuzweg geplant, dieser wurde jedoch nicht realisiert.[9]

Die Firma Walcker aus Ludwigsburg baute die 1974 eingeweihte Orgel mit 13 Registern, zwei Manualen, Pedal und mechanischer Spieltraktur.[10]

Die im Alpenraum geschnitzte, historisierende Pietà der rechten Seitennische ③ kam erst Ende der 1970er-, vielleicht auch erst in den 1980er-Jahren auf Betreiben des damaligen Pfarrers Ludwig Wermelskirchen (1920–1999) in die Kirche. Sie ersetzte eine Kupferätzung Corazollas, die hier auf einem in die Wand eingelassenen Eisenkreuz montiert war.[11] Das große Triumphkreuz, das über dem Altar hängt und 1970 geweiht wurde, gestaltete Otto Habel (1922–1996) aus einer Aluminium-Silicium-Legierung (Silumin).[12]

In der nördlichen Sternspitze des grandiosen Raumes, in der Marienkapelle ④, befindet sich eine Darstellung des Patroziniums der Kirche, eine künstlerische Formulierung der Heimsuchung von der Hand des Künstlers Otto Habel aus Leinfelden. Das Bild der Zusammenkunft von Maria und ihrer Base Elisabeth (Lk 1,42) ist in Enkaustiktechnik auf einem Kambalabrett[13] mit zwei Seitenteilen aus Birnbaumholz gemalt, zusätzlich geschnitzt und vergoldet."Gesegnet bist du mehr als alle anderen Frauen, und gesegnet ist die Frucht deines Leibes. Wer bin ich, dass die Mutter meines Herrn zu mir kommt?" Die hl. Elisabeth berührt den Bauch der schwangeren Maria, diese wiederum deutet mit der linken Hand zum Himmel.

Johannes Jackel schrieb zur Einweihung von Mariä Heimsuchung, die Konstruktionsweise und Baustoffe sollen sich auf drei Motive stützen: Die Kirche als „porta coeli", als Pforte des Himmels. Die Kirche als „auxilium christianorum", als Hilfe der Christen. Und, die Kirche als „stella matutina", als Morgenstern über dieser Stadt und diesem Land.[14] ∎

Anmerkungen

1 Am 01.10.1960 wurde die Gemeinde „Mariä Heimsuchung Wiesbaden-Dotzheim" gegründet; vgl. Urkunde zur Errichtung; DAL, Wiesbaden-Dotzheim, Mariä Heimsuchung, WI 20 / 20, 1958–67.
2 Der Längsbalken setzt erst sechs Meter über dem Bodenniveau des Gesamtkomplexes an; vgl. Baupläne DAL, WI Mariä Heimsuchung, 31 Nr. 1, 1968–1990 und Wiesbaden – Mariä Heimsuchung, 31 Nr. 2, 1978–1983.
3 Auch das Wellblech an der Westseite ist eine neuere Zutat; vgl. DAL, WI Mariä Heimsuchung, 31 Nr. 2, 1978–1983.
4 In 30 Meter Höhe befinden sich vier Bronzeglocken aus der Gießerei Petit und Gebrüder Edelbrock aus Gescher / Westfalen aus dem Jahr 1968. Die Glocken sind der hl. Maria, Königin des Friedens, und den hll. Johannes, Michael und Hildegard geweiht und klingen auf die Töne f, as, b und des. Vgl. Gutachten vom 19.06.1968; DAL, WI 23 30, 1945–63 (Gründung Kohlheck).
5 Altar, Sakramentssäule, Ambo und Taufstein stammen von der Firma Carl Schilling aus Kirchheim / Unterfranken bei Würzburg; vgl. Protokoll des Kirchenvorstandes vom 19.08.1965; DAL, WI 20 / 30. 1964–67, Wiesbaden-Dotzheim Mariä Heimsuchung. Im Altar sind Reliquien der hl. Bernadette Soubirous eingelassen. Ferner befindet sich unter dem Altar der Grundstein der Kirche. Hierin wurden Pläne des Architekten, Tages- und Kirchenzeitung, die Urkunde und Münzen eingeschlossen.
6 Allein an den Fenstern der Westseite sieht man noch die urspr. Verglasung. Die Fensterfläche des Turmes besaß einst zudem einzelne rote Glaselemente. Auch in der Nische mit der Pietà und in der Marienkapelle befinden sich kleine Rundfenster, die urspr. aus einzelnen buntverglasten Farbelementen bestanden. Diese sind heute nicht mehr erhalten.
7 Inv. Nr. 76/13, Komposition, 1976, Öl auf Leinwand, 225 x 525 cm, und Inv. Nr. 73/50, Komposition, 1973, Öl auf Leinwand, 235 x 525 cm.
8 Wermelskirchen, 1966, S. 22.
9 Entwürfe im Diözesanarchiv zeigen zusätzlich im Süden und Norden jeweils einen Außenaltar sowie an der östl. Wand ein Band aus figürlichen Motiven; vgl. DAL, Wiesbaden – Mariä Heimsuchung, 31 Nr. 2, 1978–1983.
10 Vgl. Art. WK, 24.10.2013; StadtA WI, ZAS / Kirchen und Gemeindehäuser der Stadtteile / Kohlheck / Mariae Heimsuchung.
11 Die Pietà Corazollas befindet sich noch im Besitz der Gemeinde.
12 Jackel sah urspr. fünf Bildtafeln an der Wand hinter dem Altar vor; vgl. Gutachten vom 19.06.1968; DAL, WI 23 / 30, 1945–63 (Gründung Kohlheck). Im Diözesanarchiv hat sich ein Kostenvoranschlag Otto Habels für deren Gestaltung vom 23.12.1965 erhalten. Der Entwurf kam nicht zur Ausführung. Im Schreiben wird erwähnt, dass Habels Eltern der Gemeinde angehörten, was die Verbindung des Künstlers zum Kirchort erklärt; vgl. DAL, WI 20 / 30, 1964–67, Wiesbaden-Dotzheim Mariä Heimsuchung.
13 Kambala ist Tropenholz eines Maulbergewächses aus Westafrika.
14 In: Wermelskirchen, 1966, S. 6.

St. Hedwig
Die Formwandlerin

Erich-Ollenhauer-Straße 40
65187 Wiesbaden-Gräselberg

Bernhard Weber
1973–1974

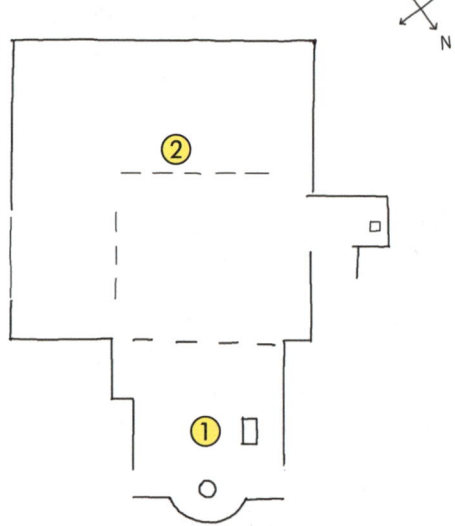

Eigentlich beginnt die Geschichte von St. Hedwig schon mit dem Siedlungsbau auf dem Gräselberg, wo von 1923 bis 1935 in den aufgelassenen Geländen der Backsteinfabriken neuer Wohnraum für bis zu 12.000 Menschen entstand. Bereits zu dieser Zeit machten die Katholiken ein Drittel der Siedlungsbevölkerung aus. Die langen Fußwege und überfüllten Kirchen der weiter entfernten Pfarreien St. Kilian an der Waldstraße oder Herz Jesu in der Gibb wurden erduldet. Doch als die Landeshauptstadt 1959 mit der Ausweitung des Standortes zur ersten Großsiedlung Wiesbadens nach dem Zweiten Weltkrieg begann, wurde die Lage des mitten ins freie Feld gesetzten neuen Bezirkes, ohne Kontakt zu den beiden historisch gewachsenen Gemeinden, zunehmend isolierter.

Im Treppenabgang des Eingangsbereiches von St. Hedwig hängt die Gründungsurkunde, welche vom Durchsetzungsvermögen Pfarrer Norbert Webers (1927–2010) und seiner Gemeinde erzählt. Bischof Wilhelm Kempf (1906–1982) hatte bereits im Juli

Die Kirche von Osten aus gesehen mit dem „Weberkreuz"

1964 eine Pfarrvikarie auf Anregung der Muttergemeinden errichtet. Ihr diente zunächst die Aula der Ludwig-Beck-Grundschule als Gottesdienstraum. Ein Jahr später wurde der Architekt und Bruder des Pfarrers, Bernhard Weber (1930–2000), mit der Gesamtplanung eines Gemeindezentrums inklusive Kindergarten beauftragt. Zwischenzeitlich, 1966, installierte man einen Gottesdienst- und Gemeinderaum im ehemaligen Büro der Firma Westbau an der Erich-Ollenhauer-Straße. Noch im selben Jahr wurde ein Kaufvertrag für ein großes Baugrundstück auf derselben Straße unterzeichnet und die junge Gemeinde zog mit ihrer Notkirche in die ehemalige Schreiner-Werkhalle der Ziegelei um.

Architekt Bernhard Webers erster Entwurf für das neue Gemeindezentrum schlägt anstelle eines Kirchenbaues eine „Hauskapellen-Festsaal-Kombination" vor. Es war das früheste multifunktionelle Raumprogramm im Bistum Limburg überhaupt. Trotz der bischöflichen Genehmigung des Konzeptes erfolgte am 29. Dezember 1969 ein Baustopp von Seiten der Diözese. 1970 konnte zumindest der Gebäudeteil des Kindergartens fertiggestellt werden. Zwei weitere Planungsvorschläge Webers aus den Jahren 1970 und 1971 wurden vom Bischöflichen Ordinariat verworfen, weil darin Mietraumoptionen vorgesehen waren, um einer künftig eventuell negativen Kirchensteuerentwicklung entgegenzuwirken. Als 1971 die Pfarrversammlung einstimmig den vierten Entwurf für das neue Gemeindezentrum verabschiedete, begann man sogleich mit der Vergabe der Rohbauarbeiten an die Firma Westbau GmbH, Schierstein. Doch noch immer stand die endgültige Genehmigung durch das Bischöfliche Ordinariat aus. Erst die fünfte, stark minimierte Vorlage des Architekten wurde schließlich am 12. September 1972 bewilligt.

Ein Jahr darauf wird St. Hedwig zur Pfarrei erhoben und der bisherige Kaplan und Pfarrvikar, Norbert

Der Festsaal der Kirche mit Jahreszeitenzyklus und MERO-Raumfachwerk

Weber, zum Gemeindepfarrer ernannt. Erst jetzt erfolgte die städtische Baugenehmigung, kurz darauf die Grundsteinlegung. Nach allen Hürden zog die Gemeinde 1974 in ihren Gemeindebau ein. Pfarrer Norbert Weber weihte das Zentrum.

Betrachtet man die Entwurfsideen Bernhard Webers, so ist offensichtlich, dass die gestalterischen Grundsätze seines Vaters, des Architekten Martin Weber (1890–1941), auch in die Entwicklung seiner Bauten einflossen und im Geiste der Zeit weiterentwickelt wurden.

Das Baugrundstück von St. Hedwig erstreckt sich auf 5.800 Quadratmeter in einer Hanglage, sodass zwei Kommunikationsebenen realisiert werden konnten. Der Plan sah im Untergeschoss eine Ebene für das soziale Miteinander vor, mit Jugend-, Werk- und Sporträumen, einer Altentagesstätte, einer Krankenambulanz, einer Kegelbahn und anderes mehr. Das darüber liegende Erdgeschoss sollte hingegen der christlichen Gemeindebildung dienen. Sein Herzstück ist die im Nordosten angelegte Kapelle mit Platz für 60 Personen. Sie lässt sich durch bewegliche Wandelemente zu einem großen Gottesdienstraum für 380 bis 400 Menschen öffnen und erweitern. Zugleich kann dieser Festsaal für Konzerte, Veranstaltungen, Vorträge, Diskussionen oder Ausstellungen genutzt werden. Die Sakristei, der Katechumenatsraum, die Bibliothek, ein Besprechungszimmer und die ehemalige Pfarrverwaltung liegen an einem Innenhof, ebenso die einstigen Zimmer des katholischen Seelsorgers und des evangelischen Pfarramtes „Gräselberg II". Darüber befanden sich die Wohnungen der Seelsorgenden und des Hausmeisters, des Küsters und der anderen Gemeindebediensteten. Der soziale Aufbruch der Gemeinden in dieser Zeit erhielt so eine architektonische Gestalt, die Funktionsräume wurden um den Kultraum gruppiert.

Auch dem damaligen Diözesanbauausschuss war diese Qualität bewusst, propagierte das Gremium doch in seinen Zielsetzungen für neue Gemeindezentren im Bistum unter anderem den Bau eines „offene[n] Haus[es] hoher Gastlichkeit", als Ort des Kontaktes, der Begegnung, des Dialoges, des Gottesdienstes und der sozialen Aktivität.[1]

Betrachtet man das Gebäude von außen, so fällt die Verwendung von rohem Sichtbeton, dem sogenannten „béton brut", auf. Es wurde bewusst darauf verzichtet, Spuren der Schalung zu entfernen, die Oberfläche zu verputzen oder gar zu streichen. Die Außenhaut der Architektur zeigt die „nackte" Wahrheit. Beton ist als menschengemachter und -geformter Werkstoff ein ehrliches, ungeschöntes Material.

Am äußeren Erscheinungsbild von St. Hedwig, das entfernt an Werke Le Corbusiers (1887–1965) erinnert, wie zum Beispiel das Kloster Sainte-Marie de La Tourette in Éveux, fällt unmittelbar die besondere Kreuzesform auf, die das Glockengehäuse überhöht. Es ist ein sogenanntes Weberkreuz – der Querbalken befindet sich zum vertikalen Kreuzstab im Verhältnis 1:4. Das Design stammt vom Vater des Architekten, Martin Weber. Im Glockenstuhl hängt eine besondere Glocke, deren Leihvertrag bereits 1968 zwischen den Pfarrgemeinden St. Hedwig und St. Bonifatius geschlossen wurde. Darin überlässt Letztgenannte der jüngeren Schwestergemeinde als „ständige Leihgabe" eine 1.140 Kilogramm schwere und 60 Zentimeter hohe Glocke in der Tonhöhe fis. Sie trägt die Aufschrift „AVE MARIA GRATIA PLENA DOMINUS OSANNA IN EXELCIS" („Sei gegrüßt Maria, voll der Gnade, der Herr ist mit dir, Hosanna in der Höhe"). Die Glocke wurde bereits um 1180 vom Wormser Gießer Conrad gegossen und dem Kloster Tiefenthal bei Eltville übergeben, das im Zuge der Säkularisation 1803 aufgelöst wurde.[2] Der Herzog von Nassau schenkte 1849 diese Glocke der frisch geweihten Bonifatius-Kirche als „Arme-Sünder-Glocke". 1940 wurde sie zum Einschmelzen nach Hamburg transportiert, entging jedoch diesem Schicksal und wurde 1947 auf dem dortigen Glockenfriedhof wiedergefunden. Der ehemalige Küster von St. Bonifatius, Bernhard Sinz, vermittelte sie an die Gemeinde von St. Hedwig, wo sie zur Eröffnung der Gottesdienste bereits in der Hedwigs-Notkirche seit 1966 läutete.

Die Kirche wirkt von innen nach außen. Die kleine Kapelle ist das pulsierende Herz der gesamten Anlage ①. Den darüber hinausgehenden Raumbedarf garantiert der Bau von St. Hedwig durch seine Anpassungsfähigkeit. Der Gottesdienstraum ist erweiterbar und lässt sich multifunktional auch für andere Veranstaltungsformate gebrauchen. Das Prinzip der Schiebewand auch in sakralen Bauten zu nutzen, war eine Idee Martin Webers. Er hatte sie bereits in verschiedenen hölzernen Notkirchen in Frankfurt a. M. umgesetzt. Zu dieser variierbaren Raumaufteilung gehört auch eine bewegliche Bestuhlung. Der Kirchenraum mit dem warmen Holzboden, dem roten Farbton der Ziegelwände, dem dunklen Holz der Stühle und den beigen Vorhängen lädt zum Verweilen ein und fördert eine Atmosphäre, die die Kirche zum Ort von Gemeinschaft erfahrbar werden lässt ②.

Ein unter der Decke gespanntes MERO-Raumfachwerk aus Stahl gleicht dem Rohrgestänge einer Zeltdachkonstruktion. Das Motiv des Gotteszeltes findet sich in der Sakralarchitektur der Nachkriegszeit häufig. Das Zelt kann unterschiedlich konnotiert sein, etwa mit dem „Himmelszelt" (Ps 104) oder dem Bundeszelt – Symbol für den Bund Gottes mit seinem Volk am Sinai (Ex 26). Es ist die Vorstellung vom wandernden Gottesvolk, wie sie im Hebräerbrief 13,14 beschrieben wird: „Denn wir haben hier keine bleibende Stätte, sondern nach der künftigen suchen wir."

Selbst der Altartisch in St. Hedwig ist versetzbar. 1973 votierten die Besucher der Sonntagsmesse für einen Tischaltar, dessen Modellentwurf ein Jahr später auch große Zustimmung in der ganzen Gemeinde fand. Dieser Altar sollte im Sinne der „Communio", der Tischgemeinschaft des Herrn, wie im Urchristentum der Mittelpunkt der Gemeindebildung sein.

Die weitere Gestaltung des Innenraumes fand in Absprache zwischen dem Kirchenvorstand, dem Künstler Fred Brosius[3], dem Bildhauer Klaus Robert Herb (1931–2018) und dem Architekten Bernhard Weber statt. Die Ausmalung erfolgte in vier Bildstreifen mit den Maßen von 1,80 x 16,20 Meter. Die farbigen, leicht abstrahierten Motive wurden in Acryltechnik ausgeführt und thematisieren die vier Jahreszeiten und zugleich die vier menschlichen Lebensalter. Im Osten ist das Frühjahr oder auch das Kind Thema, gezeigt werden Blütenknospen von Schneeglöckchen, Krokussen und Maiglöckchen, das Gras im Tau und die Sonne. Im Süden liegt der Sommer, die Jugend, die zum Aufblühen, zum Le-

Die Kapelle mit Tabernakel und Taufbecken von Robert Herb sowie der Fenstergestaltung von Fred Brosius

ben drängt. Hier tauchen Ähren, Schmetterlinge, Kornblumen, Spinngewebe und Klatschmohn auf, aber auch der ein oder andere Sturm tobt dazwischen. Im Westen tritt der Herbst auf die Bühne, der Erwachsene, mit Vögeln, buntem Laub und Blätterfall, mit Dunstwolken und Regen. Der Zyklus schließt mit dem Winter, dem Alter. Aus dem Eis bricht aber schon wieder das Leben hervor, Fische lassen sich entdecken und der schmelzende Schnee geht über in den nahenden Frühling, in einen wiederkehrenden Kreislauf.

Fred Brosius war es auch, der 1974 den Glasfensterschmuck der Kapelle gestaltete: In kristallinen Formen findet sich links der kleinen Kapellenapsis ein Fischmotiv. Das zweite Buntglasfenster rechts zeigt ein Segelschiff und Elemente, die an ein Kreuz oder auch an den Morgenstern erinnern. Die übrigen Fenster im Festsaal sind aus klarem Tafelglas und erlauben den Blick in die Umgebung.

Die Forderung des Zweiten Vatikanischen Konzils, Altarmensa und Tabernakel voneinander zu trennen, findet auch hier Anwendung. Der Altar ist transportabel und von allen Seiten nutzbar, der Tabernakel jedoch hat seinen festen Platz in der Kapelle, wo er in die Wand eingelassen ist. Das Material, die Verwendung von Backsteinen für die aufgehende Wand, erinnert zum einen an die ehemalige Ziegelei, auf deren Gelände St. Hedwig erbaut wurde. Zum anderen wurden die Ziegel an dieser wichtigen Stelle auffallend unregelmäßig, vor- und zurückspringend vermauert, sodass der Eindruck entsteht, die Wand bewege sich, wäre lebendig.[4]

Die Idee der „lapides vivi", der „lebendigen Steine", für die Gemeinschaft der hier am Ort versammelten Gläubigen, insbesondere aber auch für die Gegenwart Jesu Christi findet hier bildhaften Ausdruck. Im ersten Petrusbrief heißt es: „Kommt zu ihm, dem lebendigen Stein, der von den Menschen verworfen, aber von Gott auserwählt und geehrt worden ist. Lasst euch als lebendige Steine zu einem geistigen Haus aufbauen, zu einer heiligen Priesterschaft, um durch Jesus Christus geistige Opfer darzubringen, die Gott gefallen." (1 Petr 2,4–5) Welches materielle Erscheinungsbild wäre geeigneter für den Aufbewahrungsort der in der Eucharistie gewandelten Gestalten von Brot und Wein, das heißt für die Realpräsenz Jesu Christi?

Bildhauer Klaus Robert Herb aus Oberursel entwarf 1971 den Tabernakel, das Kreuz und die Kapellentür, welche 1974 ausgeführt wurden. Tabernakel und Kapellentür ziert jeweils eine Scheibe, die in ihrer Form zugleich als Sonne wie als Hostie aufgefasst werden kann. Zum 25-jährigen Jubiläum von St. Hedwig goss Herb 1988 zudem einen Leuchter für das Ewige Licht sowie vier Altarkerzenständer, stilistisch passend zu seinen übrigen Werken. Von seiner Hand stammt auch das Taufbecken aus dem Jahr 1982. Auch dieses ist versetzbar.

Der emaillierte Kreuzweg gehört zu den ältesten Ausstattungsstücken der Kirche und wurde gefertigt und gestiftet von dem Mediziner G. Schimmer aus Wiesbaden. Der Entwurf stammt aus dem Jahr 1967 und war für die damalige Notkirche gedacht. Der Künstler Herb arbeitete 1979 für diese 14 Kreuzwegmedaillons eine Fassung. In St. Hedwig befindet sich zudem ein Kruzifix aus getöntem Gips, das 1954/55 von Bildhauer Max Schmitz (1891–?) geschaffen wurde.[5]

Die mit 35 Zentimetern kleinste Madonna des Stadtgebietes wurde 1989 ebenfalls zum 25-jährigen Jubiläum durch die Gemeinde erworben. Sie wurde 1987 vom Südtiroler Bildhauer Richard Kostner aus Zirbelholz geschnitzt und zeigt die thronende Madonna mit dem sich an sie schmiegenden Jesuskind. Vom selben Bildhauer stammt eine Figur der hl. Notburga von Tirol (1987), die 1988 in der Altentagesstätte aufgestellt wurde. Sie ist 52 Zentimeter groß und ebenfalls aus Zirbelholz gearbeitet. Die Patronin des Kirchortes begrüßt den Besucher im Foyer. Die Keramikfigur der hl. Hedwig von Schlesien (1174–1243) wurde von der Wiesbadener Bildhauerin Irene Knauer zum Hedwigsfest 1977 gestaltet.[6] Als Vorbild christlicher Nächstenliebe wurde Hedwig 1267 heiliggesprochen. Nach dem Zweiten Weltkrieg nahmen die vertriebenen Schlesier die Hedwigs-Verehrung mit in ihre neuen Pfarrgemeinden; die Heilige wurde zur Symbolgestalt für die verlorene Heimat.

Die Architektur von St. Hedwig will bloßes Behältnis sein – gedacht und gemacht für die Menschen, für eine lebendige Gemeinde, für das Miteinander, nicht nur in der liturgischen Feier, sondern in allen Begegnungen des Lebens.

St. Hedwig auf dem Gräselberg – außen schützender Beton, innen Ziegel und provisorisches Zelt – folgt der Idee und dem Wunsch, ein bewegliches und nicht starres, sondern wandelfähiges Gebilde zu sein. Das von Bernhard Weber hierfür entwickelte Gemeindehaus verleiht dem Geist des Aufbruchs in den 1970er-Jahren raumplastischen Ausdruck.

Der Philosoph, Theologe und Kunstwissenschaftler Herbert Muck (1924–2008) fand dafür 1961 folgende Worte: „‚Sein Haus sind wir' (Hebr 3,6). Mit dieser Feststellung begegnet die Offenbarung des neuen Bundes jenen, die dem Salomonischen Tempel nachtrauern, der doch nur Vorbild sein sollte. Haus Gottes ist also zunächst die Gemeinde, und das steinerne Haus, in dem die Gemeinde sich versammelt, wird erst durch sie zum Haus Gottes gemacht."[7] ∎

Anmerkungen

[1] Nicol, 1971, S. 367.
[2] Ein Art. aus dem WK vom 31.12.1955 spricht sogar davon, dass sie bereits 1163 Erwähnung fand; siehe StadtA WI ZAS / Kirchenwesen, kirchliche Einrichtungen / Kirchenglocken.
[3] Evtl. handelt es sich um den Aquarellmaler Fred Brosius (1917–2004).
[4] Zum Baustoff Ziegel generell: Christian Fuhrmeister, Beton, Klinker, Granit: Material, Macht, Politik, Eine Materialikonographie, Berlin 2001.
[5] Münch, 1992, o. S.
[6] Nach Weber, 2000, S. 11 wurde sie bereits 1974 gefertigt.
[7] Herbert Muck, Sakralbau heute, Aschaffenburg 1961, S. 112.

St. Klara

Kreuzweg in Beton

Graf-von-Galen-Straße 3
65197 Wiesbaden-Klarenthal

Bernhard Weber
1975

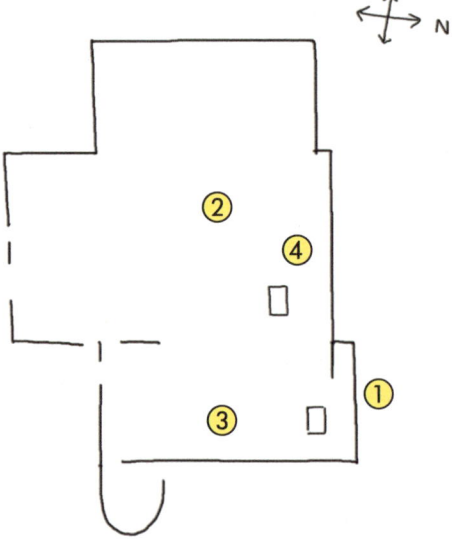

St. Klara gehört zu den „jungen" Gemeinden von Wiesbaden. Sie wurde von Bischof Wilhelm Kempf (1906–1982) im Jahr 1967 zunächst als Pfarrvikarie gegründet und 1973 zur Pfarrei erhoben. Ihr Patrozinium knüpft an die lokale Tradition des einstigen Klosters Klarenthal an, nach dem auch der Ortsbezirk selbst benannt ist. Die Siedlung entstand 1965 als Satellitenstadt nach Plänen des Architekten Ernst May (1886–1970). Mit einem Generalbebauungsplan für Wiesbaden wurde versucht, die Wohnungsnot nach dem Zweiten Weltkrieg einzudämmen. 1960 bestimmte der Magistrat, dass in Klarenthal eine Großsiedlung errichtet werden sollte und übertrug die Entwicklung eines Konzeptes dafür an May. Beginnend 1964 entstand innerhalb von zwei Jahren ein Quartier mit 4.000 Wohneinheiten für 14.000 Einwohner im Stil des Neuen Bauens. Von Anfang an war vorgesehen, dass in diesem neuen Stadtteil auch eine eigene katholische Pfarrei installiert werden sollte. Ursprünglich gehörte das Gebiet zur ehemaligen Pfarrei St. Elisabeth und kleinere Teile zu Mariä Heimsuchung.

Nordöstliche Außenfassade der Kirche mit Kreuzrelief von Georg Hieronymi

Doch waren die für die Gläubigen zur Sonntagsmesse zurückzulegenden Wege, vor allem in den Wintermonaten, beschwerlich. Man feierte deshalb zunächst in einem Klassenraum der Grund- und Hauptschule Gottesdienst, später erhielt man von der Schule einen eigenen Raum zur Feier der Messe. Im Winter 1967/68 errichtete man zunächst eine hölzerne Notkirche mit Zeltdach am Klosterweg nach Plänen des Architekten Michael Schulnick aus Schwalbach am Taunus. Das aus Holzfertigteilen in kürzester Zeit errichtete Provisorium hatte noch kein elektrisches Licht und keine Heizung. Die Notkirche war von Anfang an auch Versammlungsraum der evangelischen Christen in Klarenthal. Sie wurde nicht nur für Gottesdienste, sondern auch für profane Veranstaltungen wie Tanz-, Gesangs- und Sportveranstaltungen genutzt. Ernst May opponierte übrigens gegen den Bau dieser Notkirche, nicht aus religiösen Gründen, sondern der Ästhetik wegen. Klarenthal bestehe vorwiegend aus kubischen Gebäuden, die Kirche als Spitzdachbau störe das einheitliche Erscheinungsbild.[1]

Im April 1975 schließlich konnte das Gemeindezentrum St. Klara eingeweiht werden. Dieser Bau dürfte indes nach Mays Geschmack gewesen sein, greift er doch die blockhaften Formen seiner Siedlung auf. An der Straßenseite ist das Gebäude eingeschossig, talseitig, zum Hof der benachbarten Schule hin, zweigeschossig: „Zwei Erschließungsebenen sind durch die Hanglage bedingt, wobei die Marktplatzebene (Erdgeschoß) die primäre Kommunikationsfläche aller Anlieger darstellt. Dieses Erdgeschoß ist vorwiegend der sozialen Arbeit vorbehalten (…). In der oberen Ebene, dem von der Graf-von-Galen-Straße aus ebenerdig zu erreichenden 1. Obergeschoß, befinden sich die Räume für den Gottesdienst und die christliche Gemeindebildung."[2]

Bauteile wie Schmuckelemente bestehen ausschließlich aus Beton. Man entdeckt schon außen an der nordöstlichen Wand ein großes Kreuzrelief von Georg Hieronymi (1914–1993) ①.[3] Den Worten des Künstlers nach erstreckt sich das Kreuz im „(…) negativen Kerbschnitt (…) über die ganze Wandfläche. Im Schnittpunkt ist das Kreuz unterbrochen und gebrochen; es ist dennoch verbunden und zusammengehalten durch strahlenförmige Brettstrukturen des Betons. Diese Form des Kreuzes ist

Innenansicht der Kirche mit Werktagskapelle im Osten

Symbol für die Verfolgung und den Widerstand während der Hitlerzeit."[4] Die Themen Kreuzigung wie Auferstehung in seiner bildkünstlerischen Form vereinend, lässt sich in dem Relief auch der Buchstabe K für den Namen „Klara" lesen.

Der Festsaal ② des nach Norden ausgerichteten Baus tritt kaum aus dem Ganzen des Gebäudekomplexes hervor. Das Innere jedoch ist weiträumig, großzügig und multifunktional: eine Zwei- beziehungsweise sogar Dreiteilung in Hauptraum und zwei Seitenschiffe ist mittels Schiebewänden möglich. Der Architekt Bernhard Weber (1930–2000) greift damit eine Idee seines Vaters Martin Weber (1890–1941) wieder auf. Die mobilen Trennwände erlauben es, den Raum flexibel zu nutzen. So kann auch die Werktagskapelle im Osten ③ als kleinerer Gottesdienstraum abgeteilt werden.

In St. Klara bekommt der schon in den 1920er-Jahren von dem Theologen Johannes van Acken (1879–

eine Reliquie der hl. Klara. Buntglasfenster in hellen Farbklängen bestimmen atmosphärisch den Kapellenraum. Auch das Taufbecken hat hier seinen Platz. Im Hauptraum gibt es keine Kirchenbänke, sondern frei zu gruppierende Stühle. Die Orgel mit 20 Registern wurde 2002 integriert. 1968 von der Firma Speith gebaut, stand sie ursprünglich in der Kirche St. Vincent in Oberhausen-Osterfeld.[7]

Das Material Beton bestimmt nicht nur das Äußere des Baus, sondern dominiert auch das Erscheinungsbild seines Innenraumes. Besonders deutlich wird dies an einem außergewöhnlichen Ausstattungselement von St. Klara: In die nördliche Wand der Kirche ist ein großes Betonrelief integriert, das 1975 von Isolde Schmitt-Menzel (1930–2022) – freischaffende Künstlerin, Grafikerin, Keramikerin und Erfinderin der „Maus" aus den „Lach- und Sachgeschichten" des WDR – geschaffen wurde ④. Im grafischen Design finden sich durchaus Parallelen zwischen der Figur der „Maus" und der Lineatur dieses ausgefallenen Kreuzwegs. Die Stationen sind nur zeichenhaft bestimmt und lassen das breitgelagerte Betonband mit seinem Formenspiel auf die Sakramentssäule mit dem Tabernakel zustreben und im Altarraum der Kapelle ausklingen. Vereinzelte farbige Partien in Gold und Blau lockern das vorherrschende Grau der Betonoberfläche auf. Sie tragen eine differenzierte Zeichensprache aus Vierecken, Linien, Bögen und Kreuzen, auch ein Würfel ist zu entdecken. Die erste Station, ein Viereck, lässt sich als „Podest" begreifen, auf dem Jesus vorgeführt wird, während Pilatus die versammelte Menschenmenge fragt, wen er freilassen soll: Jesus oder Barabbas? Im Anschluss daran ist eine blaue Linie zu sehen, die sich nur schwach vom Grund löst; sie steht stellvertretend für den gebeugten Rücken Jesu, die zweite Station: Er nimmt das Kreuz

1937) postulierte und in den Architekturen von Martin Weber, Rudolf Schwarz (1897–1961) und Dominikus Böhm (1880–1955) aufgegriffene Gedanke einer Gemeindebildung vom Altartisch aus eine neue Aktualität: Der Altar ist mobil und kann je nach Bedarf auch in die Mitte der Gemeinde gerückt werden.[5] Zusätzlich befindet sich ein fest installierter Altartisch aus porigem Nagelfluh-Gestein in der Werktagskapelle – seine Existenz war für das Bistum Voraussetzung, um die Kirche zu weihen.[6] Er birgt

auf sich. In der fünften Station schultert ein Bogen eine Diagonale: Simon von Kyrene hilft Jesus, das Kreuz zu tragen. Für die drei weinenden Frauen der achten Kreuzwegstation setzt Schmitt-Menzel drei unterschiedlich lange Striche. Wenn Jesus in der zehnten Station seiner Kleider beraubt wird und die Soldaten darüber das Los werfen, erscheint das vereinfachte Symbol des Würfels. Die Stationen erstrecken sich bis in die Kapelle über den Tabernakel hinaus. Groß ragt hier ein goldenes Kreuz auf blauem

Kreuzweg und Tabernakel, gestaltet aus Beton von Isolde Schmitt-Menzel

Grund stellvertretend für die Kreuzigungsszene auf. Eine konkave Linie auf blauem Grund deutet das Geschehen der 13. Station an: Jesus wird vom Kreuz genommen und in den Schoß seiner Mutter gelegt (Joh 19,38). Schließlich endet der Kreuzweg mit der abstrahierten Darstellung des Geheimnisses der Auferstehung, einer aufstrebenden goldenen Linie. Weitere Bildwerke finden sich in der Werktagskapelle ③: Ein goldgehöhtes schlichtes Wandkreuz eines unbekannten Künstlers trägt eine stark reduzierte Gestalt des Gekreuzigten. Der Korpus folgt in der Ausrichtung der Gliedmaßen streng der orthogonalen Anlage der Kreuzesform. Des Weiteren steht in der Kapelle eine 1979 von Gemeindemitglied Hildegard Bott aus Ton gearbeitete Maria mit Kind. Auch die Figur der hl. Klara von Assisi stammt von ihr. Die Heilige trägt eine Monstranz mit einer Hostie, dem Leib Christi. Die Kontur des Schaugefäßes folgt der Form einer Flamme. Diese ist auch Bestandteil des Klarenthaler Wappens, denn der Name Klara lässt sich auf das Wort „clarus" zurückführen, was „hell", „klar" und „strahlend" bedeutet.

Eine Kopie der Ikone der „Muttergottes der immerwährenden Hilfe" sowie ein kleines Diptychon von S. Yloussa aus dem Jahr 1998 fanden ebenfalls ihren Platz in der Kapelle. Das Diptychon zeigt den Auszug aus Ägypten und den bethlehemitischen Kindermord. Ergänzt wird die Ausstattung durch zwei Gemälde von Marianne Kirchner (1935/1936–2020) mit den Titeln „Schöpfung" (1982) und „Mutter Gottes und Frauen dieser Erde" (1985).

dem alten Klostergelände. Sie zeigt das Bild eines großen geschlossenen Ritterhelms, der mit einem Federbusch geschmückt ist. Der heute verlorene Teil unterhalb des Helms trug wohl einst das Familienwappen. Um die Darstellung läuft eine Inschrift, die nur noch fragmentarisch erhalten ist: „pace Amen" („Ruhe in Frieden"), „Anno Domini" („im Jahre des Herrn") und die Jahreszahl „MCCCXXXIIII", das Todesjahr des genannten Adeligen, der seine letzte Ruhestätte im Chor der Klarenthaler Klosterkirche gefunden hatte.[8]

Die Architektur von St. Klara greift die Idee des Neuen Bauens auf, entsprechend den Entwürfen von Stadtplaner Ernst May für Klarenthal. Mit einfacher, reduzierter Formensprache und einem neuen ästhetischen Anspruch gelingt hier im sich erst neu entwickelnden Quartier die Verortung eines multifunktionalen Gemeindezentrums.

Architekt Bernhard Weber greift die von der liturgischen Bewegung angestoßenen Ideen für ein neues sakrales Bauen seines Vaters, des Architekten Martin Weber, auf und führt sie weiter zu einem variierbaren Einheitsraum für die feiernde Tischgemeinschaft, für die „communio". Der Bau ist modernen Werkstoffen wie dem Sichtbeton verpflichtet und schafft doch zugleich eine Verbindung zum einstigen Kultort, dem heute zerstörten Kloster Klarenthal. ■

Ein Relikt aus dem Kloster Klarenthal hat 1989 seine Aufstellung im Gemeindezentrum St. Klara gefunden: der Grabstein des Ritters Heinrich von Lindau (1334). Im Mittelalter war das Kloster Klarenthal das einzige der Stadt Wiesbaden. Es war das „Hauskloster" des Grafen Adolph von Nassau, der 1292 zum deutschen König gewählt wurde und den Ort zur Grablege seines Hauses bestimmte. Sie blieb es bis zum Ende des 14. Jahrhunderts. Nach der Reformation wurde das Kloster Klarenthal aufgehoben und fungierte fortan als Hospital, Landgut, Spiegelfabrik und Papiermühle. Mitte des 18. Jahrhunderts war es so zerfallen, dass man die Klosterkirche niederlegen musste und die Steine zur Befestigung der Lahnstraße verwendete. Die Grabplatte des Ritters Heinrich von Lindau fand man 1987 bei Bauarbeiten auf

Anmerkungen

[1] Siehe dazu mit einer Abb. der Notkirche: 50 Jahre Kirchengemeinde St. Klara, 2017–2018, S. 4–5.
[2] Festschrift zur Einweihung des Gemeindezentrums St. Klara, 1975, S. 15.
[3] St. Klara zu Wiesbaden in: Klarenthaler Kirchenkurier, 2006/07, S. 2.
[4] Festschrift zur Einweihung des Gemeindezentrums St. Klara, 1975, S. 18.
[5] Johannes van Acken, Gedanken zum neuzeitlichen Pfarrkirchenbau, in: Ders. (Hrsg.), Festschrift zur Einweihung der Kirchen Zum hl. Herzen Jesu und zum Hl. Kreuze in Gladbeck, Gladbeck 1914, Faksimilierter Nachdruck Gladbeck 2022, S. 5–16; Ders., Christozentrische Kirchenkunst – Ein Entwurf zum liturgischen Gesamtkunstwerk. Neu hrsg., bearb. u. ergänzt um eine Biographie von Ralph Eberhard Brachthäuser und eine kunsthistorische Einordnung von Manuela Klauser, mit einem Geleitwort von Albert Gerhards, Münster 2022. Siehe auch: Johannes van Acken, Sein Leben und Wirken, in: Das Münster, Zeitschrift für christliche Kunst und Kunstwissenschaft, Bd. 76, Sonderheft, 2023.
[6] Gefertigt wurde er von Peter Bell KG, Selters; Festschrift zur Einweihung des Gemeindezentrums St. Klara, 1975, S. 33.
[7] WK, 24.10.2002; StadtA WI, ZAS / Kirchen und Gemeindehäuser der Stadtteile / Klarenthal / St. Klara.

Maria Aufnahme in den Himmel
Gemeinschaft auf allen Ebenen

Sigismundstraße 5
65205 Wiesbaden-Erbenheim

Ernst und Gottlieb Studer und Joachim Naef
1976–1978

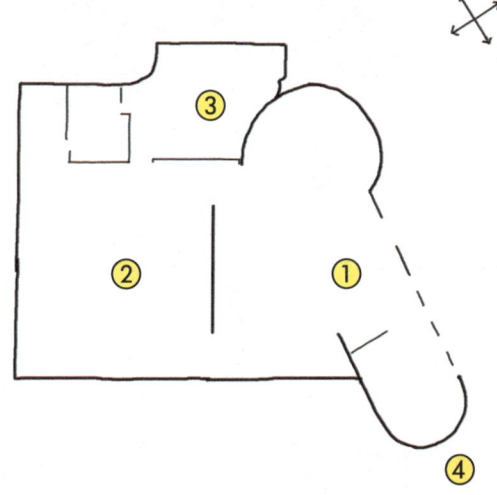

Die früheste urkundliche Erwähnung Erbenheims bezeugt, dass der Ort – wie auch Bierstadt – anno 927 durch Alfwin und seine Frau Ada dem St. Ursula-Kloster in Köln übereignet wurde. Der Flecken besaß schon im Hochmittelalter eine eigene Pfarrei mit einer Kapelle zwischen Nieder- und Ober-Erbenheim. Versorgt wurde sie vom Klarissenkloster in Klarenthal.
Der erste Kirchenbau in Erbenheim ist für das Jahr 1429 nachgewiesen.[1] Ab 1546 wurde in der Kirche, die noch heute als Pauluskirche in der Ortsmitte steht, der Gottesdienst nach evangelischem Ritus gefeiert. Erst um 1900 gibt es wieder eine katholische Gemeinde in Erbenheim, die ab 1915 seelsorgerisch durch den Pfarrer von St. Birgid in Bierstadt betreut wird.[2] In der Wandersmannstraße kann ein Grundstück erworben und eine darauf stehende Scheune zur Kapelle umgebaut werden. Nach dem Ersten Weltkrieg erlauben es zahlreiche Spenden, einen neobarocken Altar des Eltviller Bildschnitzers Pius Vierheilig (1875–1954) anzukaufen.[3] Nach den Beschädigungen durch Bomben im letzten Kriegs-

Die Außenansicht der Kirche und ihre heutige farbige Fassung

jahr kann der Bau acht Jahre später durch Diözesanbaumeister Fritz Johannbroer (1906–1974) erneuert und vergrößert werden. Doch die weiter steigenden Anwohnerzahlen lassen den Wunsch nach einem gänzlichen Neubau der Kirche aufkommen. Zunächst zieht die Gemeinde 1969 jedoch in eine Art Übergangskirche, die aus Holzfertigteilen aufgerichtet wird.[4]

Eine Umfrage aus dem Jahr 1972 bildet die Grundlage für das zu entwickelnde Raumkonzept des Neubaus. Dieses Gotteshaus, das wie die Vorgängerkirche das Patrozinium der Gottesmutter tragen soll, kann 1978 konsekriert werden. Das Architekten-Trio aus Zürich, die Brüder Ernst (1931–2001) und Gottlieb Studer (1928–2019) sowie Joachim Naef (1929–1989), hatte bereits 1961 einen ersten großen Erfolg mit dem Entwurf für die Kollegiumskirche St. Martin in Sarnen, Schweiz. Mit den Plänen für die Erbenheimer Kirche „Maria Aufnahme in den Himmel" greift das Schweizer Büro unter anderem auf die Formensprache des französischen Architekten Le Corbusier (1887–1965) zurück.

Für den Rohbau aus Beton wurde die Wiesbadener Firma Dyckerhoff beauftragt. Der Gesamtkomplex ist als dreischiffige Anlage konzipiert. Die Bemalung seiner Außenhaut ist nicht großflächig aufgebracht, sondern mittels unterschiedlicher horizontaler Farbbänder im Wechselspiel mit dem natürlichen Kolorit des Betons. Die Skala reichte ehemals von einem tiefen Schwarz über Rot, Oliv, Ocker bis hin zu kühlem Gelb, umfasste also eine Abstufung nach oben hin heller werdender Erdfarben; der heutige Anstrich zeigt diese Farbfolge leicht variiert. Das kirchliche Zentrum, das als Ort der Gemeinschaft und Orientierungspunkt verstanden werden will, hebt sich durch sein außergewöhnliches Erscheinungsbild von der profanen Umgebung ab. Zugleich greifen die umliegenden Wohnungsbauten die Farbgebung seiner Außenfassade in variierenden Farbabstufungen wieder auf.

Eine Rampe als zentrales Element dient als Verbindung zwischen Straßenraum und Gebäude, zwischen außen und innen und wird so zu einer einladenden Geste ①. Innen fungiert sie als Verteiler auf die verschiedenen Geschossebenen. Hier herrschen die Materialien Beton und Holz vor. Ein heller Versammlungsraum bildet die Mitte, gleichsam den

Der Festsaal der Kirche mit Kassettendecke

Knotenpunkt des gesamten Gebäudes ②. Unter seiner kadmiumgelben, hoch gelegenen Kassettendecke verläuft ein schmales Fensterband, das dem Saal neben der breiten Glasfront als Lichtquelle dient.

Das kirchliche Zentrum in Erbenheim entstand unter dem Aspekt des Sozialen Bauens, bewusst als Teil des öffentlichen Lebens. Seine Architektur antwortet nicht nur auf die Bedürfnisse, sondern auch auf die Wünsche der Gemeinde. Einbauten und Schiebewände für eine temporäre Raumunterteilung sind vorhanden und erlauben unterschiedliche Nutzungsmöglichkeiten. Alle Funktionen des Gemeindezentrums werden in einem einzigen Baukörper zusammengefasst. Maria Aufnahme wurde als „Mehrzweckzentrum" konzipiert, mit großem Gottesdienstraum, einer Kapelle, Gruppen- und Tagungsräumen und sogar einer Kegelbahn. Sicherlich hallen in einem Bau wie diesem auch die städtebaulichen Vorstellungen von Ernst May

Die Kapelle des Gemeindezentrums tritt, von außen betrachtet, kaum aus dem Ganzen des Gebäudekomplexes hervor ③. Gleichwohl markiert sie den geistigen Sammelpunkt der Anlage als Ort der Stille und der Kontemplation. Eine Malerei in warmen und kalten Blautönen wurde für diesen Andachtsraum gewählt. Blau ist die Farbe des Wassers, des Himmels und der Ferne, wird seit dem Mittelalter zunehmend als die Farbe des marianischen Mantels gebräuchlich und seit dem Barock als liturgische Farbe für Marienfeste verwendet. Auch Wassily Kandinsky wusste um diese Farbqualitäten und vermerkte 1912: „Die Neigung des Blau zur Vertiefung ist so groß, daß es gerade in tieferen Tönen intensiver wird und charakteristischer innerlich wirkt. Je tiefer das Blau wird, desto mehr ruft es den Menschen in das Unendliche, weckt in ihm die Sehnsucht nach Reinem und schließlich Übersinnlichem. Es ist die Farbe des Himmels, so wie wir ihn uns vorstellen bei dem Klange des Wortes Himmel."[5] Die derart gestalteten Wandflächen hinter Altar, Tabernakel und Taufe sind mit symbolischen, teilweise geometrischen Formen wie Dreiecken, Kreisen und Wellen bemalt, am Eingang erkennt man zudem das Motiv einer Hand. Der Künstler Robert Lienhard (1919–1989) schuf in der Kapelle eine Atmosphäre, die mit dem bronzegegossenen Inventar zu korrespondieren vermag. Der Bildhauer, Metallplastiker, Zeichner und Grafiker aus Winterthur hatte bereits 1961 mit den Architekten Studer an dem Projekt der Kollegiumskirche Sarnen zusammengearbeitet. Nun entwarf er auch für Maria Aufnahme Prinzipalstücke in ungegenständlichen, expressiven Formen, die gleichwohl als von der Natur inspiriert erscheinen.

(1886–1970) und seinem Konzept des Neuen Bauens nach. Der sozialen Verantwortung kam eine zentrale Bedeutung zu und ließ sich mit der Verwendung „neuer" Werkstoffe wie etwa Beton kostengünstig realisieren. Ziel war es, lebenswerte Räume zu schaffen, die Begegnung und Kommunikation ermöglichten und förderten. Die spiralförmige Rampe führt denn auch die Besucher zunächst in einen Vorraum, der mit einer Cafeteria als Treffpunkt dient.

Alles in der Kapelle ist auf den Altar hin ausgerichtet, der Raum vom Altar her gedacht. Er ist nicht nur Gegenstand der Liturgie, sondern Symbol für Christus selbst. Der Altarstein enthält Reliquien der frühchristlichen Märtyrer Victorianus und Fausta.

Im Festsaal ② des Gemeindezentrums von Maria Aufnahme rhythmisieren seit 1994 zwölf gläserne Apostel-Stelen des Wiesbadener Künstlers Karl Martin Hartmann (*1948) die die gesamte Länge des Saales einnehmende Fensterfront. Mit intensiver Farbigkeit und fantastischer Formenvielfalt formiert sich die Prozession dieser Zwölf. Ihre gläserne Prä-

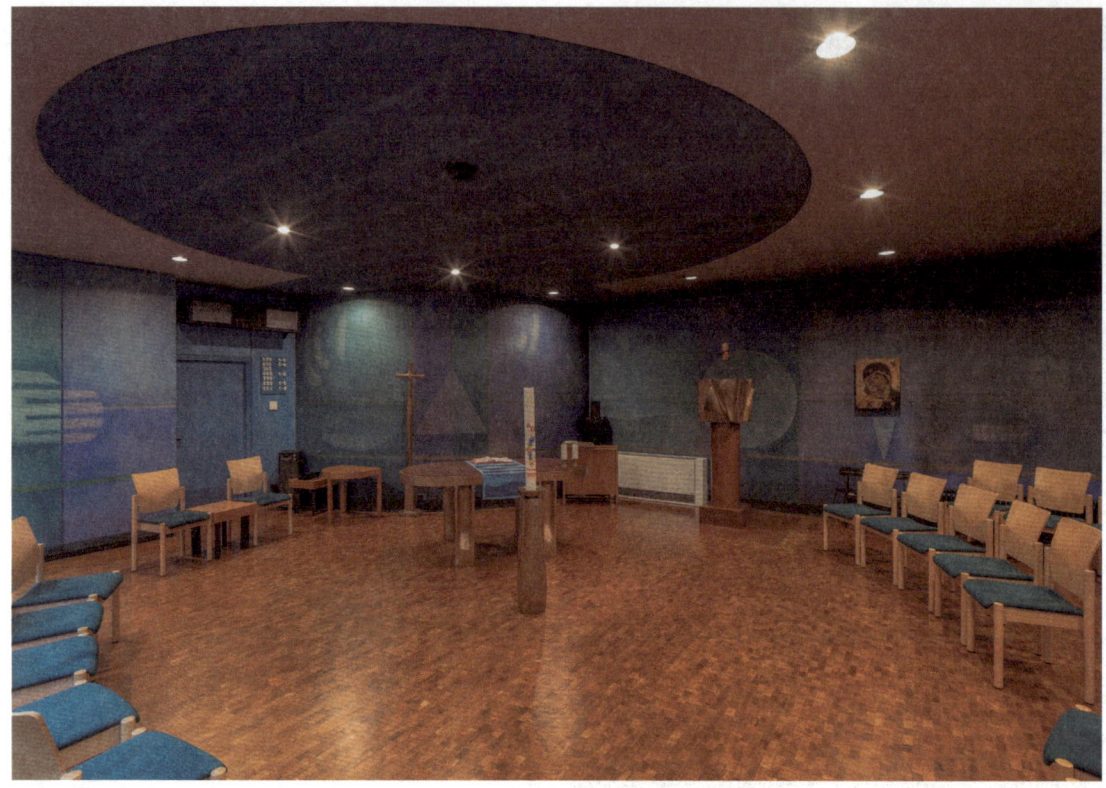
Die Kapelle in der farbigen Gestaltung von Robert Lienhard

senz spielt auf die Buntheit und Vielfalt der Menschen an, die diese Kirche besuchen.
Seitlich daneben steht eine Madonna mit Kind. Früh schon schloss die Gemeinde Partnerschaft mit der afrikanischen Diözese in Diébougou, Burkina-Faso. Als Dank für Hilfe und Unterstützung schickte der dortige Bischof 1979 die 1,20 Meter große Marienfigur nach Wiesbaden. Der afrikanische Künstler Martin Sanon aus Bobo-Diolasso hat sie aus Akazienholz gearbeitet. Neben der Madonna in St. Andreas ist dies das zweite Bildwerk von seiner Hand in der Landeshauptstadt.

Für den Kirchenraum erwarb man zudem 2009 die Figur des „Lastenträgers" von dem Bildhauer Walter Green (*1952) aus Mecklenburg. Green verwendet alte Hölzer wieder, beispielsweise Fachwerkbalken abgetragener Häuser, entsorgte Bohlen von Brücken oder Eisenbahnschwellen. Aus den vorgefundenen Materialien mit all ihren Gebrauchsspuren legt er seine Skulpturen frei. Diese laden nicht selten zur Interaktion ein. Am „Lastenträger" ist denn auch ein Schild befestigt, auf dem zu lesen ist: „Mein Joch ist sanft. Die Last ist leicht. (Bitte berühren)." Mit dem schweren Balken auf den Schultern steht er sinnbildlich für die Gestalt Jesu Christi.

Werke des Wiesbadener Künstlers Bernd Brach (*1946) komplettieren die Ausstattung: Die Eingangsseite des Festsaales bestimmt die „Jakobs-Leiter", ein großformatiges, 1,20 x 3,60 Meter messendes Diptychon aus Wachs und Seilen auf Karton aus dem Jahr 2004. Mitte der 1990er-Jahre hatte der Künstler das große Potenzial dieses empfindlichen Materials für sich entdeckt und es sowohl abstrakt-expressiv als auch figurativ bearbeitet. Ihn faszinieren die Haptik der Oberflächenstruktur, die Sinnlichkeit des leicht zu modellierenden Werkstoffes und seine Transformationsfähigkeit.[6] Für dieses Objekt nutzt er darüber hinaus Glasbruchstücke, Seile und andere Elemente als Collagematerial. Dem erwärmten Wachs mischt Brach Farbpigmente bei und baut Volumina auf, die er im Anschluss wieder abträgt, um die erarbeiteten Schichtungen freizulegen. Die milchige und zugleich luzide wächserne Auflage überzieht wie eine durch Einschnitte und

Fehlstellen versehrte Haut das Trägermaterial, einen bis zu vier Zentimeter dicken Wabenkarton. Mit dieser sensiblen Technik gelingt dem Künstler eine Darstellung der Jakobsleiter als lichthaltiger und organischer Verbindung zwischen Himmel und Erde, auf der die Engel Gottes auf- und niedersteigen (Gen 28,11–17).

Auch die Wachsplastik „Maria auf der Schaukel", die bereits an unterschiedlichen Stellen in der Kirche und auch in der Kapelle platziert war und aktuell auf der inneren Rampe ① zu finden ist, wurde von Bernd Brach gefertigt. Die 1,20 Meter große Arbeit von 2004 visualisiert das Patrozinium des Sakralbaus: Maria(e) Aufnahme in den Himmel. Mädchenhaft zart und zerbrechlich sitzt die Gestalt Mariens auf einer Schaukel. Insbesondere der auch für dieses außergewöhnliche Marienbild verwendete Werkstoff Wachs bekräftigt die Bildaussage. Schon in den Schriften des Kirchenvaters Ambrosius ist die Reinheit des von jungfräulichen Bienen gesammelten Wachses Sinnbild für die Keuschheit der Gottesmutter. In der Goldenen Schmiede des Konrad von Würzburg (†1287) wird Maria selbst als Biene besungen. Auch in der Legenda aurea des Jacobus de Voragine heißt es: „In der Kerze sind drei Dinge: Wachs, Docht und Flamme; die bezeichnen die drei, die da waren in Christo: das Wachs ist der Leib Christi, der ist von der Jungfrau geboren ohn [sic] alle fleischliche Befleckung, gleichwie die Bienen das Wachs erzeugen ohne leibliche Vermischung unter einander; der Docht, der im Wachs verborgen ist, bedeutet die reine Seele, die im Leibe war verborgen; die Flamme aber bedeutet die Gottheit: denn Gott ist ein verzehrend Feuer."[7]

2003 erhielt der Wiesbadener Bildhauer Hanns Wolf Spemann (1931–2023) den Auftrag, eine Bronzearbeit für den Außenraum zu gestalten; sie erhielt den Namen „Narr und Tod. Lachen und Weinen" ④. Das Werk ist eine seiner kinetischen Plastiken, die Bewegung ist Bestandteil der künstlerischen Ästhetik. Die s-förmigen Biegungen des Kunstwerkes und ein Kugellager sorgen dafür, dass sich die Plastik mit dem Wind drehen kann. Auch die Betrachter müssen sich bewegen, um die Figur in ihrer Ganzheit zu erfassen. Nur dann kann es gelingen, Spemanns Kreisen um existenzielle Fragen nach Anfang und Ende, Bewegung und Stillstand zu ergründen.

Es ist insbesondere dieses Kunstwerk, das die Grundidee des gesamten Gemeindezentrums in Erbenheim widerspiegelt: Der multifunktionale Komplex ist für die Menschen gemacht, für ihre Anliegen und ihre Bedürfnisse. Um seine Räume, ja um den Baukörper zu erfahren, müssen sich die Besucher bewegen, die spiralförmige Rampe innen wie außen betreten, hinauf- wie hinuntergehen und für Begegnungen innehalten.

Der Festsaal für den Gottesdienst ist die klar ausgewiesene Mitte des Baukörpers; zusammen mit der Kapelle ist er das pulsierende Herzstück des Ganzen: ein runder „Esstisch", um den sich alles sammelt. ∎

Anmerkungen

[1] Mattiaci, 1949, S. 73–74.
[2] Bis 1915 übernahm diese Aufgabe das St. Josef Hospital; siehe: Festschrift zur Einweihung, 1978, S. 4.
[3] Vgl. Art. im WT vom 08.04.1969; StadtA WI, ZAS / Kirchen und Gemeindehäuser der Stadtteile / Erbenheim / Maria Aufnahme.
[4] Damals plante man noch, diese später zur ständigen Kirche Erbenheims auszubauen; vgl. oben gen. Art. im WT vom 08.04.1969.
[5] Über das Geistige in der Kunst insbesondere in der Malerei (1911/12), 3. Aufl. der 2004 rev. Neuaufl., Bern 2009, S. 96.
[6] Bettina Uppenkamp, Wachs, in: Lexikon des künstlerischen Materials, Werkstoffe der modernen Kunst von Abfall bis Zinn, München 2002, S. 231–238.
[7] Die Legenda aurea des Jacobus de Voragine, aus dem Lateinischen übers. v. Richard Benz, 10. Aufl. Heidelberg 1984, S. 192. Siehe auch: Simone Husemann, Pretiosen persönlicher Andacht, Bild- und Materialsprache spätmittelalterlicher Reliquienkapseln (Agnus Dei) unter besonderer Berücksichtigung des Materials Perlmutter, Diss. Köln, 1999, S. 223–226.

St. Josef

Ein Schweizer Bergwerk aus Beton

Josefstraße 13–15
65199 Wiesbaden-Dotzheim

Justus Dahinden
1979

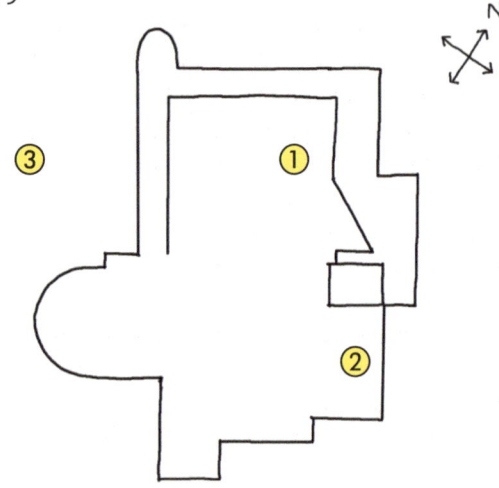

Die erste schriftliche Erwähnung „Duzzeheims" stammt aus einer 1128 vom Mainzer Erzbischof Adalbert von Saarbrücken verfassten Urkunde, in der er seine Einkünfte aus den Dotzheimer Besitzungen den Domherren in Mainz überträgt. Von einer Kirche ebendort, „ecclesiam in Tozesheim", ist erst in einem päpstlichen Bestätigungsschreiben des Jahres 1184 die Rede. Mit der Reformation wird Dotzheim lutherisch, anders als das benachbarte Frauenstein, das nicht zu Nassau, sondern zu Kurmainz gehörte. Ab Ende des 19. Jahrhunderts wuchs die Zahl der Katholiken vor Ort wieder stärker an. Der Wunsch nach einer eigenen Kapelle oder Kirche wurde laut. 1896 konnte ein Baugrundstück erworben werden. Bereits im Herbst 1901 wurden die Arbeiten an der Kirche und dem Pfarrhaus aufgenommen. Die Planung der nur als Provisorium gedachten Notkirche lag in den Händen des Wiesbadener Architekten Joseph Dormann (1865–1905). Eigentlich schwebte ihm der Bau einer größeren Basilika im neugotischen Stil auf kreuzförmigem Grundriss mit ausladendem Querhaus vor – doch Provisorien halten bekanntlich am längsten, in diesem Fall bis 1976.[1]

Die plastische Megastruktur der Kirche von Nordosten aus gesehen

Der als einfache Saalkirche realisierte und nach Südwesten orientierte Bau folgte in einzelnen Teilen – wie beispielsweise in der Form der Fensteröffnungen, aber auch in der Zugabe eines Dachreiters – ebenfalls dem neogotischen Stilwollen. Das Rechteck des mittels eines spitzbogigen Gurtbogens vom Gemeinderaum ausgeschiedenen Chores mit geradem Wandschluss kragte nach außen aus. Die Kirche war für 272 Sitz- und 135 Stehplätze ausgelegt.

Ostersonntag des Jahres 1902 konnte sie dem hl. Josef geweiht werden. Es war wohl kein Zufall, dass die Wahl auf das Josefspatrozinium fiel. Arbeiterfamilien machten das Gros der Bevölkerung „Dotzenheims" aus, das wie die benachbarte Kurstadt im Zuge der Industrialisierung wuchs und 1928 als „das größte Dorf Nassaus"[2] nach Wiesbaden eingemeindet wurde. Den Dotzheimer Familien konnte der Heilige – Josef der Arbeiter – eine starke Identifikationsfigur sein, da seine Schutzherrschaft den Stellenwert der Arbeit im Leben betonte.

Vorerst blieb das Gotteshaus nur notdürftig ausgestattet. Neben Spenden des Bonifatiusvereins in Paderborn und des Wiesbadener Altarvereins war es auch hier – wie schon zuvor für die Biebricher Kirchen St. Marien und Herz Jesu – Eugenia Hubertina Kreitz (1854–1925), die den Kirchenbau großzügig unterstützte. Bänke und Beichtstuhl stammten aus der im Jahr 1850 abgebrannten Mauritiuskirche in der Stadtmitte Wiesbadens. 1907 fanden ein neuer Hochaltar sowie ein dem Kirchenpatron geweihter Seitenaltar Aufstellung, 1909 kam ein Marienaltar, 1913 eine Kanzel hinzu. Der Frankfurter Holzbildhauer Schnitzer hatte sie nach Entwürfen des Wiesbadener Baumeisters Leukart gearbeitet.

Der Zweite Weltkrieg, insbesondere der Bombenhagel in der Nacht von Mariä Lichtmess auf den 3. Februar 1945, zerstörte die Kirche fast vollständig; allein der Chor blieb weitestgehend verschont. Der Wiederaufbau in einer neuen sachlichen und einfacheren Form geschah unter der Leitung des Architekten Paul Johannbroer (1916–1985) aus Wiesbaden. Er vergrößerte den Chor, indem er diesen einerseits auf die volle Breite des Kirchenschiffes ausdehnte und andererseits bestimmte Raumteile des Pfarrsaales miteinbezog.[3] Am 27. Oktober 1946 wurde die wiederhergestellte Kirche durch Prälat

Ansicht des Kircheninnern nach Nordosten mit Deckengestaltung in Form von Negativtreppen

Albert Büttner (1900–1967) neu geweiht. Erste Fotografien nach Kriegsende zeigen einen seitlich rechts aufgestellten, dem hl. Josef und seinem Wirken gewidmeten Flügelaltar, der in das Jahr 1944 datiert ist. Der Künstler Walter Clemens Schmidt (1890–1979) entwarf zudem eine neue Kanzel, den Kreuzweg[4], die Kommunionbank, den Osterleuchter sowie einen neuen Hochaltar mit einem Bild des Weltenrichters. Später schnitzte der Bildhauer Peter Dienstdorf (1893–1976)[5] exakt nach dieser Idee ein neues Kreuz ①. Es befindet sich, wie auch der Kreuzweg und der Josefsaltar ②, noch heute in der Kirche St. Josef. Das Retabel mit der Darstellung des hl. Josef fand hier 2001 neben der Orgel einen neuen Aufstellungsort. Diese wurde 1994 von Alfred Wild, Saverne (Elsass), mit 20 Registern im klassischen französischen Stil erbaut. Die vollständig mechanische Traktur verfügt über eine Suboktavkoppel.

Vom ehemaligen Hochaltar wurde die Sandsteinplatte der Mensa in den Betonguss des heutigen Zelebrationsaltares eingelassen. Auch die Apostelkreuze wurden aus demselben Material der einstigen Altäre gearbeitet.

Den linken Seitenaltar der Vorgängerkirche überhöhte ein ebenfalls von Dienstdorf in Kunststein gegossenes Relief, das ebenfalls heute noch vor Ort erhalten ist ③. Es zeigt in seiner Mitte die Gottesmutter mit dem Jesuskind auf der Weltkugel stehend sowie rechts von ihr den hl. Josef, als Arbeiter den „Nährstand" verkörpernd, und einen Bischof mit dem Modell der alten Kirche als Figuration des „Lehrstands". Auf der linken Seite ist eine dreiköpfige Familie zu sehen: Während der Vater vor Maria bittend verharrt, wehrt die Mutter das vom Himmel fallende Feuer ab. Gemäß der Bildidee eines erweiterten Gnadenstuhles hinterfängt die Gestalt Gottvaters, begleitet von der Taube des Hl. Geistes, mit einem weit ausgespannten Tuch schützend die Gruppe. Dieses großformatige Relief hat heute seinen Platz an der seitlichen Außenmauer gegenüber dem einstigen Pfarrbüro gefunden.

1951 erweiterte man die Kirche, indem man das Kirchenschiff nach Nordosten verlängerte und die Eingangsfront vorzog. Zudem wurde ein Glockenturm an der Flanke errichtet, der auch Platz für Gruppenräume bot. Als die Umbauten abgeschlossen waren, konsekrierte Bischof Wilhelm Kempf (1906–1982) die Pfarrkirche.

Mit Anlage des neuen Stadtteils Schelmengraben 1967, konzipiert von Stadtplaner Ernst May (1886–1979), wuchs die Gemeinde von St. Josef erneut stark an. Wieder wird der Platz zu eng. Doch dieses Mal denkt man nicht an Erweiterung, sondern an einen Neubau ganz anderer Art. Ein Gemeindezentrum soll die bisherige, mittlerweile zudem stark renovierungsbedürftige Kirche ersetzen.

Interessant sind die Überlegungen von Pfarrer Wermelskirchen (1920–1999) dazu: „Das äußere Symbol einer Kirche sollte sich nicht so sehr in einer Kirche als sakramentalen Raum ausdrücken als vielmehr in einem Baukörper, der in sich verschiedene für die Gemeinde von der Aufgabe her bestimmte Einzelbereiche vereinigt. (…). Je organischer und wohlgeordnet, harmonisch und einfach, übersichtlich und klar der Gesamtbau innen und außen gelingt, umso besser: Kirche nach außen als Zeichen der Gemeinde, die in ihr lebt und sich als Volk Gottes versteht."[6]

1975 fiel die Wahl des Verwaltungs- und Pfarrgemeinderates im Einvernehmen mit dem Bischöflichen Ordinariat in Limburg auf den Schweizer Architekten Justus Dahinden (1925–2020). „Seine Architekturen sind Räume für das Zusammensein", heißt es wertschätzend in seinem Nachruf.[7]

Justus Dahinden war ein belesener und gläubiger Mensch. Seine Spiritualität, sein Menschenbild und seine architektonische Haltung bilden sich in seinen zahlreichen Kirchenbauten ab. Er war Mitglied im 1957 gegründeten Bund der Missionsarchitekten und gestaltete Gotteshäuser auf der ganzen Welt, von der Schweiz über Uganda bis nach Taiwan, von Lindenholzhausen bis Ingelheim. In Anerkennung seines theoretischen und praktischen Wirkens wurde er 1974 als ordentlicher Professor an die Technische Universität Wien berufen. Außerdem erhielt er zahlreiche Preise, wie etwa 1981 den Grand prix d'architecture du Cercle d'études architecturales und die Ehrenmitgliedschaft des American Institute of Architects.[8]

Die Finanzierung des gesamten Bauprojektes von St. Josef übernahm das Bistum, für die Inneneinrichtung musste die Pfarrei aufkommen. Zunächst war vorgesehen, den erst 1955 gebauten Turm der alten Kirche in das Neubauprojekt zu integrieren, nicht zuletzt da dieser zum Wahrzeichen des gelungenen Wiederaufbaus nach dem Krieg geworden war. Schließlich wurde er dennoch Anfang Dezember 1976 abgetragen. Seine Einbeziehung in das Vorhaben wäre teurer gekommen als Abriss und Neubau zusammen. Auch statische Gründe sprachen gegen einen Erhalt des alten Kirchturmes.

Die Grundsteinlegung des Neubaus erfolgte am Patronatsfest, am 1. Mai 1977, die Konsekration des neuen Gemeindezentrums am 3. Februar 1979. Die jetzige Kirche beeindruckt durch ihren wuchtigen, von stereometrischen Formen wie Quader und Zylinder gegliederten Baukörper. Diese plastische Megastruktur wird von einer mächtigen pyramidalen Dachlandschaft überdeckt. Es hat den Anschein, als vermittle sie zwischen Erde und Himmel.

Zwischen einigen Wänden gibt es tiefe Einschnitte. Das Äußere wie das Innere der Kirche sind von einem rustikalen Rollgerstenputz überzogen, ein „Markenzeichen" des Architekten Justus Dahinden. Im funktionellen Sinne als Mehrzweckraum aufgefasst, zeichnet sich die Kirche St. Josef doch durch einen starken sakralen Charakter aus. Kirche und Lebenswelt begegnen sich in diesem besonderen Entwurf. Das zentrale Problem der Architektur, so die Auffassung von Dahinden, „(…) ist der Raum: Der kleine Raum (die Kapsel) oder der grosse Raum (der Stadtraum). Der Umgang mit dem Raum ist für den Menschen existentiell. Ein Verlust an Raum ist auch ein Verlust an Heimat [,] die man in sich trägt: Der Einzelne, die Gemeinschaft."[9]

Dahinden holt die alltägliche Welt in den Gottesraum hinein und lässt diesen wiederum nach außen hin ausstrahlen. Zum materiellen Bestand gehört unter anderem ein Fußboden aus Verbundpflaster, der im Außen- wie im Innenraum Verwendung findet, sowie eine Folge niedriger kleiner Seitenfenster aus völlig transparentem Glas, die den ungehinderten Blick nach innen gestattet. So können selbst Passanten das Geschehen am Altar mitverfolgen.[10]

Altarsituation mit Sängerempore und Kruzifix, entworfen von Walter Clemens Schmidt

Die geistige Sphäre vermittelt im Kirchenraum nicht zuletzt die ochsenblutrote Farbgebung der Turmverkleidung samt Sängerempore zusammen mit der indirekten Lichtführung. Alle großen Fensterflächen sind so vor der Wand des Turmes platziert, dass sie von den Besuchern nicht unmittelbar als Lichtquelle wahrgenommen werden. Im Zusammenspiel mit der in hellem Holz gehaltenen, in Negativstufen aufsteigenden Decke verleihen die Fensteröffnungen dem Raum eine zurückgenommene, gedämpfte Anmutung.

Justus Dahinden formulierte es selbst in der Kirchenzeitung „Der Sonntag" wie folgt: „Für die kirchliche Architektur bedeutet dies den Einbezug einer höheren Welt, so daß diese Architektur über die sozialen Belange hinaus die Bedürfnisse der Seele und des menschlichen Geistes befriedigen kann. Kirchenbauten nehmen teil am Brückenschlag zwischen Materie und Geist. (…). Der Kirchenraum muß nicht bloß den Handlungsablauf in der Gemeinschaft sinnvoll ermöglichen, sondern diese Handlungen durch eine Dreigestalt auch bezeichnen, nämlich als Gemeinschaft im Wortgottesdienst (die Versammlungsgestalt), als Gemeinschaft im Mahlgottesdienst (die Mahlgestalt) und als Ort für die individuelle Meditation (die Andachtsgestalt). Die Sythese [sic] dieser Dreigestaltigkeit des Raumes, verbunden mit der Qualität eines Raumes der Begegnung, in einer einzigen Architektur ist ein hoher Anspruch und fordert den Architekten in außerordentlicher Weise (…). Die Identität, die sich am kirchlichen Raum herausbildet, ist verwurzelt mit dem Religiösen und verbunden mit dem Bedürfnis nach Schutz, Zugehörigkeit und Geborgenheit."[11]

Beton war der Werkstoff dieser Zeit. Er ermöglichte die Realisierung neuer Formen und neuer Gestaltungsideen. Anders als beispielsweise Marmor, Sandstein oder Holz ist Beton kein bereits in der Natur vorkommendes, abbaubares Material, sondern ein rein technischer Baustoff. Übertragen auf seine Verwendung in der Architektur heißt das, nicht nur Entwurf und Ausführung, selbst das Material ist menschgemacht.
Zugleich ist dem anscheinend unzerstörbaren Produkt die tiefere Bedeutung von Schutz und Sicherheit innewohnend. Es antwortet damit auf ein elementares Bedürfnis der Menschen. Die nahezu uneingeschränkten Gestaltungsmöglichkeiten lassen den Baustoff Beton nach dem Krieg zum Ausdrucksträger eines Neuanfangs werden, der in der Folge die Aufbruchsstimmung der 1970er-Jahre widerspiegelt.[12] ∎

Anmerkungen

[1] Zur Geschichte siehe auch: Dotzheim im Jahre 1912, in: Jahrbuch des Bistums Limburg, 1970, S. 84–85.
[2] Hollingshaus, 2002, S. 39.
[3] Es war möglich, den Chorraum durch Vorhänge vom Kirchenschiff abzutrennen, sodass dieses auch für Vorträge oder Versammlungen genutzt werden konnte.
[4] Der Kreuzweg hat eine 15. Station mit dem Engel am leeren Grab.
[5] Joseph Peter Dienstdorf, geb. 25.05.1893 in Weisenau bei Mainz, Bildhauer, verheiratet am 25.10.1924 mit Ottilie Mina, geb. Beyer, verstorben am 05.02.1976 in Wiesbaden-Dotzheim; für diese Auskunft danken wir Lena Böschemeyer, Stadtarchiv Wiesbaden.
[6] Und weiter: „Die Kapelle ist das Herzstück des Baus – ein sakraler Raum, der im Gegensatz zur betriebsamen Umwelt ein Raum der Stille, Andacht und Meditation sein muß [sic]. Der sich ihr anschließende Festsaal sollte nicht nur akustisch mit der Kapelle eine Einheit bilden (…). Er ist auch gedacht für Pfarrversammlungen, Film-, Bildungs-, Elternabende, nicht für Tanz und Karneval." Zit. aus: Hollingshaus, 2002, S. 74.
[7] So Elias Baumgarten im Nachruf: „Formen, die Emotionen wecken – zum Tod von Justus Dahinden" vom 15.04.2020, https://www.swiss-architects.com/de/architecture-news/meldungen/formen-die-emotionen-wecken-zum-tod-von-justus-dahinden (letzter Zugriff: 11.02.2024, 17:08 Uhr).
[8] Justus Dahinden und Margit Unser, Mensch und Raum, Stuttgart 2005; Ders., Architektur – Form und Emotion, Stuttgart 2014.
[9] http://dahinden-architekten.ch/Biographie_Philosophie.php?page=biographie_philosophie (letzter Zugriff: 08.03.2024, 15:19 Uhr)
[10] Hollingshaus, 2002, S. 80.
[11] Zit. aus: ebd., 2002, S. 81–83.
[12] Zum Material: Christian Fuhrmeister, in: Lexikon des künstlerischen Materials, Werkstoffe der modernen Kunst von Abfall bis Zinn, München 2002, S. 36–40.

St. Elisabeth
Welche Farbe hat Gott?

Auf den Erlen 15
65207 Wiesbaden-Auringen

Franz Josef Mühlenhoff
1990–1991

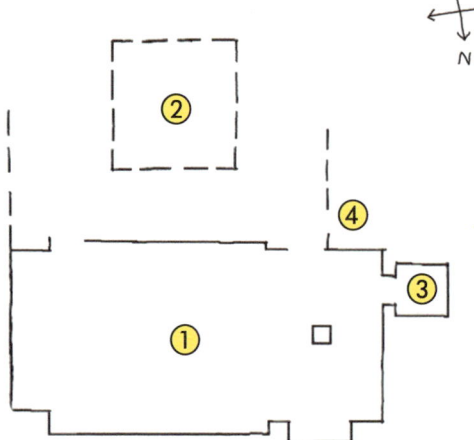

Das Gemeindegebiet Auringen-Medenbach-Naurod gehörte einst den Herren von Eppstein und wurde in der Zeit der Reformation lutherisch. Noch weit bis in das 20. Jahrhundert hinein mussten die Medenbacher und Auringer zu Fuß über eine Stunde zum Gottesdienst nach Bremthal laufen, die Nauroder gingen zur Messe nach Niedernhausen. Im Volksmund entstand in den 1940er-Jahren der Begriff „Katholikenpfädchen".

Nach Ende des Zweiten Weltkrieges zogen viele katholische Flüchtlinge in die Region. Von 1947 an stellte die evangelische Gemeinde Naurod ihre Kirche den Katholiken für die Mitnutzung zur Verfügung. Erst 1960 konnte ein Grundstück im Schlehenweg in Auringen für einen eigenen katholischen Kirchenbau erworben werden. Zwei Jahre später wurde der Grundstein gelegt und 1963 die Kirche von Bischof Wilhelm Kempf (1906–1982) geweiht. Für den architektonischen Entwurf dieser ersten Elisabeth-Kirche zeigte sich das Frankfurter Architekturbüro von Alois Giefer (1908–1982) und Hermann Mäckler (1910–1985) verantwortlich. Realisiert wurde ein schlichter Saalbau mit spitzem Satteldach und einem Raumvolumen für maximal 128 Perso-

Ansicht von Nordosten auf Turm, Kirche und Eingangssituation

nen. Doch schon in den 1980er-Jahren wurde diese Kirche zu klein. Man erwarb ein neues Grundstück im gerade erschlossenen Baugebiet „Auf den Erlen". Die alte katholische Kirche wurde profaniert.
In Auringen steht damit heute das jüngste katholische Gotteshaus Wiesbadens. 1990 fand die Grundsteinlegung statt, 1991 die Einweihung durch Bischof Franz Kamphaus (*1932).

St. Elisabeth wurde als Gemeindezentrum von Architekt Franz Josef Mühlenhoff konzipiert. Dieser hatte bereits die Reparaturarbeiten an der Vorgängerkirche geleitet. Das Eckgrundstück von St. Elisabeth erlaubte einen großzügigen Vorplatz. Auch der gelbe Verputz der Raumhülle wirkt freundlich und einladend. Ein multifunktionales Zentrum mit integriertem Kirchenraum, das war der ausdrückliche Wunsch der Gemeinde. Der auf einer rechteckigen Grundfläche errichtete Turm im Westen überragt das Gotteshaus nur unwesentlich. Er ist bekrönt von einem pyramidalen Dach mit Kreuz und besitzt an seinen Flanken je ein vertikales Band kleiner, nahezu quadratischer Fensteröffnungen. Das Fehlen von Schallklappen weist darauf hin, dass dieser Turm keine Glocken besitzt. Ein Satteldach deckt den oblongen Kirchensaal ①. Südlich schließen die eingeschossigen Gemeinderäume an. Ein verglastes Portal mit Windfang führt in das Innere des Zentrums. Die Räume gruppieren sich um ein quadratisches Atrium gleich einem klösterlichen Kreuzgang ②. Im innenliegenden Gärtlein des Patios installierte man eine kleine Glocke. Der Verbindungsgang zum Kirchenraum ist offen gestaltet.

Der Festsaal selbst ist lichtdurchflutet; neben einer Ansammlung von Fenstern in der nördlichen Wand inszenieren eine verglaste Öffnung des Dachfirstes und zwei Bahnen von je vier weiteren Fenstervierecken auf der Südseite des Raumes mit kalkulierter Lichtregie die Altarinsel als Brennpunkt des Raumes. Der Fuß des Turmes öffnet sich zur Sakramentskapelle ③ und verbindet auf diese außergewöhnliche Weise die Erde mit dem Himmel.
Mittels einer Schiebewand kann der sakrale Raum abgeteilt werden, sodass zusätzlich ein Bereich für Veranstaltungen genutzt werden kann. Harmonisch fügte sich im Jahr 2000 die neue Orgel von Joachim F. Weigle aus St. Johann, Baden-Württem-

Der geostete Innenraum mit Blick auf die Altarinsel

berg, in die bereits dafür vorgesehene Nische an der Nordseite ein. Die Orgel besitzt 15 Register sowie zwei Manuale und Pedal.

Die Ausstattungsstücke und Dekore der Kirche sind sparsam, aber gezielt gesetzt. Am äußeren Eingang zur Sakristei findet sich ein Relief, das Szenen aus dem Leben der hl. Elisabeth zeigt ④. Es wurde von der Künstlerin Renate Golla (*1935) gestaltet. Die Wahl der hl. Elisabeth von Thüringen (1207–1231) als Kirchenpatronin erscheint vor dem Eindruck der

traumatischen Erlebnisse der Menschen im Zweiten Weltkrieg und ihrer Fluchterfahrungen mehr als nachvollziehbar. Der Fries thematisiert mit dem Bild eines Brotkorbes die Fürsorge und den bedingungslosen Einsatz der Heiligen für die Armen. Auch auf das Rosenwunder nimmt die Erzählung mit Darstellung einer Rose und eines Brotlaibes zwischen den Häuptern Elisabeths und ihres Mannes Ludwig, Landgraf von Thüringen und Pfalzgraf von Sachsen, Bezug. Am rechten Bildrand sieht man

Kruzifix mit Wandbehang des Osterfestkreises und Wandmalerei von Eberhard Münch

Letztgenannten zudem als Kreuzritter hoch zu Ross auf seinem Weg nach Jerusalem.

Renate Golla schuf auch den Altar als schlichten hellen Sandsteinblock und das Relief eines Fisches über dem Eingang zur Sakramentskapelle ③. In dieser steht auf einer taukreuzförmigen Stele desselben Materials der Tabernakel. Die Motive Brot und Wein sind neben den Worten „AVE / JESU" in das Metall seiner Türen graviert und zusätzlich mit Bergkristallen besetzt. Die Fensterbemalung der Sakramentskapelle stammt vom Gemeindemitglied Gisela Tittel aus Naurod. Von ihr wurden auch die Fenster zum Leben der hl. Elisabeth im Kirchenschiff entworfen.

Das Taufbecken, eine blaue gläserne Schale auf einer Standvorrichtung aus Bronze, kreiert von Manfred Stoffels, kam 2008 in den Kirchenraum. Daneben ist eine 1,50 Meter große Madonna aus Gips platziert, wohl eine Arbeit aus dem ersten Viertel des 20. Jahrhunderts, die bereits in der Vorgängerkirche aufgestellt war. Es ist das Bild der Maria Immaculata, der unbefleckt Empfangenen, auf Wolkenbändern stehend, welche sich über den Erdball hinziehen.

Als 2010 der Auftrag für eine liturgische Neugestaltung des Kirchenraumes vergeben werden sollte, fiel die Wahl auf den Wiesbadener Künstler Eberhard Münch (*1959). Er fertigte die Altarwandmalerei, das Kreuz[1] und vier sich am Verlauf des Kirchenjahres orientierende Wandfahnen für den Altarraum. Für mehr als 200 Kirchen und Kapellen hat er bislang – konfessionsübergreifend – sakrale Raumkonzepte als Gesamtkunstwerke entwickelt. Jeder Raum besitze eine eigene Sprache, so Münch, die er „Seele" nennt.[2] Eine horizontal umlaufende, feine blaue Linie verbindet den Versammlungsraum der Gemeinde mit dem Altarraum. Die Altarwand ist in den Farben des Lichtes gestaltet. Die von Münch entworfenen vier liturgischen Wandbehänge, die mit einer Zugvorrichtung vor der Altarwand angebracht werden können, richten sich nach den liturgischen Farben des Kirchenjahres: Violett steht für die Advents- und Fastenzeit, für Umkehr und Buße. Die zugehörige textile Fahne ist zerrissen beziehungsweise so in zwei Teile geteilt, dass eine Hälfte über den Altar gelegt werden kann. Auf diese Weise versinnbildlicht das violette Tuch nicht nur die Darbringung vor Gott und die Bitte um Vergebung, sondern auch die Zerrissenheit der Welt durch Sünde und Schuld. In der Weihnachtszeit wird das blaue Tuch, aus dessen Tiefe sich in der unteren Hälfte ein sanftes Gelb herausschält, aufgehängt: Das Licht kommt in die Welt. Zu Ostern wird das gelb-rote Tuch gewählt, es verweist mit seiner roten Farbe auf die Passion Jesu Christi, das lichte Gelb wiederum symbolisiert das Geheimnis der Auferstehung, das Weiß das reine und wahre Licht. Im Festkreis nach Ostern zieht die Farbe Grün in den Kirchenraum ein, stellvertretend für das Hoffen, Glauben, Wachsen, Gedeihen, Reifen – den Neubeginn.

Die Wandfahnen stehen in der Tradition der Prozessionsfahnen, bewegliche Bilder, die durch ihre Materialität leicht zu bedienen sind und zugleich ein großes Wandlungs- wie Wirkungspotenzial entfalten können. Zudem sind Textilien generell elementarer Bestandteil der menschlichen Lebensspanne – von der Wiege bis zur Bahre.

Münch entwarf auch die Messgewänder für St. Elisabeth. Mit diesem Zusammenspiel der übereinander gleitenden Flächen von Wand, Textilien und Kreuz schuf er einen transzendental erfahrbaren Raum, in dem das Kreuz als Konstante erscheint.

St. Elisabeth ist durch Eberhard Münchs künstlerisches Zutun zu einem Ort der möglichen Gottesbegegnung, der Stille und Meditation geworden. Er antwortet auf die Frage: „Welche Farbe hat Gott?" - „Weiß", denn: „(…) in Weiß sind alle Farben enthalten."[3]

Anmerkungen

[1] Im neuen Holzkreuz ist das Kreuz der alten kath. Kirche von Auringen eingelassen; vgl. Michael Sattler, Das Kirchenjahr in unserer Kirche, in: Mitteilungsblatt der kath. Kirchengemeinde St. Elisabeth, Auringen – Medenbach – Naurod, 2010, S. 3.

[2] Markus Stutzenberger, Die Sehnsucht nach dem Schönen – Harmonie und künstlerische Innovation auf: https://blog.atelier-muench.de/spektrum/ (letzter Zugriff: 11.01.2024, 17:52 Uhr).

[3] Uwe Birnstein, „Gott ist weiß", in: Publik-Forum, Oberursel 2019, S. 17.

Feldkapelle
Ein spiritueller Ort inmitten der Natur

Vor den Fichten 7
65193 Wiesbaden-Sonnenberg

2010–2011
Hans-Peter Gresser

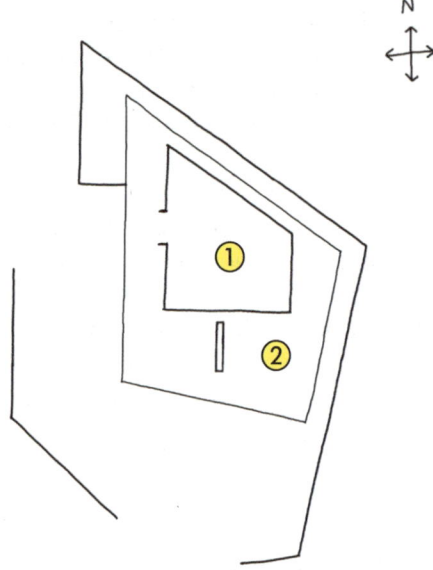

Unmittelbar und zugleich unübersehbar tritt an einer Wegkreuzung inmitten der Sonnenberger Gemarkung ein großes Kreuz von auffälliger Form wie Farbe in den Blick und lässt den Schritt langsamer werden. Das Kreuz neigt sich zur Erde und formt auf diese Weise mit seiner Gestalt zugleich einen schutzhüttenähnlichen Unterstand. Die rostrote Tönung seiner Außenhaut lässt die Kontur vor dem grünen Fond der Natur deutlich hervortreten.

Die Feldkapelle steht in der Tradition christlicher europäischer Baukultur an einem besonderen topografischen Ort: genau am Übergang vom Feld zum Wald in Verlängerung des Tennelbachtals. Gerade diese Symbolik des Übergangs ist als christliches Zeichen bestimmend für den Bau und die Anlage dieses außergewöhnlichen Kapellenentwurfs.
Weg- und Feldkapellen werden als christliche Andachtsräume häufig in der Abgeschiedenheit und von bescheidenen Ausmaßen errichtet. Sie entspre-

Umschlossenes Areal der Feldkapelle von Südosten aus gesehen

chen damit dem Bedürfnis des Menschen nach Privatheit und Intimität auch in Ausübung seiner Religiosität und bieten auf diese Weise einen Raum für das individuelle Gebet. Es sind zumeist Privatpersonen, die solche Kapellen (meist anlassbezogen) errichten. Für die Wiesbadener Feldkapelle ist es die private „Stiftung Matth. 7,12" mit Sitz in Wiesbaden. Sie versteht den genannten Satz der Bergpredigt und auch die christliche Lehre generell als konkrete Handlungsanweisung: „Alles, was ihr also von anderen erwartet, das tut auch ihnen."[1]

Mit dieser Kapelle, gelegen zwischen Kleingärten und Wald, möchte die Stiftung eine Insel der Ruhe, einen Ort für die Kontemplation und das Gebet für alle Menschen, einerlei welcher Konfession oder kulturellen Herkunft, schaffen.

Da das Grundstück in einem Landschaftsschutzgebiet liegt, konnte die Grundsteinlegung erst 2010, sieben Jahre nach Stellen des Bauantrages, erfolgen. Im Jahr 2012 wurde die Feldkapelle ökumenisch geweiht.

Die gesamte Anlage der Kapelle erstreckt sich in den Sonnenberger Streuobstwiesen auf einer Fläche von über 210 Quadratmetern, wobei der eigentliche Andachtsraum davon lediglich 25 Quadratmeter beansprucht ①. Das ummauerte Areal erinnert an einen „Hortus conclusus", einen umschlossenen, eingefriedeten Garten, wie ihn die Mariensymbolik kennt ②. Mittels einer Zeitschaltuhr öffnet und schließt sich das niedrige Stahltor morgens und abends automatisch. Die Umfassungsmauer besteht aus einem Betonkern, der beidseitig mit Bruchhausteinen aus heimischem Schiefer verkleidet ist. Dabei bleiben die Fugen offen, sodass sie den Charakter einer Trockenmauer erhält. Der Farbklang der Steine von Grau bis Rot und das Spiel der Schatten lassen die Umgrenzung lebendig und plastisch erscheinen. Öffnungen im oberen Teil des Betonkerns geben Raum für Insekten und Echsen. Eine kleine Bank direkt am Eingang lädt als Sitzgelegenheit zum Ausruhen ein.

Die Ästhetik des Ortes folgt in Geist und Form den Prinzipien eines japanischen Gartens. Die Anlage wird zur Schnittstelle von Natur und Kultur, wird zur lebendigen Architektur. Der Entwurf des Büros „Gresser Architekten" erinnert mit seiner Verschrän-

Cortenstahl-Kreuz und Kapellenraum in Form eines Glaskubus

kung von christlicher Spiritualität und buddhistischem Verständnis von Schönheit an Ideen des deutschen Architekten Bruno Taut (1880–1938). Dieser hatte die sogenannte Himmelsbrücke, die Katsura-Villa und ihren Garten wiederentdeckt und der Welt zugänglich gemacht. Nach japanischem Verständnis will auch der Stein als etwas Lebendiges behandelt und als beseeltes Wesen gesehen werden.

So lenken die im Garten der Feldkapelle gesetzten Basalt-Findlinge als Trittsteine das Gehen der Eintretenden und rücken ihren Weg in den Kapellenraum wie eine Meditation tiefer in ihr Bewusstsein.

Der kurze Pilgerweg bereitet den Suchenden auf den Kapellenraum vor; er ist derart uneben, dass er seine ganze Aufmerksamkeit erfordert. Um zum eigentlichen Andachtsraum zu gelangen, muss man unter der knapp sieben Meter hohen Plastik des schräg gestellten Kreuzes hindurchgehen. Das Kreuz ist als Stahlgerippe gebildet und mit Cortenstahl beplankt. Das augenscheinlich Vergängliche, nämlich die rostige Oberfläche garantiert gerade

tragen."² Die Kreuzesgestalt tritt nicht additiv hinzu, sondern wird zum integralen Bestandteil des gesamten Baukörpers. Beim Um-und Durchschreiten der Plastik erschließen sich dem Gehenden nach jedem Schritt neue Perspektiven. Der Weg unter dem Kreuz hindurch kann zudem nicht aufrecht erfolgen. Auch in seiner Beschwerlichkeit und Unebenheit gleicht er einer „Via Dolorosa" oder einem Pilgerweg. Nach einer letzten 90-Grad-Drehung erreicht man schließlich den nach Osten ausgerichteten Andachtsraum, der aus einem Glaskubus mit den Maßen 3,70 x 6,80 x 5,40 Meter gebildet wird. Der Würfel aus Ornilux-Glas ruht als Landschaftsskulptur auf einer schwarzen Plattform aus amerikanischem Granit (Virginia Black) in einem weißgrauen Kiesbett. Das Minimalistische des Entwurfs nimmt Bezug auf die Vorstellung von Leere, auf das Nichts, das auch das „Noch-nicht-sein" meinen kann. Bewusst wird hier Raum gelassen, wie in japanischen Tuschezeichnungen, in denen die Leere zum Protagonisten der Darstellung wird. Genauso verhält es sich mit dem Glaskörper der Kapelle. Das Glas umgibt die Leere wie eine lichtdurchlässige Membran. Das Kapellengehäuse wird zum Gefäß, das die Gedanken der sich darin aufhaltenden, betenden Menschen birgt. Der Architekt visualisiert mit seiner Rauminterpretation den Glauben als offenes Zwiegespräch des Menschen mit dem Transzendenten, frei von jeglicher Inszenierung. Zugleich nimmt die Kapelle die Natur, die Schöpfung Gottes, in sich auf.

Der Raum wirkt primär durch sein architektonisches Gefüge. Ergänzt hat man ihn mit plastischen Arbeiten des Bildhauers und Medailleurs Gernot Rumpf (*1941) aus Kaiserslautern. Dieser ist bekannt für Kunstwerke mit überwiegend biblischen Motiven und hatte bereits 1975 im benachbarten Mainz den Sockel der Heunensäule auf dem Marktplatz geschaffen. Vor dem Eingang in den gläsernen Kubus der Feldkapelle stehen auf einem Betonsockel zwei bronzene Sandalen: Die Schuhe des Moses. Diesem offenbarte sich am Berg Sinai im brennenden Dornbusch Gott JHWH und dieser sprach zu ihm: „Ziehe deine Schuhe von deinen Füßen, denn der Ort auf dem du stehst, ist heiliger Boden." (2 Mose 2–5). Rumpf kreierte auch den bronzenen Dornbusch im Inneren der Kapelle. Mehrere Sanddornbüsche

Dauerhaftigkeit, denn unter ihr schützt eine dichte Sperrschicht vor Witterungseinflüssen. Dem entspricht das vom Architekten angestrebte, japanische Konzept des Wabi-sabi, welches die Schönheit unvollkommener, vergänglicher und schlichter Dinge hervorhebt. Das Kreuz hat keinen Sockel, es wächst aus der Landschaft heraus. Es ist ein „Kreuz unserer Zeit", wie es der Architekt selbst einmal formuliert hat, kein vorangetragenes „Symbol des Triumphes", sondern „(…) das Passionskreuz, das wir jeden Tag auf uns nehmen und auf dem Rücken

Farbige Glastafel in der Umfassungsmauer und Ausstattungselemente von Gernot Rumpf

gegenüber der Eingangstür, deren Beerenfrüchte mit dem Rot des Cortenkreuzes korrespondieren, greifen das Thema ebenso auf. Des Weiteren stammt von demselben Künstler der Kerzenhalter, der mit seinen aus Flügeln bestehenden Armen auf die Seraphim anspielt (Jes 6,1–7), die höchste Kategorie der Engel, die von Gott erschaffen wurde.

Es sind aber auch die Schönheiten im Detail, die diesen Ort auszeichnen: So besteht der Türgriff aus einer in Messing gegossenen Schriftrolle, die in einen tiefen quadratischen Durchlass für die Hand platziert wurde.

Eine Glasnische in der Umfassungsmauer gerät erst nach Eintreten in das Innere des Kapellenraumes in den Fokus. Ausgeführt wurde dieser Entwurf des Architekten von den Glasstudios Derix, Taunusstein, in den Farbtönen Dunkel- und Kobaltblau sowie Rot. Die Glastafel erinnert an Farbfeldmalereien des amerikanischen Künstlers Mark Rothko (1903–

wird sie zum Ausdruck, ja zum Argument der Unverzichtbarkeit solcher besonderer Orte für alle Menschen in ihrem Suchen nach Orientierung und Positionierung, in einem dafür notwendigen Innehalten im Fragen nach Welt und Gott, gleich welcher Konfession. Sie gibt Raum! ∎

1970). Die drei vertikalen Farbstreifen aus Antikglas bilden – komplementär aufeinander bezogen – den Sonnenaufgang mit einem gelblichen Rot, das tiefe Blau des Nachthimmels sowie ihren Übergang; sie sind Metaphern für Tag und Nacht, Alpha und Omega.

Die Feldkapelle als definierter Ort innerhalb der variantenreichen Natur ist Weg wie Ziel zugleich. Mit der Schönheit ihrer architektonischen Raumofferte

Anmerkungen

[1] Weshalb der Architekt 2010 zum See Genezareth reiste und vom Ort der Seligpreisungen einen Zweig, Olivenöl und Erde mitbrachte. Diese Elemente wurden in eine Schatulle verschlossen und in die Grundsteinöffnung eingebettet; Gresser 2012, S. 16–17.
[2] Ewald Hetrodt, Spiritualität zwischen Feld und Wald, in: FAZ, 09.09.2011, S. 61.

Quellen

Legende der genutzten Quellen

- DAL = Diözesanarchiv Limburg
- HessStAWi = Hessisches Staatsarchiv Wiesbaden
- HLB = Hochschul- und Landesbibliothek RheinMain
- StadtA WI = Stadtarchiv Wiesbaden
- WK = Wiesbadener Kurier
- WT = Wiesbadener Tagblatt

Literatur in Auswahl

Allgemein zu den Wiesbadener Kirchen

- Dehio, Georg. Handbuch der deutschen Kunstdenkmäler. Hessen. 2., bearb. Aufl. München, 1982.
- Hilpisch, Georg. Kurze Geschichte der katholischen Pfarrei von den ältesten Zeiten bis zur Gegenwart. Wiesbaden, 1873.
- Hollingshaus, Markus Frank und Carsten Lenz. Orgeln in Wiesbaden. Wiesbaden, 2003.
- Die Inschriften der Stadt Wiesbaden. Gesammelt und bearbeitet v. Yvonne Monsees, unter Mitarbeit von Rüdiger Fuchs. Erschienen in der Reihe: Die deutschen Inschriften. Bd. 51, Mainzer Reihe 7. Band. Wiesbaden, 2000.
- Kiesow, Gottfried. Architekturführer Wiesbaden. Die Stadt des Historismus. Deutsche Stiftung Denkmalschutz. Bonn, 2008.
- Kiesow, Gottfried. Das verkannte Jahrhundert. Der Historismus am Beispiel Wiesbaden. Deutsche Stiftung Denkmalschutz. Bonn, 2005.
- Leyk, Nicole Alexandra. Das künstlerische Werk von Johannes Beeck. Diss. Bonn, 2012.
- Reusing, Gustav. Wiesbadener Madonnen. Wiesbaden, 2005.
- Russ, Sigrid. Kulturdenkmäler in Hessen. Wiesbaden I.3 – Stadterweiterungen außerhalb der Ringstraße. Wiesbaden, 2005.
- Thiersch, Stefan, Berthold Bubner und Ingeborg Büttner. Wiesbaden. Baudenkmale und historische Stätten. Wiesbaden, 1986.
- Wiesbaden: Das Stadtlexikon. Hrsg. v. Cornelia Röhlke und Brigitte Streich. Magistrat der Landeshauptstadt Wiesbaden. Darmstadt, 2017.
- Wolf, Stefan G. Kirchen in Wiesbaden. Gotteshäuser und religiöses Leben in Geschichte und Gegenwart. Wiesbaden / Darmstadt, 1997.

St. Bonifatius

- Czysz, Walter. Kath. Stadtpfarrkirche St. Bonifatius Wiesbaden. München / Zürich, 1992.
- Dessauer, Gabriel. Die Orgel von St. Bonifatius Wiesbaden. Festschrift zur Orgelweihe 25.11.1985. Hrsg. v. Kath. Pfarramt St. Bonifatius Wiesbaden. Wiesbaden, 1985.
- Hembus, Julius. Die Bonifatius-Kirche in Wiesbaden. Bericht über die Bau- und Kirchengeschichte von 1843 bis 1849. Hrsg. v. Julius Hembus, Maler- und Stuckwerkstätte Frankfurt am Main und Kronberg im Taunus in Zusammenarbeit mit Herrn Pfarrer Bardenhewer und der Bonifatius-Gemeinde. Frankfurt a. M., 1977.
- Hoffmann, [Philipp]. Die katholische Kirche [St. Bonifatius] zu Wiesbaden. Vom k. Oberbaurath Hoffmann in Wiesbaden. In: Zeitschrift für Baukunde. Bd. 3, 1880. Sonderheft: Mittheilungen über Wiesbaden und vom Mittelrhein. Festschrift zu der Wander-Versammlung des Verbandes Deutscher Architekten und Ingenieure in Wiesbaden vom 15. bis 23. September 1880. München, 1880, Sp. 54–80.
- Jacobs, Nikolas Werner. Stil und Historizität. Philipp Hoffmanns Gotikrezeption und ihre Bedeutung für sein baukünstlerisches Werk. In: Nassauische Annalen. Bd. 125, 2014, S. 185–225.
- 100 Jahre Sankt Bonifatius Wiesbaden. 1849–1949. Eine Chronik. Hrsg. v. Pfarramt. Wiesbaden, 1949.
- Mattiaci. Das alte christliche Wiesbaden. Eine Festgabe zum Jubiläum von St. Bonifatius mit 45 seltenen, zum Teil unveröffentlichten Bildern. Dargeboten von Freunden der Wiesbadener Geschichte. Schriften zur Nassauisch-rheinischen Heimatgeschichte, 1. Teil. Wiesbaden, 1949.
- Meuer, August Heinrich. Die Entstehungsgeschichte der Bonifatius-Kirche in Wiesbaden. Zum 75. Jahrestage ihrer Einweihung. 1849 – 19. Juni – 1924. In: Nassauische Heimat. Sonderbeilage zur „Rheinischen Volkszeitung" vom 21. Juni 1924, S. 1–39.
- Philipp Hoffmann (1806-1889). Ein nassauischer Baumeister des Historismus. Hrsg. v. Landesamt für Denkmalpflege Hessen. Reihe: Arbeitshefte des Landesamtes für Denkmalpflege Hessen. Bd. 12. Stuttgart, 2007.
- Philipp Hoffmann 1806–1889. Ein nassauischer Baumeister. Eine Ausstellung der Landeshauptstadt Wiesbaden und des Nassauischen Kunstvereins Wiesbaden e.V., Wiesbaden, vom 28. November 1982 bis 9. Januar 1983. Mit Beiträgen von Paulgerd Jesberg, Siegbert Sattler, Ursula Woeckel. Wiesbaden, 1982.
- Russ, Sigrid. Kulturdenkmäler in Hessen. Wiesbaden I.1 – Historisches Fünfeck. Wiesbaden, 2005, S. 422–425.
- Struck, Wolf-Heino. Wiesbaden im Biedermeier. Wiesbaden, 1981.
- Wolf, Friedrich. Wie der heilige Bonifatius nach Wiesbaden kam. In: Jahrbuch des Bistums Limburg. Hrsg. v. Bischöflichen Ordinariat Limburg. Frankfurt a. M., 1954, S. 79.
- Wolf, Friedrich. Aus Leid und Kampf der Bonifatiusgemeinde. In: Jahrbuch des Bistums Limburg. Hrsg. v. Bischöflichen Ordinariat Limburg. Frankfurt a. M., 1955, S. 101–103.

St. Marien

- Bausch, Alfred. St. Marien Wiesbaden-Biebrich: 1876–1996. 120 Jahre. Hrsg. v. Kath. Pfarramt St. Marien, Wiesbaden-Biebrich. Wiesbaden, 1996.
- Faber, Rolf. Bismarcks Kampf gegen die katholische Kirche im Bistum Limburg. Die Weihe der St. Marienkirche in Wiesbaden-Biebrich in der Zeit des Kulturkampfes. Wiesbaden, 2002.
- Heil, Albert. An die Besucher der St. Marienkirche (Faltblatt). Hrsg. v. Öffentlichkeitsausschuss der Gemeinde St. Marien. Wiesbaden, o. J.
- 100 Jahre St. Marien Biebrich: 1876–1976. Hrsg. v. Pfarrei Sankt Marien. Wiesbaden, 1976.
- Der Kreuzweg in der St. Marienkirche. Hrsg. v. Katholischen Pfarramt St. Marien Wiesbaden-Biebrich. Wiesbaden, 2001.
- St. Marien Wiesbaden-Biebrich. 1876–1996. 120 Jahre. Hrsg. v. Kath. Pfarramt St. Marien. Wiesbaden, 1996.
- Von der Wehd, Georg Rudolf. Die „St. Marien"-Kirche. Hort Gläubiger Seelen. In: Pfarrspiegel „St. Marien"-Kirche Wiesbaden Biebrich. Wiesbaden, 1953.

Herz Jesu, Wiesbaden-Sonnenberg

- Grün, Hugo. Sonnenberg 1351–1951. Ein Gang durch sechs Jahrhunderte seiner Geschichte. Festschrift zum Heimatfest Wiesbaden-Sonnenberg. 11.–14. Juli 1952. Wiesbaden, 1952.
- Herz-Jesu-Pfarrkirche Wiesbaden-Sonnenberg. St. Johannes-Kapelle Wiesbaden-Rambach. Hrsg. v. katholischen Pfarramt Herz Jesu in Wiesbaden-Sonnenberg. Metzingen, 1963.
- 100 Jahre katholische Pfarrkirche Herz-Jesu Wiesbaden-Sonnenberg. 8.9.1890–8.9.1990. Hrsg. v. Pfarrgemeinderat Herz-Jesu Wiesbaden-Sonnenberg. Wiesbaden, 1990.
- 125 Jahre Herz Jesu Wiesbaden-Sonnenberg 1890–2015. Hrsg. v. St. Birgid Wiesbaden. Wiesbaden-Sonnenberg, 2015.
- Wiesbaden-Sonnenberg. Wiesbaden-Rambach. Hrsg. v. Ortsverwaltung Sonnenberg-Rambach. Wiesbaden-Erbenheim, 1996.

Maria Hilf

- Festschrift 125 Jahre Maria Hilf. Hrsg. v. der Pfarrei St. Bonifatius Wiesbaden. Wiesbaden, 2020.
- Gizelt, Josefine. Maria-Hilf-Kirche Wiesbaden. München / Zürich, 1985.

Quellen

- Massenkeil, Joseph. Festschrift zum 25 jährigen Jubiläum des H. H. Geistlichen Rat Hugo Pabst als Pfarrer von Maria Hilf Wiesbaden. 1927–1952. Wiesbaden, 1952.
- Pfarrführer Maria-Hilf-Kirche Wiesbaden. Hrsg. v. Katholischen Pfarramt Maria Hilf. Wiesbaden, o. J.
- Russ, Sigrid. Kulturdenkmäler in Hessen. Wiesbaden I.2 – Stadterweiterungen innerhalb der Ringstraße. Wiesbaden 2005, S. 358–360.
- Wolf-Holzäpfel, Werner. Der Architekt Max Meckel 1847–1910. Studien zur Architektur und zum Kirchenbau des Historismus in Deutschland. Lindenberg, 2000.

Herz Jesu, Wiesbaden-Biebrich

- Festschrift zur Altarweihe der Herz-Jesu Kirche Wiesbaden. Wiesbaden, 1991.
- 100 Jahre Herz-Jesu Kirche 1898–1998 Wiesbaden-Biebrich. Hrsg. v. Pfarrgemeinderat Herz-Jesu. Koordination: Alexander Coridaß. Wiesbaden-Biebrich, 1998.
- Nies, Josef. Die Herz-Jesu-Kirche in Wiesbaden-Biebrich. Wiesbaden, 1985.
- Willkommen in Herz Jesu Wiesbaden-Biebrich. Hrsg. v. Katholischen Pfarrbüro St. Peter und Paul. Wiesbaden, 2018.

Dreifaltigkeit

- Becker, Ludwig. Kirchen- und Profanbauten entworfen von Ludwig Becker. Mainz, 1905.
- Bringmann, Michael. Der Architekt Ludwig Becker (1855 – 1949) als Mainzer Dombaumeister – ein Stein des Anstoßes? In: Kunst und Kultur am Mittelrhein. Festschrift für Fritz Arens zum 70. Geburtstag. Worms, 1982. S. 191–206.
- Bringmann, Michael. Art. Becker, Ludwig. In: Saur. Allgemeines Künstler-Lexikon. Bd. 8, 1994, S. 171–172.
- Hüfner, August. Die Dreifaltigkeitskirche zu Wiesbaden. Ihr Werden und ihre Ausgestaltung. Wiesbaden, 1937.
- Kautzsch, Rudolf. Zur Baugeschichte des Mainzer Doms (zu dem Buch von L. Becker und J. Sartorius, Baugeschichte der Frühzeit des Domes zu Mainz. Mainz 1936). In: Zeitschrift für Kunstgeschichte. N. F. Bd. 6, 1937, S. 200–217.
- Müller, C. A. Das neue Wiesbaden. Mit zahlreichen Rückblicken in die Vergangenheit. Wiesbaden, 1924.
- Sartorius, Johannes. Dombaumeister Professor Ludwig Becker in Mainz. In: Festschrift Dr. theol., Dr. phil. h. c. August Reatz zu seinem 60. Geburtstag dargeboten. Jahrbuch für das Bistum Mainz 1949. Bd. 4, 1949, S. 68–82.
- Van't Padje, Willem-Alexander. 90 Jahre Katholische Kirche Dreifaltigkeit. „... wie ein Lied aus Stein, ein Loblied auf den Allerhöchsten". Wiesbaden, 2002.
- Wiesbadener Kirchen. In: Nassauer Volksblatt. Nr. 299 vom 30.10.1934.
- St. Elisabeth, Zietenring
- Festschrift zum 100jährigen Jubiläum von St. Elisabeth. Hrsg. v. der Katholischen Pfarrei St. Bonifatius Wiesbaden. Wiesbaden, 2022.
- Festschrift zur Kirchweih 1990. Hrsg. v. Öffentlichkeitsausschuss der Pfarrei St. Elisabeth Wiesbaden. Wiesbaden, 1990.
- 50 Jahre St. Elisabeth Wiesbaden: 1921 – 1971. Hrsg. v. Kath. Pfarramt St. Elisabeth Wiesbaden. Wiesbaden, 1971.
- Häberle, Flavian. St. Elisabeth Wiesbaden. Wiesbaden, 1966.
- Schade, Vera. Der „Große Herrgott" von Lucy Hillebrand. In: Denkmalpflege & Kulturgeschichte. Hrsg. v. Landesamt für Denkmalpflege Hessen, 2016, Heft 4, S. 17–23.
- St. Elisabeth Wiesbaden. 50 Jahre Kirchweih. Hrsg. v. der Pfarrei St. Elisabeth Wiesbaden. Wiesbaden, 1986.
- St. Elisabeth Wiesbaden. Ein Gang durch die Kirche. Hrsg. v. Öffentlichkeitsausschuss der Pfarrei St. Elisabeth Wiesbaden. Wiesbaden, 1991.

St. Kilian

- 50 Jahre St. Kilian-Pfarrkirche. Hrsg. v. Katholische Pfarrgemeinde St. Kilian. Wiesbaden, 1987.
- Seib, Adrian. Der Kirchenbaumeister Martin Weber (1890–1941). Leben und Werk eines Architekten für die liturgische Erneuerung. Mainz, 1999.
- Suda, Siegfried und Petra Morath-Pusinelli. Führer durch die Sankt-Kilian-Kirche. Hrsg. v. Katholische Pfarrgemeinde Sankt Kilian. Wiesbaden, o. J.
- Weber, Norbert. 50 Jahre St. Kilianskirche in Wiesbaden – eine Raumdeutung. Wiesbaden, o. J.

St. Birgid

- 75 Jahre St. Birgid. Festschrift zur Festwoche vom 1.–9. Mai 1982. 1907–1982. Katholische Pfarrgemeinde St. Birgid, Wiesbaden-Bierstadt. Hrsg. v. Pfarrgemeinderat St. Birgid. Wiesbaden, 1982.
- 50 Jahre Wiesbaden Bierstadt 1928–1978. Hrsg. vom Magistrat der Landeshauptstadt Wiesbaden in Zusammenarbeit mit dem Ortsbeirat Wiesbaden-Bierstadt. Wiesbaden, 1978.

St. Georg und Katharina

- Meuer, August Heinrich. Geschichte von Dorf und Burg Frauenstein nebst Nachrichten über die Höfe Armada, Grorod, Nürnberg, Rosenköppel und Sommerberg. Ein Heimatbuch nach archivalischen Quellen. Wiesbaden, 1930.
- Meuer, August Heinrich. Der Hochaltar von Eberbach in der Kirche zu Frauenstein. In: Rheinische Volkszeitung vom 25. Juli 1931.
- Katholische Pfarrgemeinde St. Georg und Katharina, Wiesbaden–Frauenstein. 1954–2004: 50 Jahre Kirchenneubau, 30 Jahre Pfarrgemeindezentrum. Hrsg. von der Katholischen Pfarrgemeinde St. Georg und Katharina, Wiesbaden Frauenstein durch den Festausschuss. Wiesbaden, 2004.
- Strauß, Harald R. Wiesbaden-Frauenstein. Ein Heimatbuch. Wiesbaden, 1998.

Heilige Familie

- 25 Jahre Heilige Familie. Hrsg. v. der Pfarrei Heilige Familie Wiesbaden. Wiesbaden, 1981.
- 50 Jahre Kirche Heilige Familie Wiesbaden, 1956–2006. Hrsg. v. Pfarrgemeinderat Heilige Familie. Wiesbaden, 2006.
- Bruno, Karl-Wilhelm. Der Schöpfungszyklus von Reinhard Daßler. Kirche Hl. Familie, Wiesbaden. Regensburg, 1994.

St. Mauritius

- Katholische Kirche St. Mauritius Wiesbaden. Hrsg. v. Katholische Kirchengemeinde St. Mauritius. Wiesbaden, 2008.
- St. Mauritius. 29. September 1968 (Einweihungsschrift). Hrsg. v. Pfarramt St. Mauritius. Wiesbaden, 1968.
- 50 Jahre St. Mauritius. „Eingeladen zum Fest des Glaubens". Hrsg. v. Katholische Kirchengemeinde St. Bonifatius, Kirchort St. Mauritius. Konzept: Hedi Seidler. Wiesbaden, 2018.

St. Peter und Paul

- Der Kreuzweg unseres Herrn Jesus Christus in der Pfarr-Kirche St. Peter und Paul zu Wiesbaden-Schierstein. Hrsg. v. Pfarrei St. Peter und Paul Wiesbaden-Schierstein. Wiesbaden-Schierstein, 1985.

St. Michael

- 25 Jahre Kirche und Kindergarten St. Michael in Wiesbaden. Wiesbaden, 1989.

Christkönig

- 25 Jahre Christ-König Nordenstadt. Kirchweih. Festwoche vom 8. bis 16. September 1990. Hrsg. von der Kath. Pfarrgemeinde Christ-König. Wiesbaden-Nordenstadt, 1990.
- 50 Jahre Kirche Christkönig. Hrsg. von der Pfarrei St. Birgid. Wiesbaden-Nordenstadt, 2015.

Quellen

St. Andreas
- St. Andreas Wiesbaden. Hrsg. v. katholischen Pfarramt St. Andreas in Wiesbaden. Neckarrems, 1965.
- St. Andreas Wiesbaden. Hrsg. v. der katholischen Kirchengemeinde St. Andreas. Wiesbaden, 1985.

Mariä Heimsuchung
- Hertl, Michael. „Meine Seele preist die Größe des Herrn". Die Kirche Mariae Heimsuchung in Wiesbaden-Kohlheck. In: Schnittpunkt zwischen Himmel und Erde. Hrsg. v. Eckhard Bieger, Norbert Blome, Heinz Heckwolf. Kevelaer 1998, S. 205–215.
- Wermelskirchen, Ludwig. Kirchengemeinde Mariä-Heimsuchung Wiesbaden-Dotzheim. Wiesbaden, 1966.
- Wermelskirchen, Ludwig. Kirchengemeinde Mariä-Heimsuchung Wiesbaden-Dotzheim. Wiesbaden, 1981.

St. Hedwig
- Münch, Jakob. Pfarrchronik St. Hedwig. Wiesbaden, 1992 (unveröffentlicht, vor Ort einsehbar).
- Nicol, Walter. Neue Gemeindezentren im Bistum Limburg. In: Das Münster. Zeitschrift für christliche Kunst und Kunstwissenschaft. Bd. 24, Heft 6, 1971, S. 367–378.
- Seib, Adrian. Der Kirchenbaumeister Martin Weber (1890–1941). Leben und Werk eines Architekten für die liturgische Erneuerung. Mainz, 1999.
- Weber, Norbert. Gemeindebildung vom Altartisch aus. Ein zukunftsweisender Weg. Im Kirchbau-Schaffen der Architekten Martin Weber (†1941) und Bernhard Weber (†2000). Ein Pfarrer im Ruhestand hält als Sohn und Bruder von Architekten Rückblick und Ausblick auf beunruhigende Entwicklungen in Kirchbau und Pfarrseelsorge. Wiesbaden, 2000.

St. Klara
- Festschrift zur Einweihung des Gemeindezentrums St. Klara. Wiesbaden-Klarenthal, 1975.
- Festschrift zum 25jährigen Jubiläum der Katholischen Pfarrei St. Klara. Wiesbaden, o. J.
- St. Klara zu Wiesbaden. In: Klarenthaler Kirchenkurier. Bd. 38, 2006/07, S. 2.
- 50 Jahre Kirchengemeinde St. Klara. In: Klarenthaler Kirchenkurier. Bd. 49, Nr. 2, 2017, S. 4–5; Nr. 3, 2017, S. 7–8; Nr. 4, 2017–2018, S. 4–5.
- Nicol, Walter. Neue Gemeindezentren im Bistum Limburg. In: Das Münster. Zeitschrift für christliche Kunst und Kunstwissenschaft. 24. Jahrgang, Heft 6. München, 1971, S. 367–378.

Maria Aufnahme
- Festschrift zur Einweihung. Katholische Gemeinde Maria Aufnahme. Wiesbaden Erbenheim. Wiesbaden, 1978.

St. Josef
- Hollingshaus, Markus Frank. 100 Jahre Katholische Kirche in Dotzheim (nach der Reformation). 90 Jahre katholischer Kirchenchor St. Josef. Hrsg. v. Heimat- und Verschönerungsverein Dotzheim, Heft 22. Wiesbaden, 2002.
- Pfarrführer St. Josef, Wiesbaden-Dotzheim. Hrsg. v. Kath. Pfarramt St. Josef, Wiesbaden-Dotzheim. Wiesbaden, 1959.

St. Elisabeth, Wiesbaden-Auringen
- 25 Jahre St. Elisabeth. Auf den Erlen Auringen. 1991–2016. Hrsg. v. der Pfarrei St. Birgid Wiesbaden. Wiesbaden, 2016.

Feldkapelle
- Gresser, Hans-Peter. Die Kapelle im Feld. Von der Entstehung eines ungewöhnlichen Bauwerkes in Wiesbaden. Frankfurt a. M., 2012.
- Wodarz-Eichner, Eva. 111 Orte in Wiesbaden, die man gesehen haben muss. Köln, 2016. S. 82–84.

Impressum

Simone Husemann, Sabrina Faulstich
Bekannte Unbekannte –
Katholische Sakralräume in Wiesbaden
Herausgegeben von der Katholischen Erwachsenenbildung Wiesbaden-Untertaunus & Rheingau
Redaktion: Simone Husemann

1. Auflage 2024

© 2024 Verlag Schnell & Steiner GmbH,
Leibnizstraße 13, 93055 Regensburg

Fotografien:
Twain Wegner photography, Mainz
Umschlagabbildung:
St. Mauritius, Twain Wegner photography, Mainz
Außenansicht St. Bonifatius, S. 17:
Benjamin Dahlhoff, Wiesbaden
Skizzen Raumverortung:
Till Julius Husemann, Konstanz
Gestaltung, Satz:
Gottselig, Agentur für christliche Kommunikation, Frankfurt a. M.
Druck:
Gutenberg Beuys Feindruckerei, Langenhagen

ISBN 978-3-7954-3893-7

Alle Rechte vorbehalten. Ohne ausdrückliche Genehmigung des Verlags ist es nicht gestattet, dieses Buch oder Teile daraus auf fototechnischem oder elektronischem Weg zu vervielfältigen.

Weitere Informationen zum Verlagsprogramm erhalten Sie unter:
www.schnell-und-steiner.de

Gedruckt mit freundlicher Unterstützung der Crummenauer Stiftung, Limburg